世界遺產 平泉 完整導覽BOOK

可以拆下使用

哈日情報誌

岩手 盛岡·花巻·平泉

世界遺產

平泉

ひらいずみ

完整導覽BOOK

中尊寺

毛越寺

巡遊金光閃耀的西方淨土古都!

哈日情報誌岩手 盛岡・花巻・平泉 附錄①

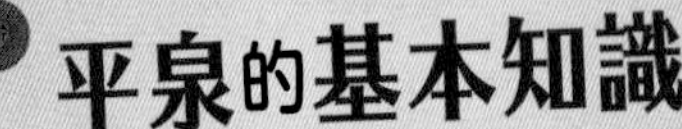

黃金文化妝點的佛都 世界遺產 平泉

由貴族時代轉向武家社會、世間發生天翻地覆變化的11世紀裡，陸奧地區的平泉綻放出豪華璀璨的黃金文化。探訪光輝燦爛的中尊寺金色堂、高雅的毛越寺淨土庭園等，企圖在人間重現佛國世界的奧州藤原氏壯闊淨土天地，感受充滿歷史浪漫的平泉之深奧。

✦映照四季的優雅淨土庭園✦

毛越寺

附錄① P.10

もうつうじ

美麗的淨土庭園橫跨了800年的歲月，一如往昔展現出四季各異的景觀。據說過去規模凌駕在中尊寺之上的毛越寺，如今四處仍然留存著顯露當年榮景的遺跡。

✦平泉的焦點✦

中尊寺

附錄① P.6

ちゅうそんじ

以金色堂名聞遐邇的中尊寺象徵著平泉的黃金文化。由奧州藤原氏初代清衡建造，許多建築物卻在往後的歲月流轉中燒毀，如今只剩光輝燦爛的金色堂仍在訴說往日的繁華。

散發莊嚴光輝的中尊寺金色堂

前往平泉的交通方式

八幡平
盛岡
宮古
岩手県
花巻
平泉
平泉在這裡！

開車

東北自動車道川口JCT
↓ 432km 4小時30分
東北自動車道平泉前沢IC
↓ 3km 4分
中尊寺
↓ 1.5km 2分
平泉站

鐵路

東京站
↓ 搭東北新幹線 1小時55分～2小時35分
一之關站
↓ 一之關站搭岩手縣交通巴士往イオン前沢店22分，中尊寺下車即到（也行經JR平泉站）→ 中尊寺
↓ 東北本線8分 → 平泉站

✦超越平等院的壯麗寺院遺跡✦

無量光院遺跡

むりょうこういんあと

奧州藤原氏三代秀衡仿京都宇治平等院鳳凰堂建造的寺院之遺跡。據說當年規模大小超越了平等院，但如今只剩下池塘殘跡、池中小島和基石。

···>附錄① P.12

✦充滿祈願的寺院遺跡✦

觀自在王院遺跡

かんじざいおういんあと

···>附錄① P.12

據傳為奧州藤原氏二代基衡之妻所建立的寺院之遺跡。佛堂與石佛還殘留著當年的風貌。以形似展翅白鶴的舞鶴池為中心的淨土庭園十分美麗。

✦傳說流傳的信仰之山✦

金雞山

きんけいざん

海拔98.6m的信仰之山，山頂上殘留經塚的遺跡。傳說當年為了祈求平泉的和平，而在山頂上埋下公母一對的黃金雞。

···>附錄① P.12

一目瞭然！

5處世界遺產MAP

前沢↑
平泉 前沢IC
4 平泉バイパス
北上川
中尊寺
中尊寺
高館義経堂
無量光院跡
金雞山
無量光院遺跡
圖例
平泉巡迴巴士「RunRun」停靠站
平泉巡迴巴士「RunRun」路線
平泉文化遺產センター
悠久之湯 悠久の湯
東北本線
柳之御所
觀自在王院遺跡
毛越寺
平泉觀光服務處
平泉駅前
平泉駅
東北自動車道
毛越寺
レンタサイクル「りんりん」
GoldRenta Hiraizumi
スワローツアー
↓関
太田川

知道這些能讓平泉之旅增加100倍的樂趣！

平泉的歷史

關鍵字① 奧州藤原氏

讓淨土文化在11世紀末的平泉開花結果的家族。初代清衡由於悲慘的戰亂經歷，為了實現以佛教思想為基礎的和平國度而興建了中尊寺。繼承其志向的二代基衡及三代秀衡的治世中，仰仗黃金和名馬的產地延續了豐饒的黃金時代。但到了四代泰衡繼位後卻被源賴朝所滅，迎來這個榮耀繁盛時代的落幕。

由上順時針是清衡、基衡、秀衡

奧州藤原氏的人物關係圖

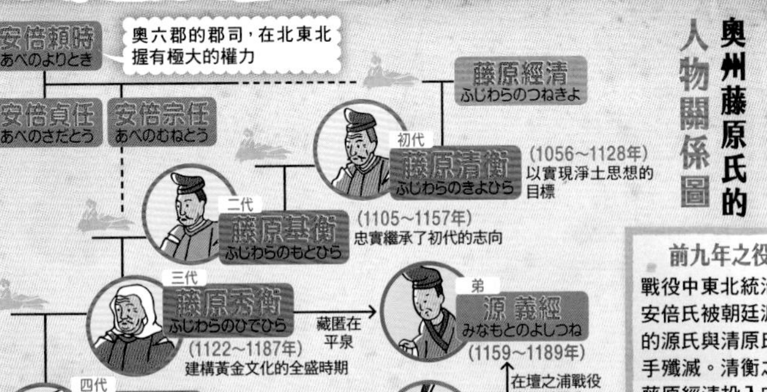

前九年之役

戰役中東北統治者安倍氏被朝廷派來的源氏與清原氏聯手殲滅。清衡之父藤原經清投入安倍氏的陣營，在與源氏的爭戰中戰歿。

平泉獲選為世界遺產的理由

平泉留存了以寺院及庭園為中心的遺跡群，象徵性地表達出以佛教為基礎的淨土世界而受到好評，在2011年登錄為聯合國教科文組織的世界遺產。「平泉-表現佛國淨土的建築、庭園及考古遺址-」由中尊寺、毛越寺、無量光院遺跡、觀自在王院遺跡、金雞山這5處遺產所組成。

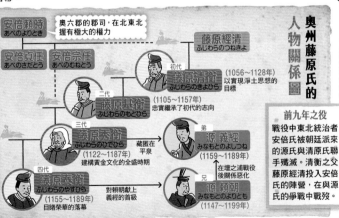

關鍵字② 淨土思想

淨土是指死後前往的佛國。在兵燹不絕的10～12世紀，比起現世更重視死後安樂的淨土思想廣為大眾所接納。奧州藤原氏的淨土思想特色是並非在死後而在現世創造出淨土世界，這點反映在都市計畫上力求達成目標。其和平思想廣受全世界的讚揚。

關鍵字③ 黃金文化

周邊盛產的黃金支撐了平泉的繁榮，對於企圖打造沒有戰亂世界的藤原氏而言，黃金是以和平為念、以美為尊的文化中必須毫不吝惜使用的東西。

遊覽5處世界遺產

平泉 1 標準行程

巡遊5處世界遺產的平泉街道之旅。在一望傳說之山的寺院遺跡及金碧輝煌的佛堂，親身感受奧州藤原氏打造的佛教文化桃花源。

START 平泉站

搭巴士3分

展現四季不同美麗景觀的淨土庭園

1 毛越寺
もうつうじ

附錄① P.10

象徵淨土的庭園極為出色

淨土庭園在大泉池畔有枯山水風格假山以及鋪著鵝卵石的洲濱，是保留平安時代情景的珍貴文化遺產。壯麗的伽藍遺跡以及1989年興建色彩鮮豔的本堂等景點散布各處。

步行即到

2 觀自在王院遺跡
かんじざいおういんあと

附錄① P.12

在清靜庭園中讓思緒奔馳於淨土世界

二代基衡之妻所建造的寺院之遺跡，現在已成為史跡公園，可環繞舞鶴池欣賞大阿彌陀堂遺跡與石佛等。不妨在清靜的庭園中散步，追懷往昔的平安時代。

以鶴形池為中心的清靜淨土庭園

搭巴士5分

走在參拜道路月見坂上前往本堂和金色堂等地

金色堂就在這座新覆堂的內部

5 中尊寺
ちゅうそんじ

寺院擁有象徵平泉文化的金色堂

初代清衡大興土木建造的平泉文化代表寺院，其中金箔覆蓋的燦爛金色堂更是黃金文化的象徵。有許多非看不可的景點，如點著不滅法燈的本堂及古意盎然的能舞台等。

附錄① P.6

搭巴士6分

距中尊寺入口步行7分

7 金雞山
きんけいさん

從無量光院遺跡可望見金雞山山貌

傳說中為了祈求平泉平安而埋下金雞的山嶺。推薦從無量光院遺跡眺望山貌。

附錄① P.12

殘留基石與土堤的中世寺院遺跡

6 無量光院遺跡
むりょうこういんあと

背後遙對金雞山的大規模寺院遺跡

據說規模超過京都宇治平等院鳳凰堂的寺院之遺跡。想像夕陽沉入正西方遙對金雞山的壯麗寺院的景象，便感受到了當時人們對西方淨土的憧憬與信仰。

附錄① P.12

搭巴士4分

GOAL 平泉站

Check! 平泉的代步工具

巴士

★平泉巡迴巴士「RunRun」
●ひらいずみじゅんかいバスるんるん

繞行毛越寺、中尊寺等平泉主要景點的便利巴士。平泉站發車，9時45分～16時15分每隔15～30分一班（運行間隔視季節而異）。

MAP 附錄①P.5 B-5
☎0191-23-4250
(岩手縣交通一關營業所)
L 9:45～16:15 ¥乘車1次150円，1日自由乘車券400円

行駛路線表
- 平泉駅前
- 3分 毛越寺
- 3分 悠久の湯
- 1分 平泉文化遺産センター
- 3分 中尊寺
- 4分 高館義経堂
- 2分 無量光院跡
- 2分 道の駅平泉
- 2分 平泉駅前

租自行車

★スワローツアー

MAP 附錄①P.5 B-5
☎0191-46-5086
L 4～10月為9:00～17:00、11月為9:00～16:00 休期間中無休 ¥4小時500円、1日900円※寄放手提行李免費 交與JR平泉站相鄰 P3輛

★レンタサイクル「りんりん」 ●レンタサイクルりんりんゴールドレンタひらいずみ
GoldRenta Hiraizumi

MAP 附錄①P.5 B-5
☎0191-46-4031
L 8:30～18:00(有季節性變動，可指定預約時間) 休不定休
¥電動3小時600円、電動1日1300円、一般3小時500円、一般1日1000円※寄放手提行李免費
交JR平泉站步行即到 P6輛

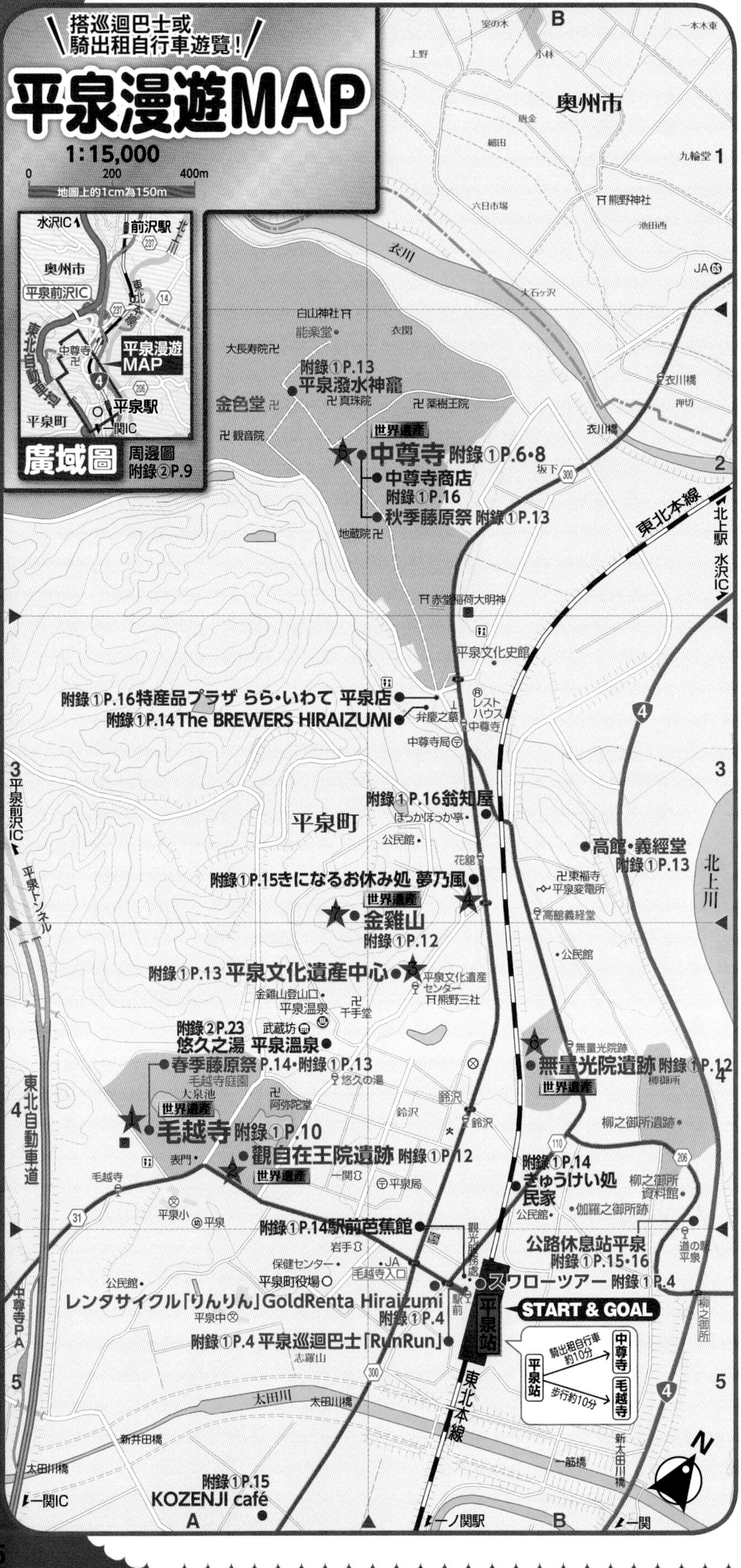

搭巡迴巴士或騎出租自行車遊覽！

平泉漫遊MAP

1:15,000

0 200 400m

地圖上的1cm為150m

水沢IC 前沢駅 奥州市 平泉前沢IC 東北自動車道 中尊寺 平泉漫遊MAP 平泉駅 平泉町 一関IC

廣域圖 周邊圖 附錄②P.9

奥州市 衣川 北上川 平泉町 東北本線

白山神社 能楽堂 大長寿院 衣関 金色堂 観音院 真珠院 薬樹王院 地蔵院 赤堂稲荷大明神 平泉文化史館 弁慶之墓 中尊寺局 ほっかほっか亭 公民館 花館 東稲寺 平泉変電所 高館義經堂 公民館 金雞山登山口 平泉温泉 千手堂 熊野三社 悠久の湯 無量光院跡 柳御所 柳之御所遺跡 毛越寺庭園 大泉池 阿弥陀堂 表門 鈴沢 一関 平泉局 毛越寺 平泉小 平泉 岩手 保健センター JA 毛越寺入口 公民館 平泉町役場 平泉中 志羅山 柳之御所資料館 伽羅之御所跡 太田川 太田川橋 新井田橋 一筋橋 新太田川橋 一ノ関駅 一関 中尊寺PA 平泉トンネル 平泉前沢IC 北上駅 水沢IC 道の駅平泉 柳之御所

附錄①P.13 平泉澄水神窟

世界遺產 中尊寺 附錄①P.6・8

中尊寺商店 附錄①P.16

秋季藤原祭 附錄①P.13

附錄①P.16特産品プラザ らら・いわて 平泉店

附錄①P.14The BREWERS HIRAIZUMI

レストハウス

附錄①P.16翁知屋

高館・義經堂 附錄①P.13

附錄①P.15きになるお休み処 夢乃風

世界遺產 金雞山 附錄①P.12

附錄①P.13 平泉文化遺產中心

附錄②P.23 武蔵坊 悠久之湯 平泉溫泉

春季藤原祭 P.14・附錄①P.13

世界遺產 毛越寺 附錄①P.10

觀自在王院遺跡 附錄①P.12 世界遺產

世界遺產 無量光院遺跡 附錄①P.12

附錄①P.14 きゅうけい処 民家

附錄①P.14駅前芭蕉館

公路休息站平泉 附錄①P.15・16

觀光服務處

スワローツアー 附錄①P.4

レンタサイクル「りんりん」GoldRenta Hiraizumi 附錄①P.4

附錄①P.4 平泉巡迴巴士「RunRun」

START & GOAL

平泉站 騎出租自行車約10分 中尊寺

平泉站 步行約10分 毛越寺

附錄①P.15 KOZENJI café

影片與展品非常值得一看

3 平泉文化遺產中心

◎ひらいずみぶんかいさんセンター

簡單易懂的展示備受好評

蓋在金雞山山麓的指導設施，能充分瞭解平泉的歷史及獨特性。

附錄① P.13

步行5分

最受歡迎的是「藤原三代麻糬膳」1000円

4 きになるお休み処 夢乃風

◎きになるおやすみどころゆめのかぜ

吃份麻糬膳休息一下

休息處的麻糬膳最受歡迎，不妨嘗嘗當地傳統的宴客料理。

附錄① P.15

從無量光院遺跡遠眺的金雞山

絕對不容錯過！黃金閃耀的世界遺產──金色堂

金色堂位於為遮風蔽雨而建造的新覆堂內部

這裡最精采！

屋頂為攢尖頂樣式，使用瓦形木材舖成「木瓦頂」。尾端附近反翹出美麗的弧形。

觀覽金色堂內部

這裡最精采！

金色堂不只外觀，就連內部也全以金箔覆蓋，據說在建創當時被人們稱為「皆金色的佛堂」。

平泉的焦點 中尊寺 金色堂與讚衡藏 徹底導遊

唯一從創建當年留存至今的建築

金色堂為天治元（1124）年從京都召集佛像雕刻師、漆匠等當代一流工匠建造的佛堂。建築物內外全覆以金箔，而有「皆金色」之稱，建造構想舉世無雙。各處施以漆、象牙、夜光貝製作的螺鈿藝品等裝飾，擁有令人瞠目結舌之美。

內部供奉阿彌陀如來像、觀音勢至菩薩像、地藏菩薩像等合計33尊金色佛像，格局也是獨一無二。在由奧州藤原氏三代人催生的平泉佛教文化中，金色堂堂皇的外觀仍屬一枝獨秀，不愧為平泉黃金文化的象徵。

阿彌陀如來
觀音菩薩
勢至菩薩
地藏菩薩
增長天
持國天
西南壇 二代・基衡
西北壇 三代・秀衡
金色堂內部圖 中央壇 初代・清衡

還想瞭解更多金色堂

Q1 為何能用這麼多黃金？

A 平安時期的奧州藤原氏透過砂金、駿馬等東北物產，以及由北方送來鵰、海豹的交易獲得了巨大的財富。這些資金毫不吝惜地投入了金色堂的建設。

Q2 是從中尊寺創建當年唯一留下來的建築？

A 中尊寺建於12世紀初，幾乎所有的堂塔都毀於祝融，只有金色堂倖存。昭和37（1962）年進行大幅翻修，取回了昔日的輝煌，如今仍展現出炫麗的光輝。

Q3 為何金色堂有覆堂覆蓋？

A 為了替金色堂遮擋風霜雨雪，而在鎌倉幕府第七代將軍惟康親王的命令下於正應元（1288）年興建。現在的覆堂是在昭和40（1965）年以鋼筋水泥建造，舊覆堂則移建至金色堂的西北邊。

方格天花板

●ごうてんじょう

天花板精緻的藝品極為美觀

阿彌陀如來頂上的天花板在井字形的格子中又由更細小的格子組成。全體壓上金箔，周圍施以夜光貝製作的螺鈿藝品。

看過來！徹底解說

卷柱的菩薩像與螺鈿藝品

●らでんざいく

平安時期的塗漆技法精粹之大成

圍繞內殿的4根圓柱稱為卷柱，上頭施以金蒔繪及螺鈿的精緻裝飾。每根上頭描繪12尊菩薩像，共有48尊。以漆藝繪製的菩薩像十分罕見。

西南壇

●せいなんだん

二代基衡長眠的須彌壇

比中央壇小了一圈，與西北壇幾乎是同樣的大小。螺鈿藝品在3座須彌壇中相對較新。中央壇、西北壇及西南壇各自安座11尊佛像。

格狹間

●こうざま

每座須彌壇間有微妙的差異

須彌壇的下方稱為格狹間，正面及側面可見孔雀等華麗的裝飾。3座須彌壇建造的時間各異，因此格狹間的設計也有微妙的不同。

中央壇

●ちゅうおうだん

鎮坐的佛像全為國寶！

3座須彌壇中最大的中央壇，初代清衡長眠於此。為清衡在生前所造，中央鎮坐著神情柔和的美麗本尊——阿彌陀如來座像，兩側固定是觀音菩薩及勢至菩薩，前方則是英武的持國天、增長天立像。

西北壇

●せいほくだん

安置秀衡遺體的佛壇

由於三代秀衡被安置在此處，故也稱秀衡壇。螺鈿的花樣以粗蔓草為基調。遺體經X光線調查發現，是在60歲上下因中風之類的原因而暴卒。

與金色堂相鄰！

收藏3000餘件中尊寺的文化財 讚衡藏也必看

さんこうぞう

中尊寺的寶物館，收藏3000件以上奧州藤原氏遺留的珍貴文化財。有平安時期的佛像、以又稱中尊寺經的《紺紙金銀字交書一切經》為首的各種經文、奧州藤原氏的陪葬品等，每件都是闡述平泉黃金文化不可欠缺的貴重寶物。進入館內首先會面對正面並列的3尊丈六佛，中央的阿彌陀如來座像曾經是本堂的本尊。

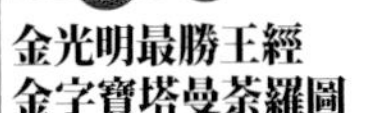

這裡最精采！

金光明最勝王經金字寶塔曼茶羅圖　國寶

●こんこうみょうさいしょうおうきょうきんじほうとうまんだらず

在紺紙上以金泥細字將金光明最勝王經抄寫成塔形。據傳為三代秀衡時代抄寫、供奉。

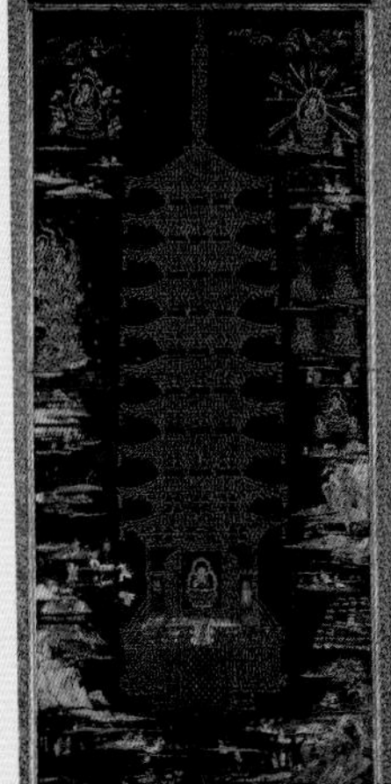

這裡最精采！

金銅華鬘　國寶

●こんどうけまん

懸掛於金色堂的銅製鍍金華鬘。以人面鳥及天堂盛開的花卉寶相華為飾，描繪出淨土世界。

↑月見坂是通往本堂及金色堂的表參道

世界遺產 中尊寺參觀路線

2小時遊覽

相當於平泉佛教文化中心的中尊寺，為慈覺大師創建的天台宗東北大本山。12世紀初奧州藤原氏初代清衡興建了大規模的堂塔。從老杉林覆蓋的參道走上去，可見國寶建築物第一號的金色堂、展示眾多國寶及重要文化財的讚衡藏、明治時代重建的本堂等諸多景點。

☎0191-46-2211 營8:30～17:00(11月4日～2月為～16:30) 休無休 ¥金色堂·讚衡藏的參觀費800円、高中生500円、國中生300円、小學生200円 所平泉町平泉衣関202 交JR平泉站搭平泉巡迴巴士「RunRun」，中尊寺下車即到 P使用町營停車場

MAP附錄① P.5 A-2

1 月見坂

●つきみざか

老杉林覆蓋的表參道

本堂前長約560m的表參道。沿路上一整排樹齡約300～400年的老杉樹，是江戶時代統治平泉的伊達藩所植。途中還有視野絕佳的瞭望所。

經藏 ★きょうぞう

鎌倉時代使用平安時代的舊材重建的倉庫。內部收藏的國寶經文《紺紙金銀字交書一切經》於讚衡藏展示。

能樂殿

★のうがくでん

嘉永6(1853)年重建的能舞台，茅草頂給人獨特的格調感。每年8月會在這座舞台舉辦薪能，吸引了眾多愛好者前來。

中尊寺的蓮花

奧州藤原氏四代泰衡的首桶裡發現了約100粒的蓮花種子，種子從800年的沉眠中甦醒，再度盛開。每年的觀賞季為7月上旬至8月底。

開山亭 白山神社 能樂殿 大長寿院 弁財天堂 阿彌陀堂 舊覆堂 釈迦堂 松尾芭蕉像 おくのほそ道句碑 鐘楼 茶室 松壽庵 大日堂 本堂 白山神社 4 峯薬師堂 3 本堂 參観券発售處 5 讚衡藏 奥の細道展 經藏 芭蕉句碑 6 金色堂 不動堂 大日堂 中尊寺蓮花 大池ハス 大池跡 弁財天堂 観音堂 薬師堂 地藏堂 東物見 2 弁慶堂 1 月見坂 八幡堂 表參道入口 平泉町営中尊寺第1停車場P 伝弁慶の墓

表參道入口→ 本堂 560m 金色堂 800m

金色堂在這裡！

※距離中尊寺入口步行15分

阿彌陀堂 ★あみだどう

位於讚衡藏對面的佛堂。本尊為阿彌陀如來，左右兩側分別安座藏王權現及大黑天，是著名的求良緣景點。

參觀路線

路線的重點

- 金色堂&讚衡藏需付費，參觀費800円
- 讚衡藏旁的商店可租借中尊寺語音導覽(500円)

Start 中尊寺 巴士站
↓ 步行2分
1 月見坂 參觀時間10分
↓ 步行5分
2 弁慶堂 參觀時間10分
↓ 步行4分
3 本堂 參觀時間10分
↓ 步行2分
4 峯薬師堂 參觀時間10分
↓ 步行3分
5 讚衡藏 參觀時間30分
↓ 步行即到
6 金色堂 參觀時間15分
↓ 步行15分
Goal 中尊寺 巴士站

休息來這裡

本堂旁的端整茶室
茶室 松壽庵
ちゃしつしょうじゅあん

可一邊欣賞修整過的美麗庭園，一邊品嘗抹茶與和菓子。在此能享受清靜的時刻，最適合在散步途中小憩片刻。與本堂相鄰。

☎0191-46-2211（中尊寺）
L 9:00～16:00（11月4日～3月為～15:30） 休 不定休（需聯絡）

◐抹茶與和菓子（1000円）

品嘗香氣濃郁的蕎麥麵
關山亭
かんざんてい

位置絕佳的餐廳，可俯瞰平泉周邊的原野與群山。石臼磨的蕎麥粉中揉入了平泉產野山藥，蕎麥麵擁有獨特芳香口感而備受好評。

☎0191-46-2211（中尊寺）
L 9:00～16:00 休 無休

◐野山藥蕎麥麵1200円

季節活動也要check

1月1日 新年參拜
在本堂燃起篝火時祈求新的一年事事順遂全家平安

2月上旬 節分會
於本堂進行護摩祈禱後，舉辦由大相撲的關取帶領的撒豆儀式

5月1日～5日 春季藤原祭
3日時舉辦的華麗遊行「源義經公東下行列」是祭典的重頭戲

6月第2週日 法華經一日頓寫經
一天之內抄寫完有六萬八千多字的法華經一部

8月14日 薪能
在燃著篝火的能樂殿上演喜多流的能樂及和泉流的狂言

8月16日 大文字送火
當束稻山稜線暗下來的時刻，火焰會依筆順寫出「大」字

10月20日～11月15日 菊花祭
在紅葉染紅境內的季節舉辦，可欣賞到全國愛菊人的作品。

◐雕出「弁慶死而不倒」模樣的弁慶像

必看重點 堂內可看見7尊左右的弁慶像，雕出弁慶死而不倒挺挺站立的模樣。

◐歇山頂樣式的弁慶堂

2 弁慶堂
べんけいどう

威風凜凜的弁慶像立於此堂

文政9（1826）年興建，堂內安置數尊弁慶木像，最古老的一尊據傳為弁慶親自製作。堂前有擺放弁慶力守的御札所。

◐高達2.7m的本尊

必看重點 如今的佛像建於2013年，仿自初代清衡在興建中尊寺時安置的丈六佛。

◐本堂點著由本山延曆寺分燃的「不滅法燈」

3 本堂
ほんどう

中尊寺的中心 閃耀著不滅的法燈

明治42（1909）年重建的佛堂，中尊寺大寺的中心。幾乎所有的佛事及活動都在本堂舉行。本尊釋迦如來座像是稱為丈六佛的巨大佛像。

4 峯藥師堂
みねのやくしどう

有「福蛙」迎接客人

以藥師如來為本尊的小小佛堂，可保佑眼疾等疾病痊癒。境內有座大青蛙石像，是參拜者們熟悉的「福蛙」。

必看重點 御札所能放「目之御守」500円，據說可保佑雙眼。

◐綠意環繞的境內有可愛的青蛙石像迎接遊客

◐面帶祥和神情的如來像

必看重點 平安時代製作的3尊丈六佛，中央的阿彌陀如來座像曾經是本堂的本尊。

5 讚衡藏
さんこうぞう

欣賞中尊寺代代相傳的眾多寶物

中尊寺代代相傳3000件以上的國寶及重要文化財大多收藏於此，不妨仔細欣賞抄經與經繪等奧州藤原氏留下的平安時代佛教美術品。

6 金色堂
こんじきどう

從平安時期輝煌至今的佛堂

位在新覆堂內部，唯一從中尊寺興建時期留存至今的建築物。不只外觀，就連內部也為金箔所覆蓋，有精緻的螺鈿工藝、漆藝技法等諸多看點。受指定為日本第一座國寶建築物。

◐以新覆堂保護金色堂

世界遺產 1小時遊覽 毛越寺 もうつうじ 參觀路線

在象徵人間佛國的淨土庭園散步，穿梭時空來到華麗優美的平安時代

毛越寺由慈覺大師圓仁開山，在奧州藤原氏二代基衡、三代秀衡的時代迎來了繁盛期。這座寺院擁有最盛期時多達40堂塔、500僧房的輝煌歷史，各處留存了可追懷往昔的景點。在大泉池畔的淨土庭園散步，邊欣賞四季更迭的景觀，邊感受平安時代的高雅氛圍。

☎0191-46-2331 L8:30～17:00(11月5日～3月4日為～16:30) 休無休 ¥500円、高中生300円、中小學生100円 所平泉町平泉大沢58 交JR平泉站步行10分 P使用町營停車場

MAP附錄①P.5 A-4

←毛越寺大寺的本堂，平安樣式特有的紅、白、綠色彩格外醒目

1 本堂

●ほんどう

必看重點 參拜本尊藥師如來，貼近平安時代人們的祈禱之心。

平安樣式的華麗本堂

毛越寺的根本道場、平安樣式的華麗本堂建於1989年。本尊藥師如來則是平安時代的作品。可事先預約體驗抄經與坐禪（費用需洽詢）。

2 淨土庭園

●じょうどていえん

必看重點 注意東南岸小半島前端的池中立石，約2m的景石收斂了整座池塘。

在映出平安時代情景的高雅庭園漫步

美麗的庭園以大泉池為中心，設有枯山水風格的假山與鋪設鵝卵石的洲濱。稱為遣水的蜿蜒水路是平安時代的貴重遺跡。在象徵佛國的淨土庭園可欣賞一如平安時代的高雅情景。

嘉祥寺遺跡 ★かしょうじあと

完整保留巨大基石的建築物遺跡位在杉樹林蔭的環繞下。自古傳說是相當於《吾妻鏡》中嘉勝寺的嘉祥寺之堂跡。

參觀路線

路線的重點

- 在畫出一條平緩曲線的大泉池畔漫步。
- 邊散步邊參拜本堂、開山堂、常行堂。

Start 毛越寺 巴士站
↓ 步行5分
1 本堂 （參觀時間 5分）
↓ 步行即到
2 淨土庭園 （參觀時間 30分）
↓ 步行即到
3 開山堂 （參觀時間 3分）
↓ 步行5分
4 金堂圓隆寺遺跡 （參觀時間 3分）
↓ 步行3分
5 遣水 （參觀時間 3分）
↓ 步行即到
6 常行堂 （參觀時間 5分）
↓ 步行5分
Goal 毛越寺 巴士站

寶物館

★ほうもつかん

陳列毛越寺大寺代代相傳的平安時期佛像、書籍、出土遺物、調查資料、延年舞用品等，並展示重要文化財工藝品「鐵樹」。

毛越寺御守札所 ★もうつうじごしゅさつじょ

山門旁的御札所擺放祈求邂逅與永恆之愛的紅白梅御守等各式各樣的御守。免費招待的延年茶也備受好評。

芭蕉句碑 ★ばしょうくひ

元祿2（1689）年，造訪此地的芭蕉緬懷義經主從不幸的下場，吟詠詩句「夏日草淒涼，功名昨日古戰場，一枕夢黃粱」並親筆寫下句碑。

鐘樓 ★しょうろう

挑戰敲鐘體驗。捐獻500円後供奉寫上心願的分割符守，即可敲鐘一下。在鐘聲響完之前請靜心祈禱。

休息來這裡

請享用手打蕎麥麵

お休み処 松風庵

おやすみどころしょうふうあん

可品嘗到細心研磨風味豐富的蕎麥粉製作的蕎麥麵。店內販售加了酒粕的「延年饅頭」（700円）也是人氣伴手禮。

0191-46-2331（毛越寺）
L 10:00～15:00 休 無休 所 平泉町平泉大沢58 毛越寺內 JR平泉站步行10分 P 使用町營停車場

可享受蕎麥本身香氣的盛蕎麥麵（700円）

季節活動也要check

1月1日 元旦參拜
每年不只附近居民，還有許多人從東北一帶或關東前來做新年參拜

1月20日 毛越寺二十日夜祭
正逢厄運之年的男女在火把的帶領下結隊遊行，祈求無病無災

5月第4週日 曲水之宴
穿著歷史服裝的男女在遣水上浮觴歌詠，重現優雅的平安畫卷

6月下旬～7月上旬 菖蒲節
初夏之際大約3萬株花菖蒲盛開的光景極為壯觀。節日期間還會上演延年舞

9月中旬～下旬 胡枝子節
約500株胡枝子花靜靜為秋季境內增添色彩，節日期間的假日還會舉辦日本傳統音樂會及茶會等

校倉造風格的端整佛堂，奉祀日本第一位受授大師稱號的慈覺大師

3 開山堂

かいざんどう

奉祀慈覺大師圓仁的佛堂

佛堂位於庭園西端，奉祀開創毛越寺的慈覺大師圓仁。堂內安置兩界大日如來與藤原氏三代人的畫像。前方有座花菖蒲園，6月下旬的觀賞季時極為壯觀。

必看重點 可見到打造平泉黃金文化的藤原氏三代人清衡、基衡、秀衡的畫像。

4 金堂圓隆寺遺跡

こんどうえんりゅうじあと

緬懷奧州藤原氏榮華的壯麗寺院遺跡

二代基衡興建的寺院。東廊前端附設鐘樓、西廊前端附設經樓。《吾妻鏡》中記載為「竭盡無數珍寶的建築物」。

必看重點 憑藉基石想像曾為毛越寺中心伽藍的壯大規模。

僅殘留基石的寺院遺跡，據傳本尊為雲慶所作的藥師如來

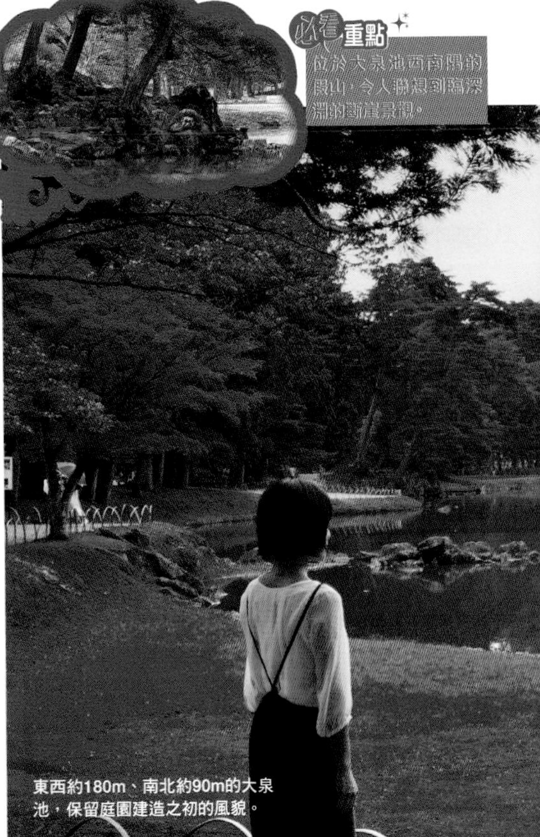

必看重點 位於大泉池西南隅的假山，令人聯想到臨深淵的斷崖景觀。

東西約180m、南北約90m的大泉池，保留庭園建造之初的風貌。

5 遣水

やりみず

一如平安時代的水路遺跡

挖掘調查時發現的珍貴水路，保留著平安時代的風貌。全長80m的蜿蜒水路上設有引水、越水、分水等石堆。

使水流變得優美的石堆設計值得一看

必看重點 每年5月作平安時代裝扮的男女會在遣水邊吟詠和歌，舉辦優雅的「曲水之宴」。

頭部戴冠的阿彌陀如來像

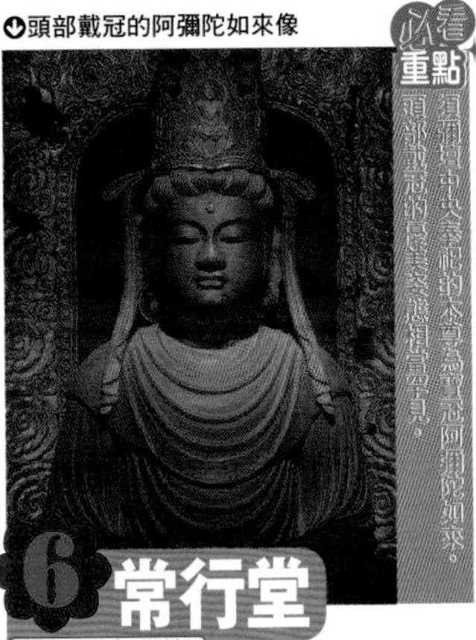

必看重點 須彌壇中央奉祀的本尊為寶冠阿彌陀如來。頭部戴冠的風姿樣態相當罕見。

6 常行堂

じょうぎょうどう

奉祀秘佛的神秘佛堂

享保17（1732）年重建的攢尖頂佛堂。本尊為寶冠阿彌陀如來，後殿則奉祀33年開龕一次的秘佛摩多羅神。下次公開為2033年。

進行寺內代代相傳祈禱儀式的道場。正月20日會獻上延年舞

還想瞭解更多
世界遺產平泉

歷史遺產&活動

中尊寺和毛越寺都想去

構成世界遺產平泉的5處景點自然不在話下，再探訪歷史景點或季節活動，更加深入感受平泉的深奧魅力！

遺產要CHECK！
根據《吾妻鏡》記載，從觀自在王院南大門延伸出去的南北向道路東西方為倉町，有數十棟高樓並列。

↙鶴形池為中心建造的淨土庭園

世界遺產

觀自在王院遺跡

かんじざいおういんあと

幾乎完整保留原貌的淨土庭園

由奧州藤原氏二代基衡的夫人所興建。看點是以舞鶴池為中心，幾乎完整保留原貌的淨土庭園。現在是史跡公園，成為町民休憩的場所。

☎0191-46-4012
(平泉文化遺產中心)
自由參觀 所平泉町平泉志羅山
JR平泉站步行8分 P無
MAP附錄①P.5 A-4

佛堂為18世紀的享保年間重建

這些也是世界遺產！

西邊遠眺金雞山的廣大寺院遺跡

↑夕陽映照著堂內的如來像，開展出一片莊嚴肅穆的光景（復原CG）

無量光院遺跡

むりょうこういんあと

世界遺產

象徵淨土世界平泉的中心設施

平泉的中心設施，仿京都的平等院鳳凰堂而建。現在正在進行復原整備工程。不妨邊漫步邊想像倒映在淨土庭園水邊的壯麗寺院。

☎0191-46-4012
(平泉文化遺產中心)
自由參觀 所平泉町花立地内
JR平泉站搭平泉巡迴巴士「RunRun」，無量光院跡下車即到
P無
MAP附錄①P.5 B-4

遺產要CHECK！
據說設計成春分及秋分時，夕陽會沉落在建築物中心與金雞山的稜線上，以體現淨土世界。

位於登山口的五輪塔一般認為是義經夫人之墓

遺產要CHECK！
傳說為了守護平泉，奧州藤原氏以一晚的時間運來砂土堆砌而成，並埋下公母一對黃金雞。

↓山頂有過去奉獻經典的經塚遺跡

金雞山

きんけいざん

世界遺產

守護平泉平安的傳說與信仰之山

奧州藤原氏在山頂造出數座經塚的信仰之山，據說也是設計平泉都市時做為基準的象徵之山。從登山口爬坡至山頂約10分。

☎0191-46-4012(平泉文化遺產中心)
自由參觀 所平泉町花立地内 JR平泉站搭平泉巡迴巴士「RunRun」，悠久の湯下車，步行5分（登山口） P無
MAP附錄①P.5 A-3

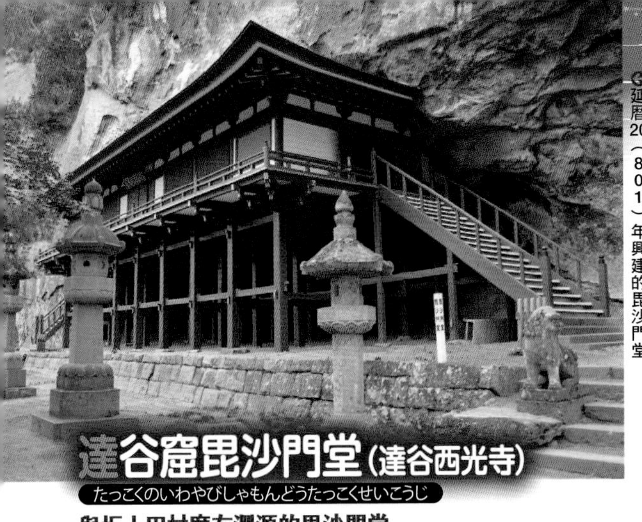

延暦20（801）年興建的毘沙門堂

達谷窟毘沙門堂(達谷西光寺)

たっこくのいわやびしゃもんどうたっこくせいこうじ

與坂上田村麿有淵源的毘沙門堂

因坂上田村麿的神蹟而於延暦20（801）年興建的鎮國祈願所。還有與前九年、後三年之役中源義家相關的岩面大佛，這座刻在岩壁上的磨崖佛臉孔長12尺（3.6m）。

☎0191-46-4931 營8:00～17:00(冬季為～16:30) 休無休 ¥300円、國高中生100円、小學生免費 所平泉町平泉北沢16 交JR平泉站搭計程車10分 P30輛

MAP附錄②P.9 C-4

高館・義經堂

たかだちぎけいどう

悲劇的武將義經隕命之處

被源賴朝逼至走投無路而自盡的義經之居城。堂內奉祀義經像。元祿2（1689）年，造訪此地的芭蕉吟詠出名句「夏日草淒涼，功名昨日古戰場，一枕夢黃粱」。

☎0191-46-3300 營8:30～16:30(11月上旬～3月上旬為～16:00) 休無休 ¥200円、中小學生50円 所平泉町柳御所14 交JR平泉站搭平泉巡迴巴士「RunRun」，高館義経堂下車即到 P20輛

MAP附錄①P.5 B-3

天和3（1683）年，由仙台藩主伊達綱村興建

周邊的世界遺產相關景點

稍微走遠一點 前往平泉車程10分的一關

現今仍保留了「田屋敷型散居集落」的景觀

骨寺村莊園遺跡

ほねでらむらしょうえんいせき

遇見中世圖畫中描繪的日本原始風景

自奧州藤原氏的時代起存續約300年的中尊寺莊園。在這處珍貴的遺跡可親身感受700年前繪畫的畫中世界，被指定為國家史跡。其農村景觀也被選定為重要文化景觀。

☎0191-33-5022（骨寺村莊園交流館「若神子亭」） 營自由參觀（交流館為9:00～17:00） 休無休(交流館為週二，逢假日則翌日休) ¥免費 所一関市厳美町若神子241-2 骨寺村莊園交流館 交JR一之關站搭岩手縣交通巴士往瑞泉閣前・須川温泉，塚(骨寺村莊園交流館前)下車即到 P47輛

MAP附錄②P.9 C-4

平泉文化遺產中心

ひらいずみぶんかいさんセンター

清楚瞭解平泉的歷史與價值

以看板、影片、立體透視模型等，簡單易懂地介紹平泉從平安時代至今的歷史。同時展示在挖掘調查中出土的遺物等珍貴資料，非常值得一看。

透過眼睛和耳朵，學習簡單易懂的平泉歷史

☎0191-46-4012 營9:00～16:30(17:00閉館) 休無休 ¥免費 所平泉町平泉花立44 交JR平泉站搭平泉巡迴巴士「RunRun」，平泉文化遺産センター下車即到 P40輛

MAP附錄①P.5 B-3

自古流傳的…平泉的活動

時期 11月1日～3日

秋季藤原祭

◎あきのふじわらまつり

緬懷奧州藤原氏四代人的祭典

在紅葉紛飛中上演幼兒遊行、鄉土技藝及延年舞。

☎0191-46-2110（平泉觀光協會） 所平泉町 中尊寺、毛越寺 交JR平泉站搭平泉巡迴巴士「RunRun」，中尊寺下車即到(中尊寺) P使用町營停車場

MAP附錄①P.5 A-2

在毛越寺演出的延年舞也值得欣賞

時期 8月16日

平泉大文字送火

◎ひらいずみだいもんじおくりび

如夢似幻的盂蘭盆儀式

送盆的儀式。束稻山上會浮現火紅的「大」字，是平泉的夏季風情畫。

☎0191-46-2110（平泉觀光協會） 所平泉町內(束稲山) 交JR平泉站下車 P使用町營停車場

MAP附錄②P.9 D-4

燒燎夜空的「大」字浮現

時期 7月中旬

平泉潑水神龕

◎ひらいずみみずかけみこし

豪邁的神龕渡御活動

在沿途毫不留情的淨水潑灑中，神龕勇健地緩步前行。

☎0191-46-5572（平泉町觀光商工課） 所平泉町內各處 交JR平泉站搭平泉巡迴巴士「RunRun」，中尊寺下車即到(中尊寺) P使用町營停車場

MAP附錄①P.5 A-2

從觀自在王院遺跡至中尊寺金色堂的神龕出巡

時期 5月1日～5日(預定)

春季藤原祭

◎はるのふじわらまつり

華麗的東下行列一定要看

追懷奧州藤原氏榮景的祭典，重頭戲是3日的「源義經公東下行列」。

☎0191-46-2110（平泉觀光協會） 所平泉町內各處 交JR平泉站搭平泉巡迴巴士「RunRun」，毛越寺下車即到(毛越寺) P使用町營停車場

MAP附錄①P.5 A-4

共有百名身著歷史服裝者的遊行

敬請享用 鄉土料理 平泉午餐

在平泉可品嘗麻糬料理、蕎麥麵、麵疙瘩湯等樸素但滋味深奧的鄉土料理。2017年還有喝得到精釀啤酒的餐廳開幕。敬請享用平泉特有的午餐！

駅前芭蕉館

◎えきまえばしょうかん

以色澤鮮亮的秀衡塗碗品嘗元祖盛出式的平泉碗子蕎麥麵是這裡的名菜。24碗一口分量的蕎麥麵會事先盛好，可隨喜好加入配料，以自己的步調慢慢享用。

✆0191-46-5555
L10:00～17:00 休無休(12～3月為不定休) 所平泉町平泉泉屋82 交JR平泉站即到 P10輛

MAP附錄①P.5 B-5

↻明亮的店內有桌椅座及和式座位

用傳統的秀衡碗品嘗華麗的碗子蕎麥麵

平泉碗子蕎麥麵 1850円

有滑菇蘿蔔泥、鮪魚山藥泥、鮭魚筋子、柴魚等豐富配料，直到最後一口都美味

撒上金箔味道樸實的麵疙瘩湯

黃金八斗湯700円

手工麵疙瘩以番紅花染出黃金的色澤，模仿金色堂的黃金色，並以金箔點綴。

きゅうけい処民家

◎きゅうけいどころみんか

改裝自大正時代建築的古民宅風餐廳。從鄉土料理麵疙瘩湯改良而來的「黃金八斗湯」頗受好評。將麵粉揉製兩回做出的八斗（麵疙瘩）口感柔軟。湯頭裡有蔬菜及豬肉的甘甜，充滿暖心的滋味。

✆0191-46-3186 MAP附錄①P.5 B-4
L10:00～19:00 休不定休 所平泉町平泉鈴沢31-3 交JR平泉站步行5分 P7輛

↻民宅改裝的店內氣氛沉穩

The BREWERS HIRAIZUMI

◎ザブリュワーズヒライズミ

一關的「世嬉の一酒造」與氣仙沼的「ANCHOR COFFEE」經營的咖啡廳餐廳。將鄉土料理改良成都會版的餐點，可搭配釀酒所直送的精釀啤酒或香氣四溢的咖啡一同品嘗。

✆0191-34-4044
L10:00～17:00 休不定休 所平泉町平泉衣関34-13 交JR平泉站搭平泉巡迴巴士「RunRun」，中尊寺下車，步行3分 P使用町營停車場

MAP附錄①P.5 B-2

➲櫃檯及大門使用的是酒窖地板木材

鄉土滋味化身為一盤西式時尚料理

麵疙瘩普羅旺斯雜燴菜980円
山椒愛爾啤酒(12oz) 600円

口感Q彈的麵疙瘩與滿滿蔬菜的番茄燉菜是絕佳搭配。添加一關產山椒的「山椒愛爾啤酒」帶有若有似無的辛辣味。

品嘗6種口味的
現搗麻糬
藤原三代麻糬膳
1000円
請享用紅豆泥、毛豆泥、生薑、核桃、黑芝麻的麻糬和以秀衡塗碗盛裝的雜煮。

きになるお休み処
夢乃風

◎きになるおやすみどころゆめのかぜ

這家餐廳可享用平泉等地傳統的宴客料理「麻糬膳」。以平泉產黃金糯米現搗的麻糬吃得到彈力與黏性。餡料是以向當地農家特別訂購的紅豆、毛豆及日本核桃等自製。

☎0191-46-2641
L 10:00～19:00 休 冬季不定休 所 平泉町平泉花立11-2 交 JR平泉站搭平泉巡迴巴士「RunRun」，平泉文化遺産センター下車，步行3分 P 10輛
MAP 附錄① P.5 B-3

↑店裡同時販售外帶用的麻糬（6片500円）

當地食材的外帶美食

好想去一下

KOZENJI café的義式冰淇淋

◎コゼンジカフェ

地產地消的手工義式冰淇淋

以自家田地生產的藍莓和南瓜等當地食材手工製作義式冰淇淋的專賣店。甜筒也是用當地小麥一片一片烤出來。

☎0191-46-3066
L 10:30～18:00 休 週一（逢假日則翌日休） 所 平泉町平泉樋渡50-2 交 JR平泉站步行10分 P 20輛
MAP 附錄① P.5 A-5

藍莓義式冰淇淋 350円

↑使用店長栽種無農藥藍莓的名品

5種特選義式冰淇淋 450円

→堆上5種義式冰淇淋，外觀也十分可愛

公路休息站平泉的芥末肉包與和芥末霜淇淋

◎みちのえきひらいずみ

平泉的觀光據點設施

氛圍典雅的歇山頂樣式公路休息站。館內設有販售大量平泉伴手禮的產地直送設施、地產地消餐廳及外帶區等。

☎0191-48-4795 MAP 附錄① P.5 B-5
L 9:00～18:00 休 無休 所 平泉町平泉伽羅楽112-2 交 JR平泉站步行7分 P 126輛

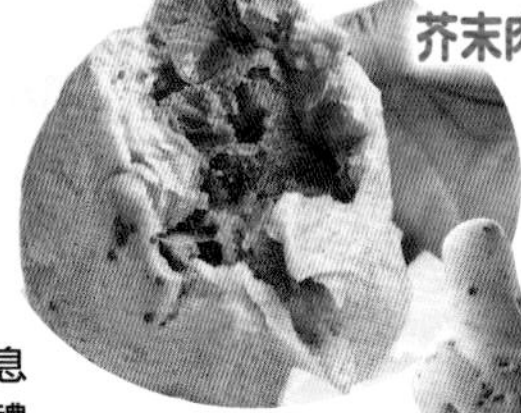

芥末肉包 380円

←多汁的肉包內添加平泉產的和芥末

和芥末霜淇淋 350円

→帶有平泉產和芥末辣味的大人口味

離由地圖上估計，所需時間則以時速40km行走主要幹線道路計算。
需時間會依車潮與交通狀況而異。

1:550,000

0 5 10 15 20km

圖例 ●景點·玩樂 ●美食 ●溫泉 ●購物 ●住宿

八戸市
階上町
洋野町
軽米町
九戸村
久慈市
岩手県
野田村
普代村
田野畑村
岩泉町
葛巻町
太平洋
階上岳
久慈平岳
赤石峠
久慈溪流
久慈琥珀博物館
Moguranpia水族館(久慈地下水族科學館) P.96
小袖海岸 P.91
吊鐘洞 P.91
P.20久慈
公路休息站 のだ 附錄② P.22
新山根溫泉別嬪之湯 附錄② P.23
平庭高原
遠別岳
安家森
遠島山
和佐羅比山
北山崎 P.91
P.105 羅賀莊飯店
機濱番屋群 P.96
平底小船大冒險 P.91
P.96 海嘯說書
北川食堂 P.93
白石峠
穴目ヶ岳
国境峠
宮古
青森県
秋田県
山形県
宮城県

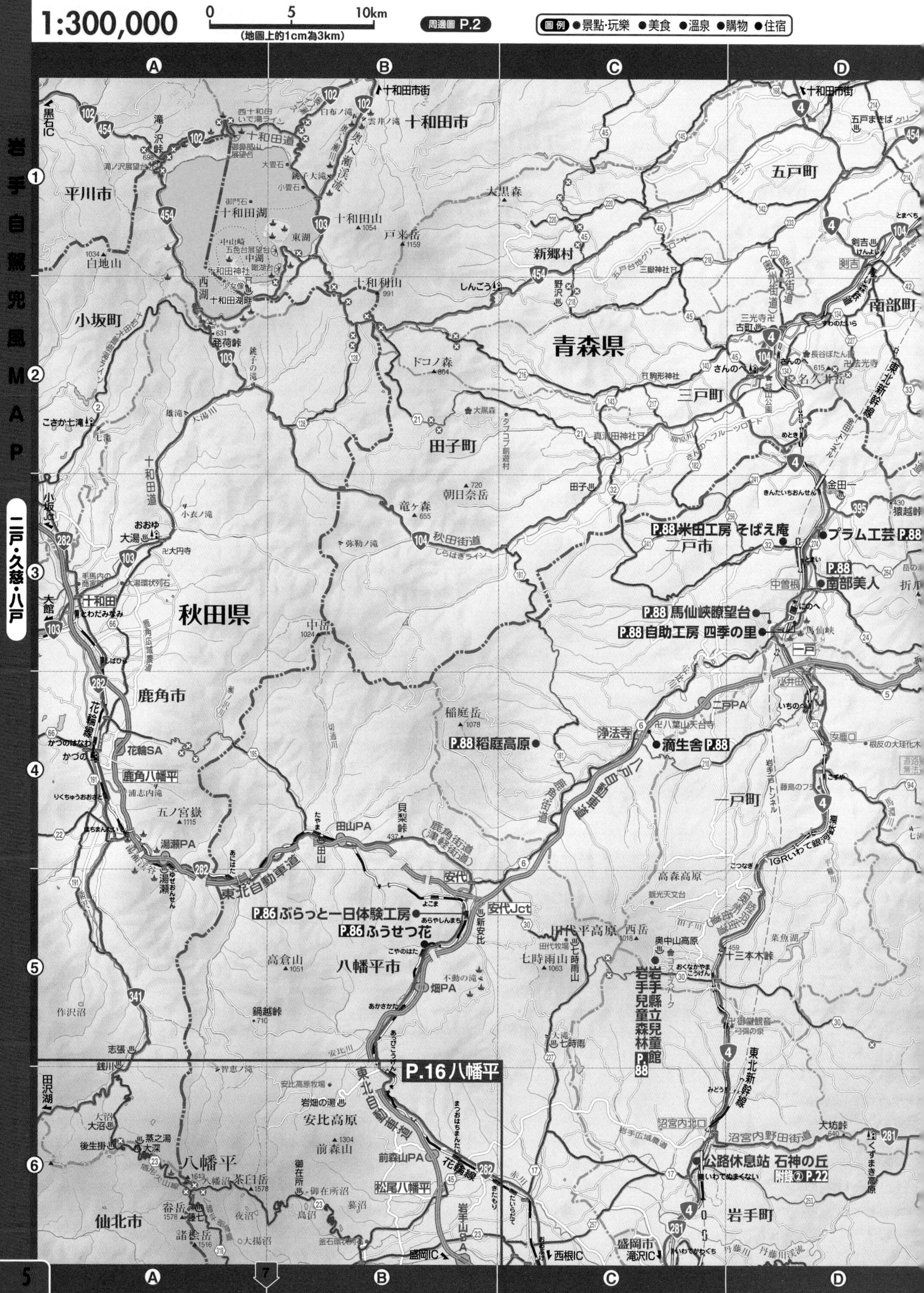
岩手自駕兜風MAP
二戶·久慈·八戶
十和田市
十和田湖
平川市
小坂町
秋田県
青森県
鹿角市
八幡平市
仙北市
五戸町
新郷村
南部町
三戸町
田子町
二戸市
一戸町
岩手町
P.88 米田工房 そばえ庵
プラム工芸 P.88
P.88 南部美人
P.88 馬仙峡瞭望台
P.88 自助工房 四季の里
P.88 稲庭高原
滴生舎 P.88
P.86 ぷらっと一日体験工房
P.86 ふうせつ花
P.16 八幡平
岩手縣立兒童館 岩手兒童森林 P.88
公路休息站 石神の丘 附錄② P.22
東北自動車道
八戸自動車道
東北新幹線
IGRいわて銀河鐵道
花輪線
安代Jct
盛岡IC
西根IC
滝沢IC
松尾八幡平
鹿角八幡平
十和田
安代
浄法寺
一戸
沼宮内北口

公路休息站 石神の丘 附錄② P.22
岩手町
葛巻町
田野畑村
龍泉洞休憩小屋 P.95
龍泉洞 P.95
岩泉町
石川啄木紀念館 P.39
舊澀民尋常小學 P.39
岩洞湖
盛岡市
岩手県
宮古市
俺のじゃじゃ P.23
公路休息站 紫波 附錄② P.22
早池峰山
山田町
WEIN CHATEAU OHASAMA P.59
ミルク工房 ボン・ディア P.58
花巻市
大槌町
遠野市
P.18 花巻
花と緑と安らぎの湯 東和溫泉 附錄② P.23
P.21 遠野廣域
釜石市

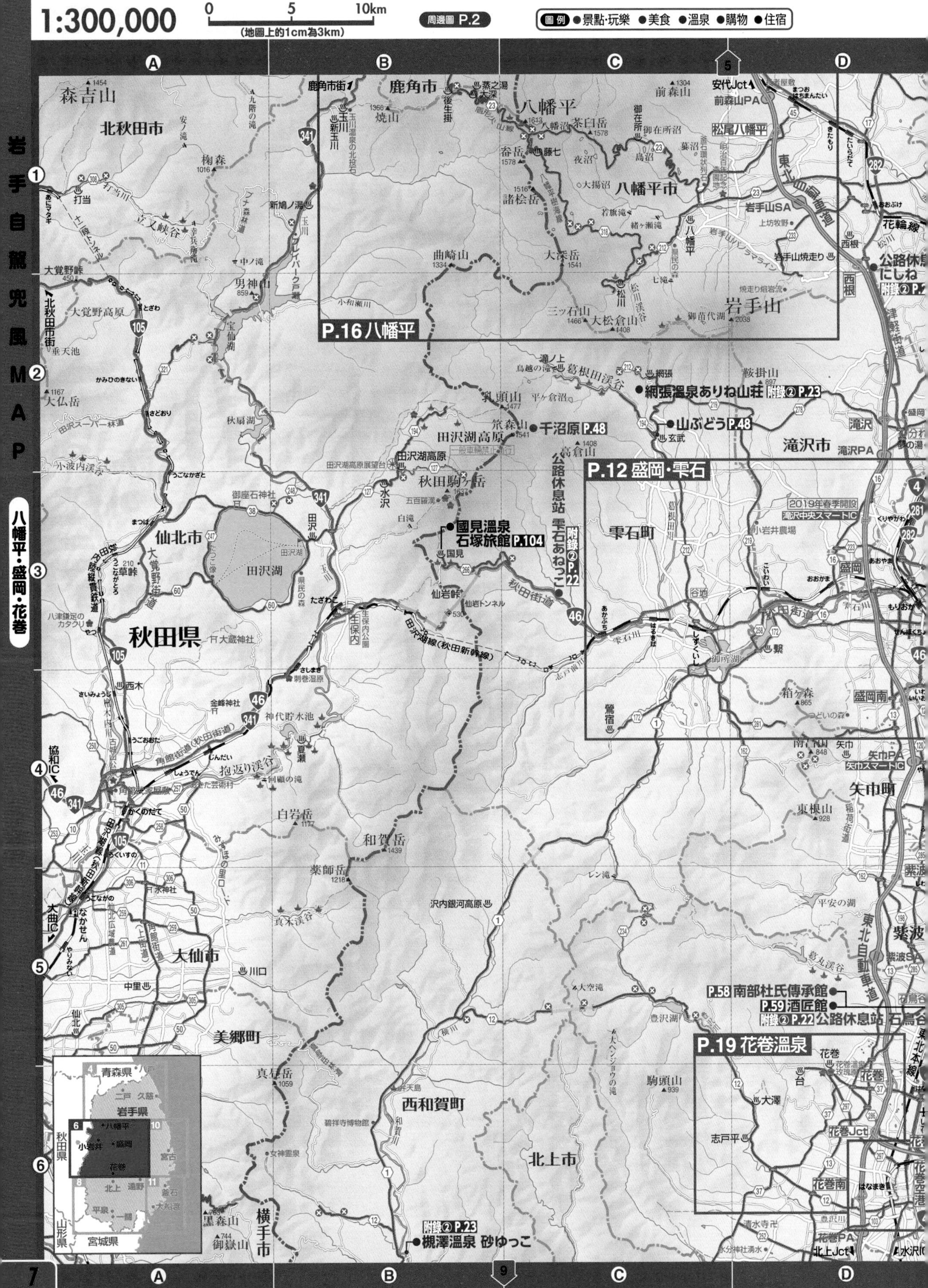
P.16 八幡平
P.12 盛岡·雫石
P.19 花巻溫泉
鹿角市
八幡平
八幡平市
岩手山
北秋田市
森吉山
秋田県
仙北市
田沢湖
秋田駒ヶ岳
田沢湖高原
雫石町
滝沢市
盛岡
大仙市
美郷町
西和賀町
北上市
横手市
和賀岳
矢巾町
紫波
網張溫泉ありね山荘 附錄② P.23
山ぶどう P.48
千沼原 P.48
國見溫泉 石塚旅館 P.104
公路休息站 雫石あねっこ 附錄② P.22
公路休息站 にしね 附錄② P.2
P.58 南部杜氏傳承館
P.59 酒匠館
附錄② P.22 公路休息站 石鳥谷
附錄② P.23
槻澤溫泉 砂ゆっこ
東北自動車道
青森県
岩手県
秋田県
山形県
宮城県

P.53 眼鏡橋
公路休息站 みやもり P.66
P.66 遠野麦酒苑
P.100 橋野鐵礦山 資訊中心
橋野鐵礦山 P.100
P.21 遠野廣域
遠野市
釜石市
P.20 釜石
遠野IC～遠野住田IC間 2019年春季開通
公路休息站 釜石仙人峠 附錄② P.22
釜石仙人峠IC～釜石JCT間 2019年春季開通
釜石両石IC～釜石南IC間 2019年春季開通
附錄② P.23
しゃくなげの湯っこ五葉温泉
岩手県
住田町
大船渡市
公路休息站 さんりく 附錄② P.22
P.101 THE BURGER HEARTS
陸前高田市
萬来食堂 P.101
P.69 げいびレストハウス
Hakoneyama Terrace P.105
P.101 奇蹟一棵松
碁石海岸レストハウス P.101
世界之椿館・碁石 P.101
碁石海岸 P.101
猊鼻溪乘舟遊 P.68
陸前高田長部IC～唐桑小原木IC間 2019年春季開通
陸前高田市黒崎温泉保養中心 附錄② P.23
一関市
公路休息站 むろね 附錄② P.22
気仙沼市
太平洋
2019年春季開通
岩手野生動物園 P.71
宮城県
大谷海岸IC～本吉津谷IC間 2019年春季開通
小泉海岸IC～歌津IC間 2019年春季開通
登米市
南三陸
青森県
岩手県
秋田県
山形県
宮城県

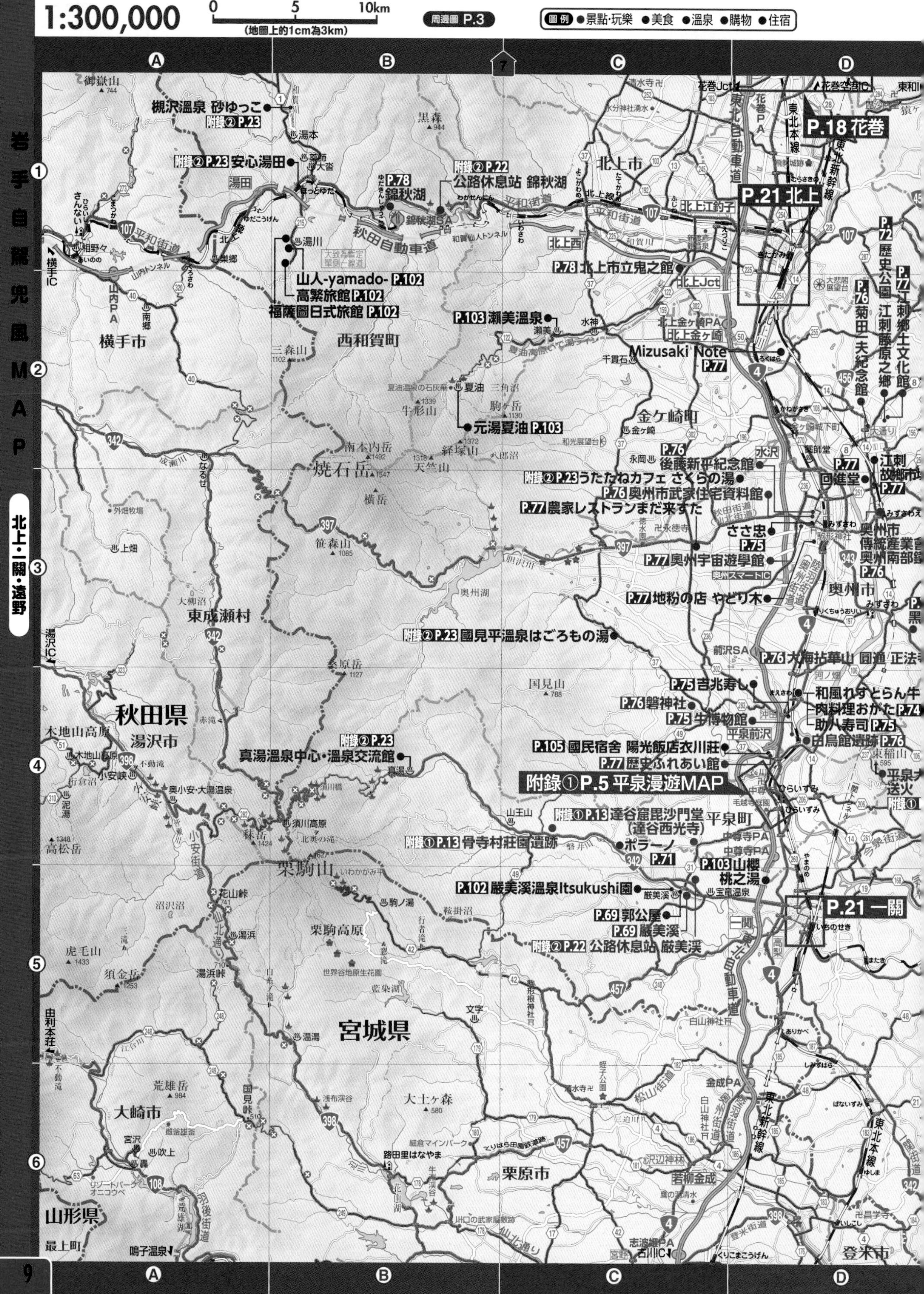
0 5 10km
(地圖上的1cm為3km)
周邊圖 P.3
圖例 ●景點·玩樂 ●美食 ●溫泉 ●購物 ●住宿
A
B
C
D
①
②
③
④
⑤
⑥
7
椈沢溫泉 砂ゆっこ
附錄② P.23
附錄② P.23 安心湯田
附錄② P.22
公路休息站 錦秋湖
P.78
錦秋湖
P.18 花巻
P.21 北上
北上市
湯田
錦秋湖SA
秋田自動車道
平和街道
湯川
山人-yamado- P.102
高繁旅館 P.102
福蔭園日式旅館 P.102
P.78 北上市立鬼之館
北上Jct
P.103 瀬美溫泉
Mizusaki Note
P.77
北上金ヶ崎PA
横手市
西和賀町
三森山
牛形山
元湯夏油 P.103
金ケ崎町
P.76 後藤新平紀念館
附錄② P.23 うたたねカフェ さくらの湯
P.76 奥州市武家住宅資料館
P.77 農家レストランまだ来すた
ささ忠
P.75
P.77 奥州宇宙遊學館
P.77 地粉の店 やどり木
焼石岳
南本内岳
経塚山
天竺山
横岳
笹森山
奥州湖
奥州市
東成瀬村
附錄② P.23 國見平溫泉はごろもの湯
桑原岳
国見山
P.76 大梅拈華山 圓通 正法寺
P.75 吉兆寿し
P.76 磐神社
P.75 牛博物館
和風れすとらん牛肉料理おかだ P.74
助八寿司 P.75
白鳥館遺跡 P.76
P.105 國民宿舍 陽光飯店衣川莊
P.77 歷史ふれあい館
附錄① P.5 平泉漫遊MAP
附錄① P.13 達谷窟毘沙門堂 (達谷西光寺)
平泉町
附錄① P.13 骨寺村莊園遺跡
ポラーノ
P.71
P.103 山櫻 桃之湯
P.102 厳美溪溫泉Itsukushi園
P.69 郭公屋
P.69 厳美溪
附錄② P.22 公路休息站 厳美溪
P.21 一關
秋田県
湯沢市
真湯溫泉中心・溫泉交流館
附錄② P.23
栗駒山
栗駒高原
世界谷地原生花園
宮城県
虎毛山
須金岳
荒雄岳
大崎市
大土ヶ森
栗原市
若柳金成
山形県
最上町
鳴子溫泉
登米市
東北自動車道
東北新幹線
東北本線
江刺
P.77 回進堂
P.76 菊田一夫紀念館
P.77 江刺鄉土文化館
P.72 歷史公園 江刺藤原之鄉
奥州市傳統產業會館
奥州南部鐵器
平泉煙火
花巻空港IC
花巻Jct
横手IC
湯沢IC

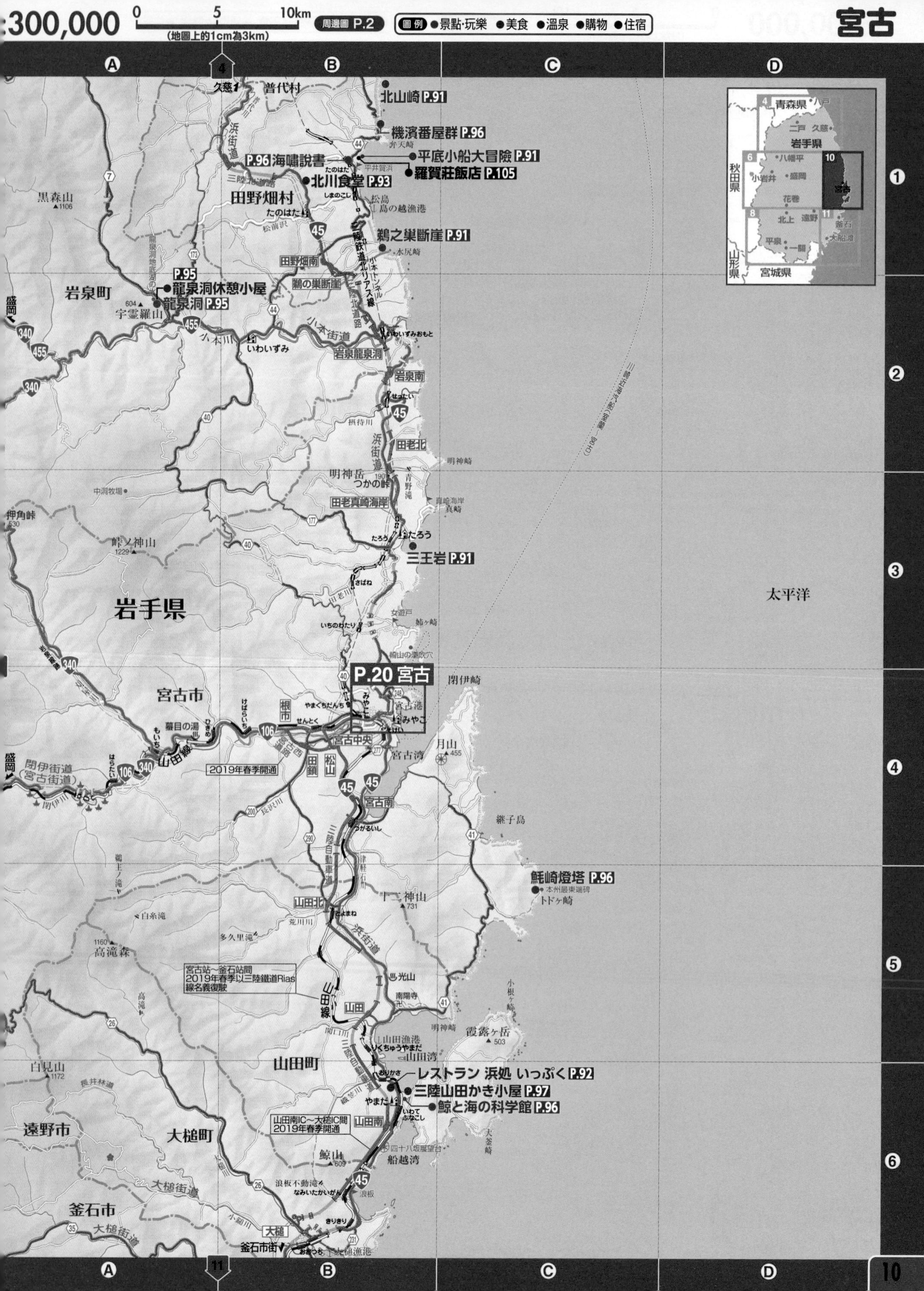
北山崎 P.91
機濱番屋群 P.96
P.96 海嘯說書
平底小船大冒險 P.91
羅賀莊飯店 P.105
北川食堂 P.93
田野畑村
普代村
鵜之巣斷崖 P.91
P.95
龍泉洞休憩小屋
龍泉洞 P.95
岩泉町
黒森山
宇霊羅山
小本街道
岩泉龍泉洞
岩泉南
田老北
明神岳
つかの峠
田老真崎海岸
三王岩 P.91
峠ノ神山
岩手県
太平洋
P.20 宮古
閉伊崎
宮古市
宮古中央
宮古湾
月山
宮古南
2019年春季開通
閉伊街道（宮古街道）
山田北
十二神山
魹崎燈塔 P.96
トドヶ崎
高滝森
宮古站～釜石站間 2019年春季以三陸鐵道Rias線名義復駛
山田
霞露ヶ岳
山田町
レストラン 浜処 いっぷく P.92
三陸山田かき小屋 P.97
鯨と海の科学館 P.96
山田南
山田南IC～大槌IC間 2019年春季開通
鯨山
船越湾
遠野市
大槌町
釜石市
大槌街道
大槌
青森県
岩手県
秋田県
山形県
宮城県

0 5 10km
(地圖上的1cm為3km)
圖例 ●景點·玩樂 ●美食 ●溫泉 ●購物 ●住宿
岩手自駕兜風MAP
宮古・釜石・大船渡
P.100 橋野鐵礦山資訊中心
●橋野鐵礦山 P.100
P.21 遠野廣域
P.20 釜石
岩手県
釜石市
大槌町
●釜石鵜住居復興體育場 P.98
宮古站～釜石站間 2019年春季以三陸鐵道Rias線名義復駛
山田南IC～大槌IC間 2019年春季開通
遠野IC～遠野住田IC間 2019年春季開通
公路休息站 釜石仙人峠 附錄② P.22
釜石仙人峠IC～釜石JCT間 2019年春季開通
釜石両石IC～釜石南IC間 2019年春季開通
住田町
附錄② P.23
●しゃくなげの湯っこ五葉温泉
大船渡市
公路休息站 さんりく 附錄② P.22
P.101 THE BURGER HEARTS●
陸前高田市
P.101 ●陸前高田未來商店街
●萬來食堂 P.101
●Hakoneyama Terrace P.105
●碁石海岸レストハウス P.101
●世界之椿館・碁石 P.101
●碁石海岸 P.101
P.101 奇蹟一棵松
陸前高田長部IC～唐桑小原木IC間 2019年春季開通
●陸前高田市黒崎溫泉保養中心 附錄② P.23
氣仙沼市
宮城県
太平洋
大谷海岸IC～本吉津谷IC間 2019年春季開通
青森県 岩手県 秋田県 山形県 宮城県

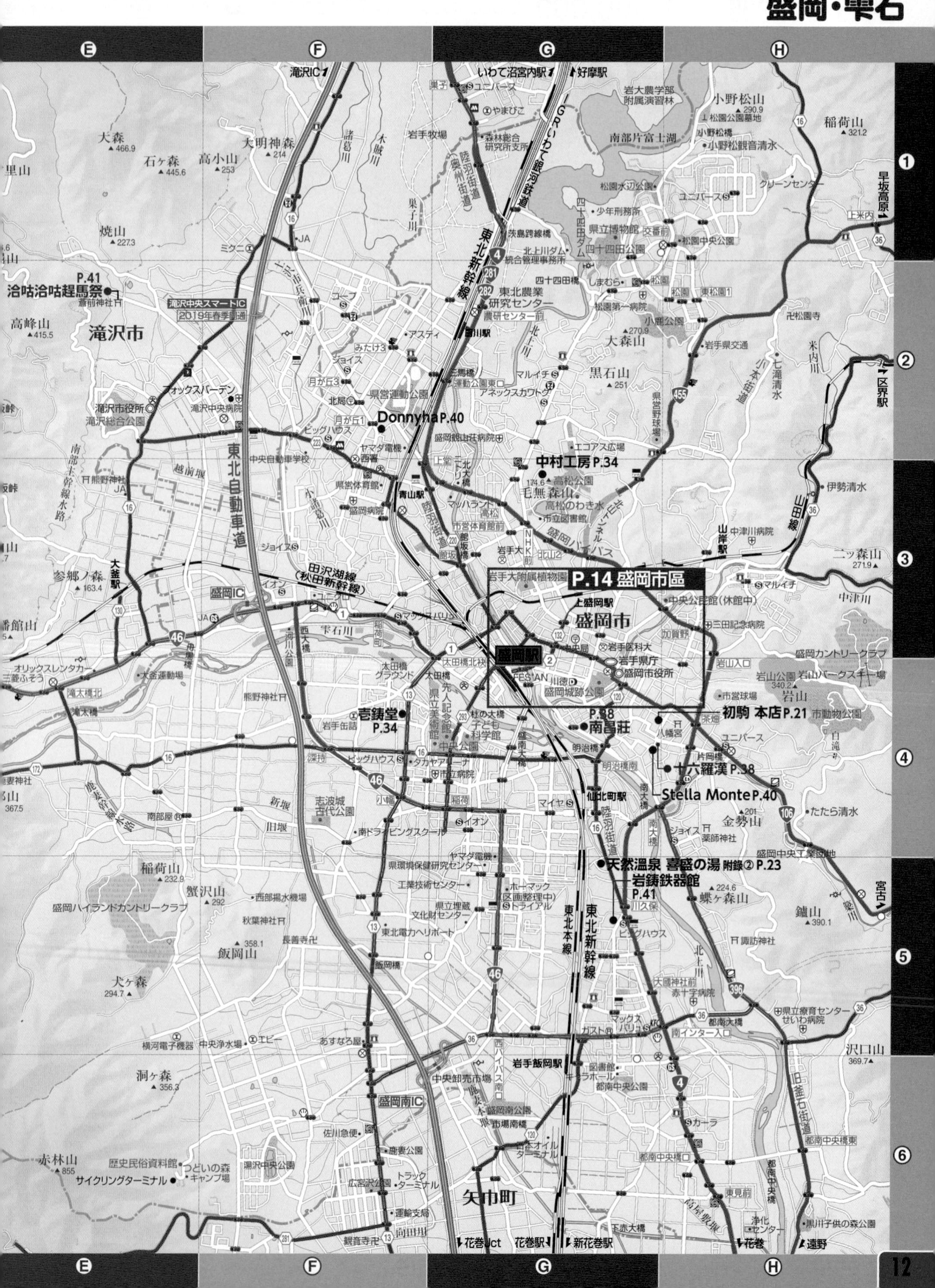

E
F
G
H
1
2
3
4
5
6
滝沢IC
いわて沼宮内駅
好摩駅
IGRいわて銀河鉄道
岩大農学部附属演習林
小野松山
290.9
南部片富士湖
稲荷山
321.2
大森
466.9
石ヶ森
445.6
高小山
253
大明神森
214
諸葛川
木賊川
岩手牧場
森林総合研究所支所
陸羽街道
奥州街道
巣子川
早坂高原
松園水辺公園
ユニバース
少年刑務所
県立博物館
四十四田ダム
四十四田公園
松園中央公園
クリーンセンター
上米内
焼山
227.3
北上川ダム統合管理事務所
四十四田橋
東北新幹線
東北農業研究センター
農研センター前
厨川駅
P.41
洽咕洽咕趕馬祭
蒼前神社
滝沢中央スマートIC
2019年春季開通
高峰山
415.5
滝沢市
アスティ
みたけ3
ジョイス
月が丘3
北上川
松園第一病院
小鹿公園
270.9
大森山
岩手県交通
米内川
七滝清水
小本街道
区界駅
黒石山
251
マルイチ
運動公園東口
アネックスカワトク
県営球場
フォックスバーデン
滝沢中央病院
滝沢市役所
滝沢総合公園
北局
月が丘1
県営運動公園
Donnyha P.40
ビッグハウス
ヤマダ電機
西番
中央自動車学校
盛岡観山荘病院
エコアス広場
中村工房 P.34
高松公園
毛無森山
174.6
高松のわき水
市立図書館
山田線
伊勢清水
東北自動車道
越前堰
熊野神社
JA
南部土地改良幹線水路
県営体育館
盛岡病院
青山駅
マッハランド
市営体育館前
盛岡バイパス
山岸駅
中津川病院
二ツ森山
271.9
参郷ノ森
163.4
大釜駅
ジョイス
田沢湖線（秋田新幹線）
盛岡IC
イオン
岩手大
NHK前
北山2
岩手大附属植物園
P.14 盛岡市區
上盛岡駅
盛岡市
中央公民館（休館中）
三田記念病院
加賀野
中津川
雫石川
太田橋北袂
盛岡駅
FES'AN
中央局
岩手医科大
岩手県庁
盛岡市役所
盛岡城跡公園
盛岡カントリークラブ
岩山公園
岩山パークスキー場
340.2
岩山
市営球場
オリックスレンタカー
三菱ふそう
大釜運動場
滝太橋北
滝太橋
熊野神社
太田橋グラウンド
太田橋
先人記念館
県立美術館
杜の大橋
子ども科学館
中央公園
壱鋳堂 P.34
岩手缶詰
南昌荘 P.38
明治橋
八幡宮
初駒 本店 P.21
市動物公園
ユニバース
片岡橋
十六羅漢 P.38
Stella Monte P.40
たたら清水
ビッグハウス
タカヤアリーナ
市立病院
明治橋南
南大橋
仙北町駅
金勢山
201
新堰
旧堰
南部屋
志波城古代公園
小幅
稲荷
イオン
マイヤ
南ドライビングスクール
ジョイス
薬師神社
盛岡中央工業団地
宮古
稲荷山
232.9
蟹沢山
292
西部場水機場
盛岡ハイランドカントリークラブ
秋葉神社
ヤマダ電機
県環境保健研究センター
工業技術センター
県立埋蔵文化財センター
ホーマック
区画整理中
トライアル
天然温泉 喜盛の湯 附錄② P.23
岩鋳鉄器館 P.41
川久保
蝶ヶ森山
224.6
鑪山
390.1
飯岡山
358.1
長善寺
東北電力ヘリポート
東北本線
東北新幹線
ビッグハウス
諏訪神社
犬ヶ森
294.7
飯岡橋
大國神社前
赤十字病院
県立療育センター
せいわ病院
都南大橋
南インター入口
沢口山
369.7
横河電子機器
中央浄水場
エビー
あすなろ屋
ガスト
マックスバリュ
岩手飯岡駅
洞ヶ森
356.3
中央卸売市場
西バイパス
図書館
キラホール
都南中央公園
盛岡南IC
盛岡南公園
市場南橋
カーラ
旧釜石街道
都南中央橋東
赤林山
855
歴史民俗資料館
つどいの森キャンプ場
サイクリングターミナル
佐川急便
鹿妻公園
湯沢中央公園
広宮沢公園
トラックターミナル
日本オイルターミナル
矢巾町
都南中央橋
東見前
高屋敷堰
浄化センター
黒川子供の森公園
運輸支局
向田川
観音寺
下赤大橋
花巻Jct
花巻駅
新花巻駅
花巻
遠野

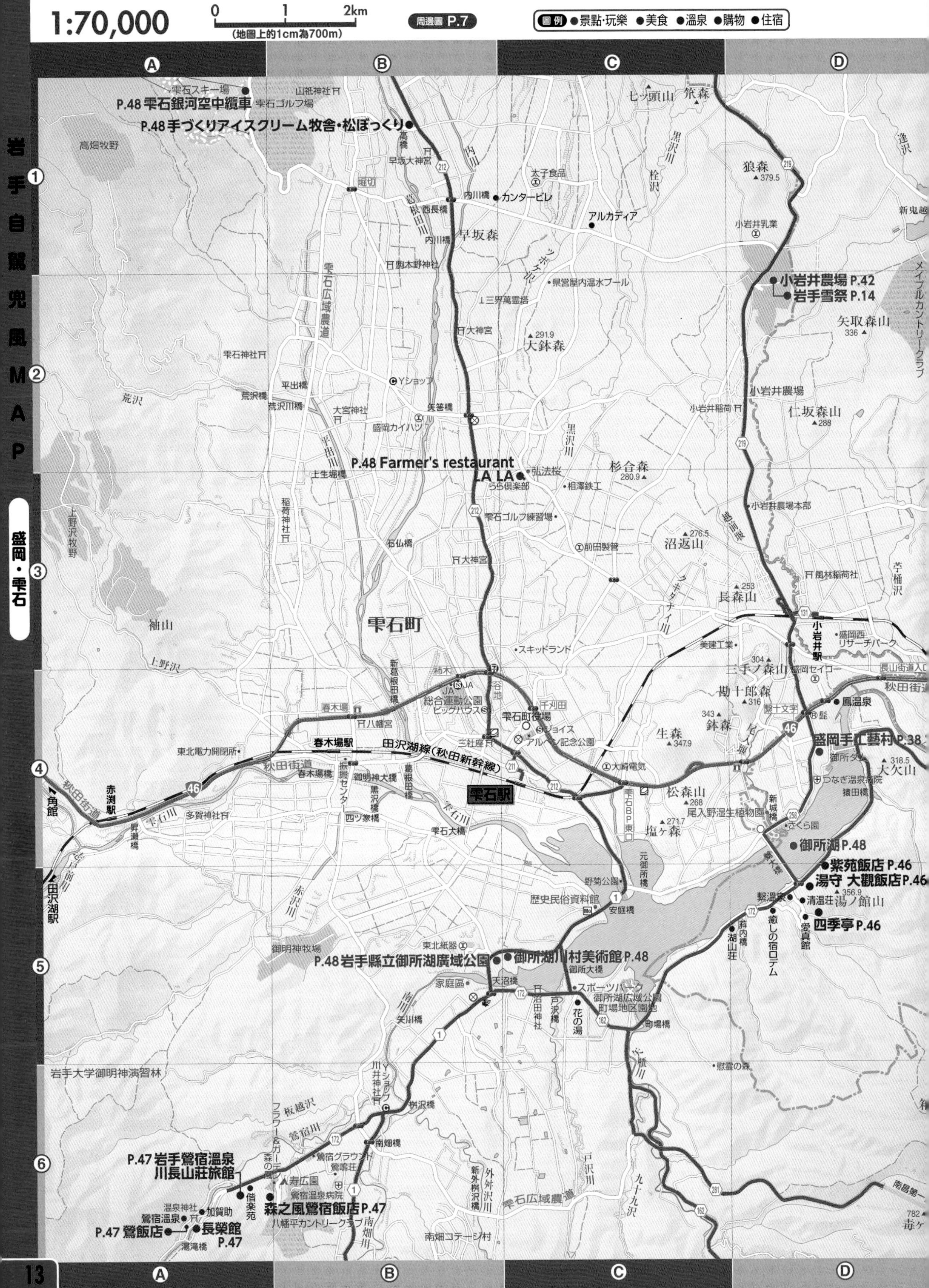
P.48 雫石銀河空中纜車
P.48 手づくりアイスクリーム牧舍·松ぼっくり
小岩井農場 P.42
岩手雪祭 P.14
P.48 Farmer's restaurant LA LA
雫石町
雫石駅
盛岡手仁藝村 P.38
御所湖 P.48
紫苑飯店 P.46
湯守 大觀飯店 P.46
四季亭 P.46
P.48 岩手縣立御所湖廣域公園
御所湖川村美術館 P.48
P.47 岩手鶯宿溫泉 川長山莊旅館
森之風鶯宿飯店 P.47
P.47 鶯飯店
長榮館 P.47
田沢湖線(秋田新幹線)
春木場駅
赤渕駅
小岩井駅
田沢湖駅

橫澤パン P.37
一茶寮 P.32
P.24 肉の米内
CHATONS P.26
藤原養蜂場 P.40
クラムボン P.32
shop+space ひめくり P.36
盛岡三颯舞 P.14
深澤紅子野花美術館 P.39
黄精飴本舗長澤屋 P.41
MASS ~かまどのある家・酒をよぶ食卓・ななしの庵~
白龍本店 P.22
NOTE P.40
関口屋菓子舗 P.30
老舗 白沢せんべい店 P.30
草紫堂 P.41
ござ九・森九商店 P.30
釜定 P.34
USAGI Botanica P.39
ふかくさ P.32
盛岡じゃじゃめん P.23
盛岡歴史文化館 P.38
岩手銀行紅磚館 P.31
紅茶の店 しゅん P.33
東家 本店 P.21
P.17 Plaza Odette
盛岡啄木・賢治青春館 P.31
三陸居酒屋 きりや 中之橋店 P.27
Calm Nanak店 P.26
直利庵 P.20
茶廊 車門 P.33
鈴木盛久工房 P.41
P.38 盛岡天滿宮
愛宕山 196.3
グランドホテル・ウェディングヒル 愛宕山公園
三ツ割
展望台
山岸(1)
山岸(2)
山田線
愛宕町
加賀野(4)
小本街道
中津川
本町通(1)
加賀野(1)
加賀野(2)
加賀野(3)
7:00~9:00為往南單向通行
上ノ橋町
天神町
紺屋町
若園町
住吉町
新庄町
神明町
志家町
山王町
中ノ橋通(1)
中ノ橋通(2)
八幡町
花巻
宮古

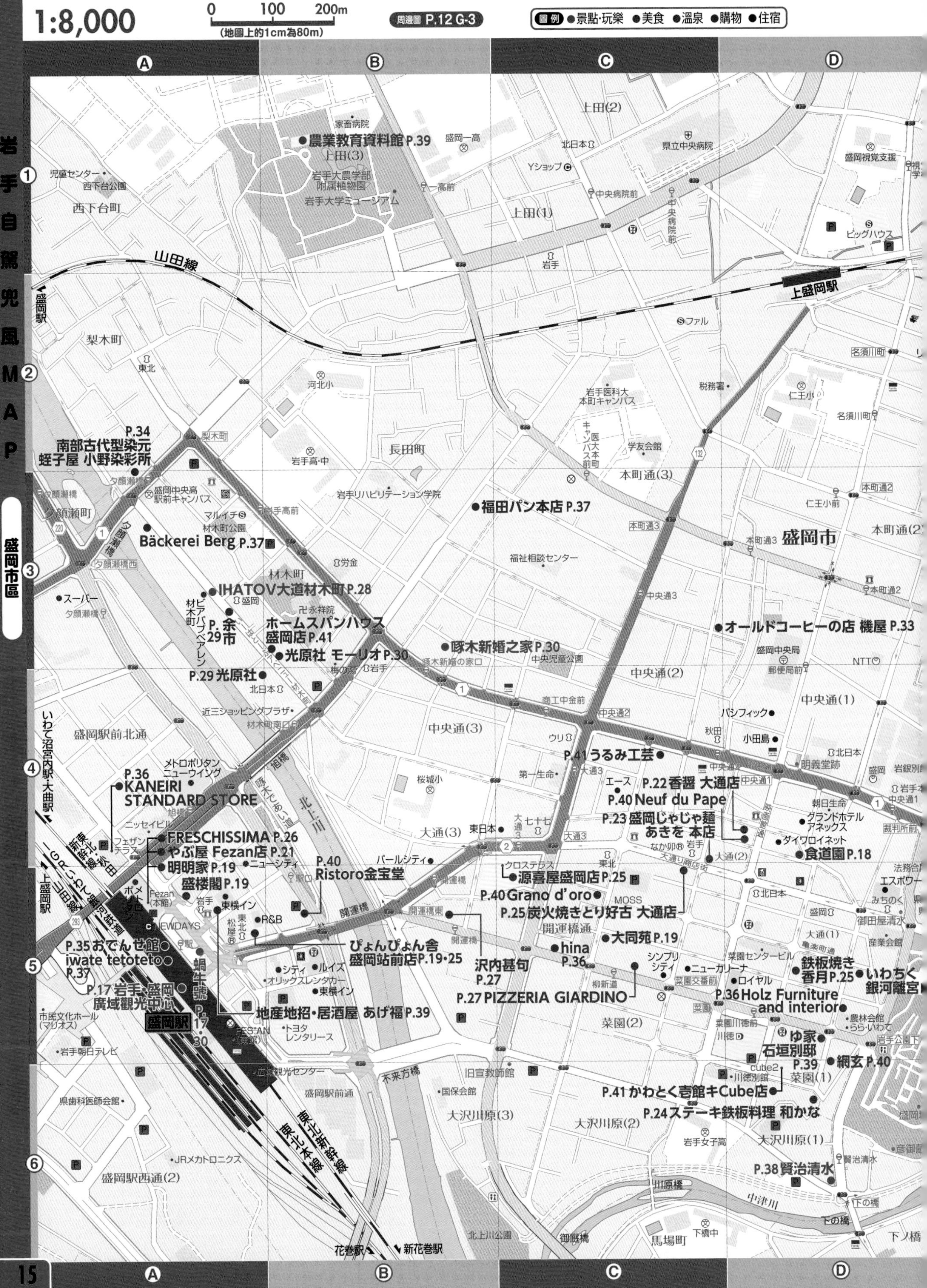
農業教育資料館 P.39
上田(3)
岩手大農学部附属植物園
岩手大学ミュージアム
上田(2)
上田(1)
県立中央病院
山田線
上盛岡駅
梨木町
長田町
盛岡市
P.34 南部古代型染元 蛭子屋 小野染彩所
福田パン本店 P.37
Bäckerei Berg P.37
IHATOV大道材木町 P.28
P.29 余市
ホームスパンハウス 盛岡店 P.41
光原社 モーリオ P.30
P.29 光原社
啄木新婚之家 P.30
オールドコーヒーの店 機屋 P.33
中央通(1)
中央通(2)
中央通(3)
P.41 うるみ工芸
P.36 KANEIRI STANDARD STORE
P.22 香醤 大通店
P.40 Neuf du Pape
P.23 盛岡じゃじゃ麺 あきを 本店
食道園 P.18
FRESCHISSIMA P.26
やぶ屋 Fezan店 P.21
明明家 P.19
盛楼閣 P.19
P.40 Ristoro金宝堂
源喜屋盛岡店 P.25
P.40 Grano d'oro
P.25 炭火焼きとり好古 大通店
大同苑 P.19
hina P.36
P.35 おでんせ館
iwate tetoteto P.37
ぴょんぴょん舎 盛岡站前店 P.19·25
沢内甚句 P.27
P.27 PIZZERIA GIARDINO
鉄板焼き 香月 P.25
いわちく 銀河離宮
P.36 Holz Furniture and interior
P.17 岩手·盛岡廣域観光中心
蝸牛號 P.17·30
盛岡駅
地産地招·居酒屋 あげ福 P.39
ゆ家 石垣別邸 P.39
網玄 P.40
P.41 かわとく壱館キCube店
P.24 ステーキ鉄板料理 和かな
P.38 賢治清水
東北本線
東北新幹線
北上川
中津川
大沢川原(1)
大沢川原(2)
大沢川原(3)
菜園(1)
菜園(2)
大通(3)
花巻駅
新花巻駅

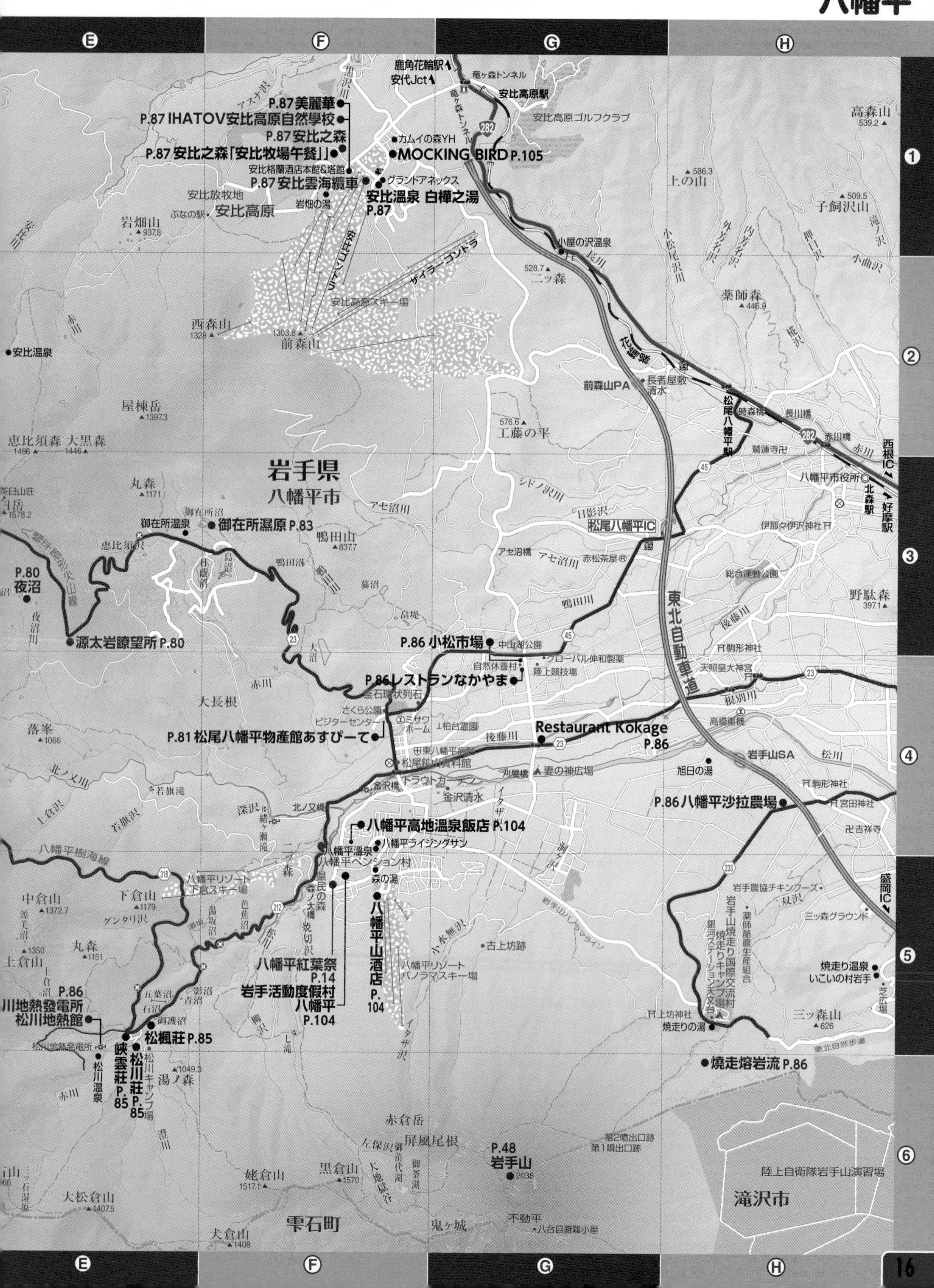

P.87 美麗華
P.87 IHATOV安比高原自然學校
P.87 安比之森
P.87 安比之森「安比牧場午餐」
P.87 安比雲海纜車
安比温泉 白樺之湯 P.87
MOCKING BIRD P.105
安比高原
岩手県
八幡平市
御在所濕原 P.83
P.80 夜沼
源太岩瞭望所 P.80
P.86 小松市場
P.86 レストランなかやま
P.81 松尾八幡平物產館あすぴーて
Restaurant Kokage P.86
P.86 八幡平沙拉農場
八幡平高地温泉飯店 P.104
八幡平紅葉祭 P.14
岩手活動度假村 八幡平 P.104
八幡平山酒店 P.104
P.86 松川地熱發電所 松川地熱館
松楓荘 P.85
峡雲荘 P.85
松川荘 P.85
焼走熔岩流 P.86
P.48 岩手山
東北自動車道
松尾八幡平IC
西根IC
盛岡IC
滝沢市
雫石町

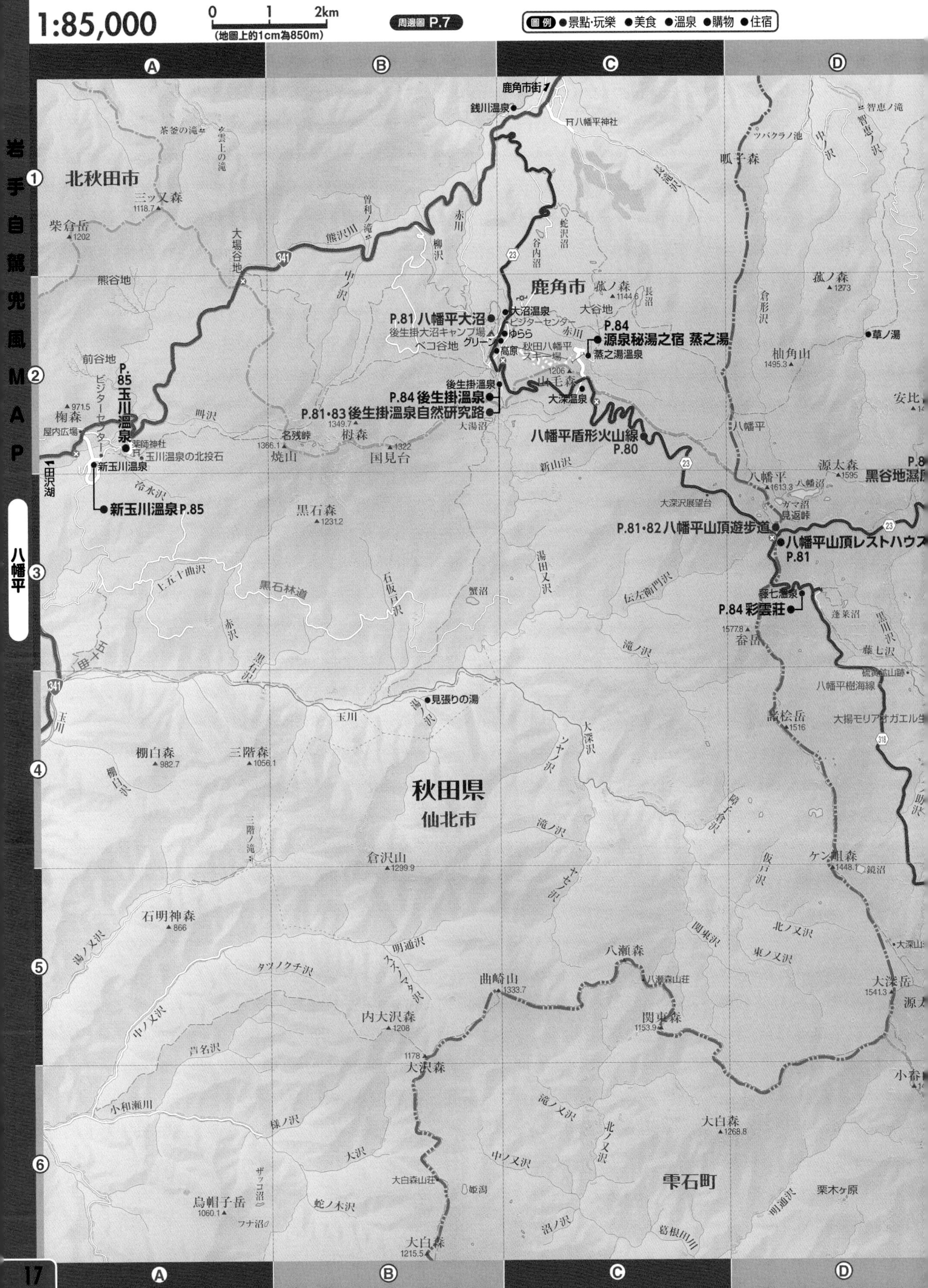

1:85,000
0 1 2km
(地圖上的1cm為850m)
周邊圖 P.7
圖例 ●景點·玩樂 ●美食 ●溫泉 ●購物 ●住宿
岩手自駕兜風MAP
八幡平
北秋田市
鹿角市
秋田県
仙北市
雫石町
鹿角市街
銭川温泉
八幡平神社
茶釜の滝
雲上の滝
三ッ又森
1118.7
柴倉岳
1202
熊沢川
大場谷地
熊谷地
曽利ノ滝
赤川
柳沢
中ノ沢
蛇沢沼
谷内沼
P.81 八幡平大沼
後生掛大沼キャンプ場
ベコ谷地
大沼温泉
ビジターセンター
ゆらら
グリーン
高原
秋田八幡平スキー場
P.84 源泉秘湯之宿 蒸之湯
蒸之湯温泉
1206
大深温泉
後生掛温泉
P.84 後生掛温泉
P.81·83 後生掛温泉自然研究路
大湯沼
八幡平盾形火山線
P.80
新山沢
蒴ノ森
1144.6
大谷地
長沼
前谷地
P.85 玉川温泉
ビジターセンター
971.5
栂森
屋内広場
薬師神社
玉川温泉の北投石
新玉川温泉
新玉川温泉P.85
田沢湖
冷水沢
叫沢
名残峠
1366.1
焼山
1349.7
栂森
1322
国見台
黒石森
1231.2
上五十曲沢
黒石林道
赤沢
石仮戸沢
蟹沼
湯田又沢
伝左衛門沢
大深沢展望台
滝ノ沢
黒石沢
五十曲沢
玉川
見張りの湯
湯ノ沢
大深沢
ツキノ沢
棚白森
982.7
三階森
1056.1
三階ノ滝
倉沢山
1299.9
滝ノ沢
ヤセ沢
陽子倉沢
石明神森
866
湯ノ又沢
明通沢
タツノクチ沢
ススノマタ沢
中ノ又沢
曲崎山
1333.7
八瀬森
八瀬森山荘
関東沢
関東森
1153.9
内大沢森
1208
芦名沢
1178
大沢森
小和瀬川
様ノ沢
大沢
滝ノ又沢
北ノ又沢
中ノ又沢
大白森
1268.8
大白森山荘
姫潟
ザッコ沼
烏帽子岳
1060.1
フナ沼
蛇ノ木沢
沼ノ沢
葛根田川
大白森
1215.5
智恵ノ滝
智恵ノ沢
ツバクラノ池
中ノ沢
呱子森
蒴ノ森
1273
倉形沢
草ノ湯
柚角山
1495.3
安比
八幡平
源太森
1595
黒谷地湿原
八幡平
1613.3
八幡沼
ガマ沼
見返峠
P.81·82 八幡平山頂遊歩道
八幡平山頂レストハウス
P.81
藤七温泉
P.84 彩雲荘
蓬莱沼
1577.8
畚岳
黒川沢
藤七沢
硫黄鉱山跡
八幡平樹海線
諸桧岳
1516
大揚モリアオガエル生
仮戸沢
ケン租森
1448.1
鏡沼
北ノ又沢
東ノ又沢
大深山
大深岳
1541.3
小畚
栗木ヶ原
明通沢
341
23
318
A B C D
1 2 3 4 5 6
17

E
F
G
H
1
2
3
4
5
6
盛岡駅
東北新幹線
宝昌寺
保育園
東北アルフレッサ
花巻空港IC
我生
八坂神社
花巻大橋
公民館
花巻空港料金所
上似内
似内駅
八坂神社
似内跨線橋
北上川
新花巻駅
P.58 橡果與山貓號
矢沢
遠野駅
稲荷神社
釜石線
八幡宮
下似内
胡四王山
胡四王神社
183.0
ラル花巻
銀河大橋
白山神社
P.50 宮澤賢治紀念館
P.50 山猫軒
賢治記念館
市博物館
猿ヶ石川
P.51 波蘭廣場
南斜日晷花壇
なめとこ山庵 P.51
P.51 宮澤賢治童話村
白山神社
P.51 宮澤賢治IHATOV館
高松庵
花巻東バイパス
高松トンネル
遠野IC
花巻市
安野橋
安野
記念館入口
札長根
釜石街道
堰袋
稲荷神社
矢沢中
花巻新渡戸紀念館 P.58
矢沢小前
藤巻胃腸科内科
蒼前堂
JA
野球場
上小路
ジョイス
銀河モール
蒼前林
農協支所前
高木寺
公民館前
矢沢小
矢沢振興センター
中野橋
野田
中野
雷田
高木岡神社
光ヶ岡団地
団地
高木団地
公園
やさわの園
高木墓園
猿ヶ石川
東北新幹線
古館
八森
岩手園芸
長根坂
平良木
北上市
猿ヶ石橋
熊野神社
小袋
北上
金毘羅神社
北上駅

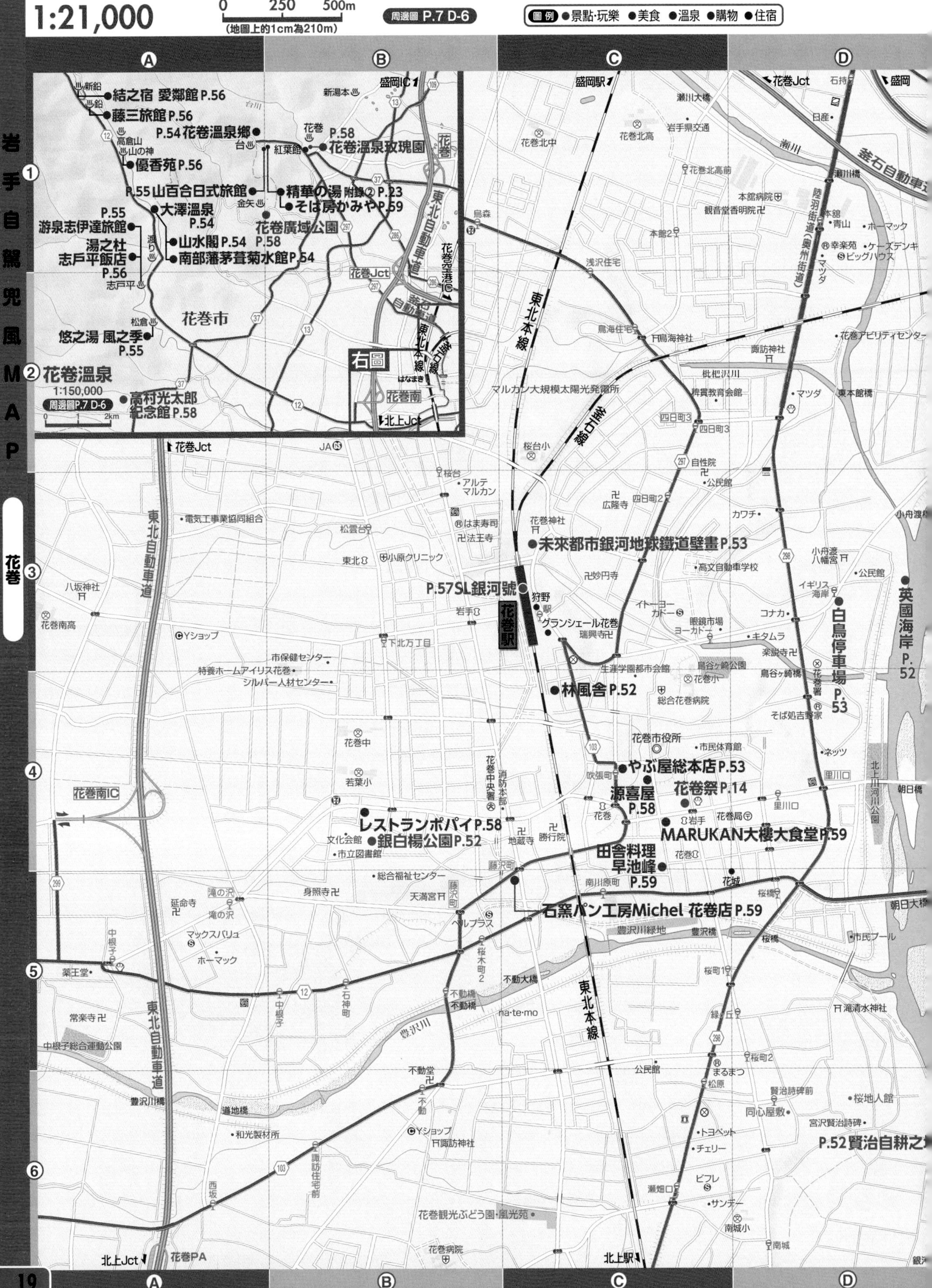

1:21,000
0 250 500m
(地圖上的1cm為210m)
周邊圖 P.7 D-6
圖例 ●景點·玩樂 ●美食 ●溫泉 ●購物 ●住宿
岩手自駕兜風MAP
花巻
結之宿 愛鄰館 P.56
藤三旅館 P.56
P.54 花巻溫泉郷
花巻溫泉玫瑰園
優香苑 P.56
P.55 山百合日式旅館
精華の湯 附錄② P.23
そば房かみや P.59
P.55 大澤溫泉 P.54
游泉志伊達旅館
花巻廣域公園 P.58
山水閣 P.54
湯之杜 志戸平飯店 P.56
南部藩茅葺菊水館 P.54
花巻市
悠之湯 風之季 P.55
花巻溫泉
1:150,000
周邊圖P.7 D-6
高村光太郎紀念館 P.58
右圖
東北自動車道
釜石自動車道
東北本線
釜石線
花巻空港IC
花巻Jct
花巻南
北上Jct
盛岡IC
盛岡駅
盛岡
花巻北中
花巻北高
岩手県交通
瀬川
陸羽街道(奥州街道)
マルカン大規模太陽光発電所
鳥谷崎神社
桜台小
四日町
未來都市銀河地球鐵道壁畫 P.53
P.57 SL銀河號
花巻駅
グランシェール花巻
林風舎 P.52
総合花巻病院
花巻市役所
やぶ屋総本店 P.53
源喜屋 P.58
花巻祭 P.14
MARUKAN大樓大食堂 P.59
レストランポパイ P.58
銀白楊公園 P.52
田舎料理 早池峰 P.59
石窯パン工房Michel 花巻店 P.59
白鳥停車場 P.53
英國海岸 P.52
北上川河川公園
豊沢川
花巻南IC
花巻中
若葉小
中根子総合運動公園
花巻観光ぶどう園·風光苑
花巻病院
P.52 賢治自耕之
宮沢賢治詩碑
桜地人館
花巻PA
北上駅

宮古
1:25,000
周邊圖 P.10 B-4
宮古市
P.97 大寿司
宮古市魚菜市場 P.97
よし寿司 P.92
蛇の目本店 P.93
魚彩亭すみよし P.93
P.94 三陸鐵道
宮古駅
三陸鉄道北リアス線
山田線
P.97 浄土ヶ浜レストハウス 浜処 うみねこ亭
浄土之濱 P.90
P.105 浄土濱公園飯店
宮古浄土之濱遊覽船 P.90
平底小船遊覽 P.90
P.96 公路休息站 みやこ
seatopia naado
宮古港
宮古湾
閉伊川
宮古站～釜石站間 2019年春季以三陸鐵道Rias線名義復駛
釜石
1:50,000
周邊圖 P.11 C-1
三重食堂 P.99
釜石中央IC
2019年春季開通
三陸自動車道
宮古站～釜石站間 2019年春季以三陸鐵道Rias線名義復駛
P.99 あゆとく
P.99 SEA PLAZA 釜石
P.99 新華園本店
釜石駅
P.94 三陸鐵道
釜石市
P.98 釜石市立鐵之歴史館
釜石大観音 P.98
釜石湾
久慈
1:35,000
周邊圖 P.4 G-4
久慈市
SIESTA P.97
P.97 田村牧場直営店 焼肉たむら屋
喫茶モカ P.97
お菓子の沢菊 本店 P.97
公路休息站くじやませ土風館附録② P.22
地場食材レストラン 山海里 P.92
久慈駅
八戸線
三陸鉄道北リアス線
久慈川

圖例 ●景點·玩樂 ●美食 ●溫泉 ●購物 ●住宿
遠野
1:25,000
周邊圖 下圖
あんべP.62
P.60 旅之藏 遠野
遠野駅
P.65 遠野城下町資料館
P.63 on-cafe
P.64 遠野物語館
まん十やP.66
P.65 遠野まちなか・ドキ・土器館
P.63 食堂喫茶 CocoKana
P.105 遠野阿耶瑞亞酒店
P.65 遠野市立博物館
P.65 鍋倉公園展望台
まるまんじんぎす館
まつだ松林堂 P.62 P.66
五百羅漢P.61
卵子酉様P.61
2019年春季開通
釜石線
遠野バイパス
釜石自動車道
遠野廣域
1:85,000
周邊圖 P.8 F-1
遠野故郷村P.65
P.61 山崎金精神
福泉寺P.65
高栖山
八幡座山
P.61 蓮台野
P.61・63 傳承園
P.61 山口水車
TAKAMURO 水光園 P.65
P.66 狐狸關所
河童淵・常堅寺 P.60
遠野市
遠野ジンギスカン羊丸・道P.66
ばんがりP.63
P.65 遠野鄉土人偶民藝村 佐々孝工房
上閉伊酒造P.66
P.62 じんぎすかんハウス 遠野食肉センター
P.66・附錄② P.22 公路休息站 遠野風の丘
續石P.61
左上圖
遠野駅
釜石自動車道
遠野IC
遠野IC～遠野住田IC 2019年春季開通
遠野住田IC
宮守IC
岩手二日町駅
綾織駅
青笹駅
釜石駅
新花巻駅
一關
1:25,000
周邊圖 P.9 D-5
平泉駅
水沢江差駅
東北本線
東北新幹線
P.71 ジャズ喫茶BASIE
P.70 蔵元レストランせきのいち
P.71 世嬉の一酒造
P.71 居酒屋 こまつ
P.69 佐々木製菓 大町本店
P.70 三彩館ふじせい
一ノ関駅
一関市
一関IC
大船渡線
瀬峰駅
くりこま高原駅
猊鼻渓駅
花巻Jct
花巻空港IC
花巻駅
東北自動車道
北上江釣子IC
北上線
柳原駅
P.78 トロイカ
北上市
P.78 北上觀光物產館 アクセス
北上駅
北上展勝地 櫻花祭P.14
P.78 佐藤八郎紀念館挨罵和尚
P.78 展勝地レストハウス
陸奥民俗村 P.78
北上
1:50,000
周邊圖 P.9 D-1
水沢IC
水沢駅
水沢江刺駅
江刺田瀬IC
北上川

觀光地周邊的便利景點

公路休息站導覽 Pick Up!

最適合在兜風途中小憩片刻的公路休息站，有當地美食、伴手禮等滿滿魅力。在此徹底介紹岩手縣內的13站！

國道46號 雫石町

公路休息站 雫石あねっこ

●みちのえきしずくいしあねっこ

☎019-692-5577 MAP附錄②P.7 C-3

附設溫泉設施、露營場、吃得到使用雫石牛等當地食材餐點的餐廳、販售新鮮蔬菜的產地直送區。

營8:30～18:00，入浴設施為9:00～21:00，餐廳為11:00～20:00(20:30打烊)※皆在冬季有變動 休無休

¥不住宿入浴510円 所雫石町橋場坂本118-10

交東北自動車道盛岡IC 20km，車程30分

P92輛

↑夾入雫石牛的あねっこ漢堡(470円)

←溫泉還有露天浴池和三溫暖

觀光景點 小岩井農場 →P.42

國道283號 遠野市

公路休息站 遠野風の丘

●みちのえきとおのかぜのおか

☎0198-62-0888 MAP附錄②P.21 B-3

風力發電用的風車給人深刻印象的兜風休憩景點。有物產販售及產地直送區、餐廳、瞭望露台、休憩大廳等。(→P.66)

營8:00～19:00(冬季為8:30～17:30)，餐廳為11:00～17:00 休無休

所遠野市綾織町新里8-2-1

交釜石自動車道遠野IC1km，開車即到

P178輛

↑五右衛門拉麵(800円)辣勁十足！ ←停車位很多不用擔心

觀光景點 遠野物語館 →P.64

國道282號 八幡平市

公路休息站 にしね

●みちのえきにしね

☎0195-75-0070 MAP附錄②P.7 D-1

可從菠菜咖哩及菠菜霜淇淋中嘗到八幡平市的特產菠菜。主要販售紫葛葡萄的相關商品。

營8:30～18:00(11～翌年3月為9:00～17:00)，餐廳為11:00～16:00 休無休

所八幡平市大更2-154-36

交東北自動車道西根IC1km，開車即到

P107輛

↑菠菜咖哩(850円)

←從停車場可遠眺岩手山

觀光景點 八幡平盾形火山線 →P.80

國道281號 久慈市

公路休息站 くじ やませ土風館

●みちのえきくじやませどふうかん

☎0194-66-9200(風之館) MAP附錄②P.20 C-5

在餐廳可享用鄉土料理久慈核桃丸子湯，以及三陸海味堆得像小山的蓋飯等。觀光交流中心還有海女服裝體驗區。

營9:00～19:00(11～翌年3月為～18:00)，餐廳為11:00～18:30(10～翌年3月為～17:30) 休無休

所久慈市中町2-5-6

交八戸自動車道九戸IC36km，車程45分 P58輛

↑當地美食核桃丸子湯(480円)

←設施內還有物產館

觀光景點 久慈琥珀博物館 →P.96

國道4號 花巻市

公路休息站 石鳥谷

●みちのえきいしどりや

☎0198-45-6868(酒匠館)

MAP附錄②P.7 D-5

在「南部杜氏傳承館」可透過電影和展品瞭解釀酒。物產館中販售蛋糕和饅頭等以酒製作的伴手禮。

←人氣伴手禮酒蛋糕(1個裝1360円)

營9:00～17:30，餐廳為11:00～16:30 休無休 所花巻市石鳥谷町中寺林7-17-3

交東北自動車道花巻IC 15km，車程20分 P100輛

觀光景點 宮澤賢治紀念館 →P.50

國道342號 一關市

公路休息站 厳美渓

●みちのえきげんびけい

☎0191-29-2000

MAP附錄②P.9 C-5

→外帶用土產9色麻糬(1030円)

與一關市博物館相鄰。餐廳提供各式各樣的麻糬料理，可感受一關的麻糬文化。

營9:00～18:00(11～3月為～17:00)，餐廳為10:30～16:00 休11～2月的第3週三 所一関市厳美町沖野々220-1 交東北自動車道一関IC 6km，車程9分

P174輛

觀光景點 厳美渓 →P.69

國道107號 西和賀町

公路休息站 錦秋湖

●みちのえききんしゅうこ

☎0197-84-2990

MAP附錄②P.9 B-1

→湯田水壩咖哩(980円)

建在錦秋湖畔，以四季更迭的景色為傲。物產館內有特產野菜和蕈菇。

營9:00～18:30(12～翌年3月為～18:00)，餐廳為10:30～18:00(18:30打烊；12～翌年3月為～17:30、18:00打烊)，需確認 休無休 所西和賀町杉名畑44-264

交秋田自動車道湯田IC 14km，車程20分 P41輛

觀光景點 夏油溫泉 →P.103

國道4號 岩手町

公路休息站 石神の丘

●みちのえきいしがみのおか

☎0195-61-1600

MAP附錄②P.6 E-1

→藍莓牛肉咖哩(720円)

加入特產藍莓的咖哩及甘藍菜燒酎「甘藍酎」都備受好評。還附設石神之丘美術館。

營9:00～18:30(11～翌年3月為～18:00)，餐廳為10:30～19:00(11～翌年3月為～18:00) 休無休 所岩手町五日市10-121-20 交東北自動車道西根IC 16km，車程25分 P128輛

觀光景點 八幡平盾形火山線 →P.80

國道45號 野田村

公路休息站 のだ

●みちのえきのだ

☎0194-78-4171

MAP附錄②P.4 G-5

→野田鹽霜淇淋(270円)

附設於三陸鐵道中野田站，使用食用菊製作並以天然海鹽野田鹽提味的霜淇淋最受歡迎。

營9:00～18:00，餐廳為11:00～15:00 休無休

所野田村野田31-31-1 交八戸自動車道九戸IC 50km，車程1小時15分 P55輛

觀光景點 小袖海岸 →P.91

國道396號 紫波町

公路休息站 紫波

●みちのえきしわ

☎019-671-1300

MAP附錄②P.6 E-5

→紮根於紫波大地的葡萄酒

「自園自釀紫波葡萄酒」的試飲區非常熱門。餐廳用餐則推薦季節蛋糕套餐。

營9:00～18:00，餐廳為11:00～15:30，冬季會變動 休無休 所紫波町遠山松原7-8 交東北自動車道紫波IC 8km，車程14分 P45輛

觀光景點 盛岡 →P.28

國道284號 一關市

公路休息站 むろね

●みちのえきむろね

☎0191-34-4180

MAP附錄②P.8 F-5

使用奧州磐井雞的炸雞塊、一關產一見鍾情米的霜淇淋等限定菜色豐富多樣。營9:00～19:00(12～3月為～18:00)，食堂為11:00～15:00、からあげ家為10:00～18:30(12～3月為～18:00) 休無休 所一関市室根町折壁字向山131-9 交東北自動車道一関IC 40km，車程1小時10分 P24輛

↑室根炸雞塊(1袋360円)

觀光景點 猊鼻溪 →P.68

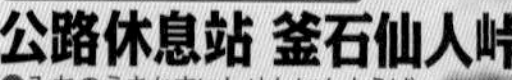

國道283號 釜石市

公路休息站 釜石仙人峠

●みちのえきかまいしせんにんとうげ

☎0193-27-8530

MAP附錄②P.11 B-2

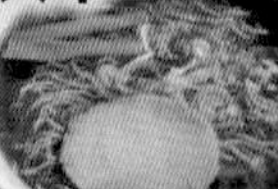

名品釜石拉麵及使用當地醬油的「醬油霜淇淋」備受好評。秋天還販售特產甲子柿。

↑釜石拉麵(500円)

營9:00～18:00，餐廳為～16:00(18:00打烊) 休無休 所釜石市甲子町7-155-4

交釜石自動車道遠野IC38km，車程40分 P41輛

觀光景點 釜石大觀音 →P.98

國道45號 大船渡市

公路休息站 さんりく

●みちのえきさんりく

☎0192-44-3241

MAP附錄②P.11 B-3

←三陸浜どこ套餐(1100円)

在餐廳可享用特產扇貝等新鮮海鮮。一定要吃使用當地產小枝柿製作的「柿子霜淇淋」。

營8:30～19:00(1月～3月15日為～18:00)，餐廳為10:00～17:00 休無休 所大船渡市三陸町越喜来井戸洞95-27 交東北自動車道水沢IC 90km，車程1小時30分

P92輛

觀光景點 奇蹟一棵松 →P.101

商店 餐廳・輕食 道路・觀光資訊 入浴施設 公園

隨興造訪♪
療癒景點

不住宿溫泉導覽

包圍在大自然中的岩手有各式各樣的溫泉，以水質和景觀自豪的不住宿溫泉設施也很豐富。在旅程中休息一下，輕鬆泡個湯舒緩旅途的疲憊吧。

久慈市 新山根溫泉

別嬪之湯

●しんやまねおんせんべっぴんのゆ

0194-57-2222

MAP 附錄② P.4 F-5

pH10.7，東北第一的強鹼性泉，也是著名的美膚之湯，觸感如肥皂水般滑溜。還有可品嘗當地食材的餐廳及旅館。

7:00～20:30(21:00閉館) 休無休 ¥480円 所久慈市山根町下戸鎖4-5-1 交八戸自動車道九戸IC 50km，車程1小時15分 P37輛

↑露天浴池的山谷景觀十分美麗 ←佇立在長內川溪流附近

觀光景點 Moguranpia水族館→P.96

盛岡市

天然溫泉 喜盛の湯

●てんねんおんせんきもりのゆ

019-656-5118

MAP 附錄② P.12 G-5

可享受暖身的高濃度碳酸泉、美泡之壺湯、絲綢浴等豐富浴池，還有岩盤浴設施可出汗排毒。

5:00～翌日1:30(翌日2:00閉館) 休無休 ¥680円，岩盤浴400円 所盛岡市南仙北1-18-50 交東北自動車道盛岡南IC 5km，車程10分 P200輛

↑高濃度的碳酸泉 ←2016年12月全面翻新

觀光景點 盛岡→P.28

花巻市

精華の湯

●せいかのゆ

0198-27-2426

MAP 附錄② P.19 B-1

飄著湯花的源泉放流溫泉為弱鹼性，能讓肌膚變得咕溜咕溜。還附設能品嘗正統手打蕎麥麵的「そば房かみや」。

6:00～21:30(22:00打烊) 休無休 ¥500円 所花巻市台2-56-1 交東北自動車道花巻IC 5km，車程8分 P30輛

↑檜木打造的浴池開放感十足 ←位於花巻溫泉附近的台溫泉

觀光景點 宮澤賢治童話村→P.51

一關市

真湯溫泉中心・溫泉交流館

●しんゆおんせんセンターおんせんこうりゅうかん

0191-39-2713

MAP 附錄② P.9 B-4

位在栗駒國定公園大自然中的溫泉設施。為溫和不刺激的弱鹼性溫泉，可在室內浴池及露天浴池享受各式各樣不同的源泉。

10:00～18:30(19:00打烊) 休不定休 ¥600円 所一関市厳美町真湯1 交東北自動車道一関IC 26km，車程30分 P100輛

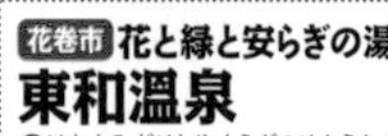

↑可嗅到鐵質氣味的茶褐色露天浴池 ←四季更迭的自然景觀也十分美麗

觀光景點 猊鼻溪・嚴美溪→P.68·69

西和賀町

槻沢溫泉 砂ゆっこ

●つきざわおんせんすなゆっこ

0197-82-2500

MAP 附錄② P.9 B-1

可穿浴衣直接入浴的砂浴非常熱門，以溫泉的熱度加熱町內採取的天然砂粉。還有源泉放流的浴槽。

↑砂子的重量非常舒服

8:00～21:30(12～3月為～21:00)，砂浴為9:00～18:30 休第2週二(逢假日則翌日休，8月無休) ¥砂浴1000円，僅入浴為300円 所西和賀町槻沢25-16-8 交秋田自動車道湯田IC 7km，車程8分 P30輛

觀光景點 北上→P.78

雫石町 網張溫泉

ありね山荘

●あみはりおんせんありねさんそう

019-693-3232

MAP 附錄② P.7 C-2

可在大浴場和露天浴池慢慢享受乳白色的酸性硫磺淡泉。岩手山麓綠意盎然的景觀也美不勝收。

↑眼下是寬廣的牧草地

9:00～20:00(21:00閉館)，12～3月為10:00～17:00(18:00閉館) 休第1週一(逢假日則翌日休) ¥510円 所雫石町長山小松倉13-7 交東北自動車道滝沢IC 20km，車程30分 P50輛

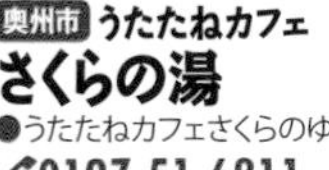

觀光景點 小岩井農場→P.42

花巻市 花と緑と安らぎの湯

東和溫泉

●はなとみどりとやすらぎのゆとうわおんせん

0198-42-4311

MAP 附錄② P.6 E-6

開放感十足的大浴場及露天浴池（僅5～10月）備受好評。還可享受源泉放流的碳酸泉以及芬蘭式三溫暖。

↑全部浴槽的泉水皆為源泉放流

10:00～21:30(22:00閉館)，11～4月為～20:30(21:00閉館) 休第1週三(逢假日則翌日休)，1、5月為第2週三 ¥550円 所花巻市東和町安俵6-135 交釜石自動車道東和IC 1km，開車即到 P100輛

觀光景點 宮澤賢治紀念館→P.50

西和賀町

安心湯田

0197-82-2911

MAP 附錄② P.9 B-1

溫泉設在車站建築裡的罕見設施。浴室裡還裝置紅綠燈，可得知列車到站前的剩餘時間。

↑附溫泉的獨特車站

7:00～21:00 休第2週三(逢假日則翌日休) ¥300円 所西和賀町川尻40-53 交秋田自動車道湯田IC 4km，車程5分 P50輛

觀光景點 北上→P.78

奥州市 うたたねカフェ

さくらの湯

●うたたねカフェさくらのゆ

0197-51-6211

MAP 附錄② P.9 D-3

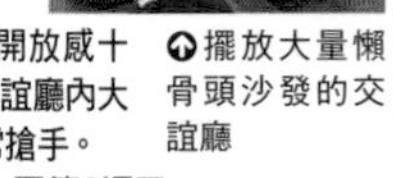

可在源泉放流的檜木浴池和開放感十足的露天浴池裡悠閒放鬆。交誼廳內大家都可玩的免費桌上遊戲非常搶手。

↑擺放大量懶骨頭沙發的交誼廳

10:00～21:00(21:30閉館) 休第3週三 ¥600円(3小時) 所奥州市水沢佐倉河明神堂27 交東北自動車道水沢IC 5km，車程8分 P250輛

觀光景點 江刺藤原之鄉→P.72

奥州市 國見平溫泉

はごろもの湯

●くにみだいらおんせんはごろものゆ

0197-52-6011

MAP 附錄② P.9 C-3

露天浴池、氣泡浴池、可享受4種刺激的電氣浴池都獲得好評。在食堂還可品嘗「水壩咖哩」等知名餐點。

↑能舒緩腰痛及異位性皮膚炎

10:00～20:30(21:00閉館) 休第2、4週一(逢假日則營業) ¥500円(3小時) 所奥州市衣川長袋230-5 交東北自動車道平泉前沢IC 15km，車程20分 P70輛

觀光景點 平泉→附錄①

平泉町

悠久之湯 平泉溫泉

●ゆうきゅうのゆひらいずみおんせん

0191-34-1300

MAP 附錄① P.5 A-4

位於最適合在平泉散步途中休息一下的地點。注滿浴池的氯化物泉水據說有高度的保溫效果。

↑當地人也常去的不住宿溫泉

10:00～21:00 休第1、3週二(逢假日則營業) ¥500円(3小時) 所平泉町平泉字大沢1-1 交東北自動車道平泉前沢IC 4km，車程7分 P50輛

觀光景點 平泉→附錄①

大船渡市 しゃくなげの湯っこ

五葉溫泉

●しゃくなげのゆっこごようおんせん

0192-22-5400

MAP 附錄② P.11 B-3

從五葉山深處湧出的鹼性淡泉，泡湯後推薦品嘗使用特產黍米粉製作的「黍米冰淇淋」。

↑以豐富泉量自豪的美膚之湯

10:00～21:00 休第2週二 ¥600円 所大船渡市日頃市町赤坂西風山1-5 交釜石自動車道宮守IC 45km，車程55分 P200輛

觀光景點 大船渡→P.101

陸前高田市 陸前高田市

黒崎溫泉保養中心

●りくぜんたかたしくろさきおんせんほようセンター

0192-57-1126

MAP 附錄② P.11 B-5

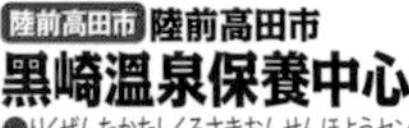

一面浸泡溫泉、一面欣賞隨季節及時間改變的太平洋美景。還附設能品嘗三陸海鮮的食堂。

↑面三陸海岸的大浴場

10:00～19:30(20:00閉館) 休週三(逢假日則營業) ¥500円(4小時) 所陸前高田市広田町黒崎9-41 交東北自動車道一関IC 77km，車程1小時40分 P50輛

觀光景點 大船渡→P.101

毛巾 浴巾 肥皂・沐浴乳 洗髮精 吹風機 休憩房間 免費 收費 無

主要觀光景點

訂定計畫非常方便！自駕兜風速查表

岩手縣擁有僅次於北海道的寬廣面積，從三陸海岸到內陸的山岳地帶，縣內四處散布著魄力十足的風景名勝。觀光地區間的距離常常出乎意料地遙遠，所以開車較為方便。先掌握觀光設施的相對位置及移動小時再來訂定計畫吧。

主要觀光景點間開車要多久？

175km 3小時	139km 1小時55分	89km 1小時5分	89km 1小時5分	71km 1小時30分	51km 40分	19km 45分	**平泉**
156km 2小時30分	147km 2小時35分	97km 1小時40分	97km 1小時40分	66km 1小時55分	58km 1小時15分	**猊鼻溪**	
133km 2小時25分	97km 1小時30分	46km 40分	74km 1小時30分	47km 50分	**花巻**		
78km 1小時45分	135km 2小時10分	85km 1小時15分	20km 35分	**遠野**			
72km 1小時30分	155km 2小時45分	105km 1小時50分	**橋野鐵礦山**				
94km 2小時10分	60km 1小時10分	**盛岡**					
175km 2小時55分	**八幡平**						
淨土之濱							

請問！岩手旅遊的訣竅

岩手之旅住2晚以上較理想

岩手縣面積約為1萬5275k㎡，土地之大僅次於北海道。在這麼廣大的岩手旅遊住2晚以上比較理想。由於景點散布在廣大的區域內，所以移動上很花時間。特別是前往三陸一帶旅遊的話最好住2晚以上。若在平泉、盛岡的話2天1夜也行。

交通方式屬開車最方便

岩手的風景名勝多在郊外，大眾交通工具的班次不多，所以建議開車。在三陸、八幡平一帶絕對是開車最方便，若在平泉或盛岡遊逛則也很常搭乘巡迴巴士。

盛岡・花巻・一關作為旅遊據點

所有新幹線皆停靠的盛岡、有新幹線停靠又有機場的花巻，這兩處是方便的旅遊據點，還有前往各地的巴士與鐵路行駛。南方的大門一關也有新幹線停靠，還有往前平泉的巴士。

MAPPLE まっぷる 哈日情報誌

岩手 盛岡·花卷·平泉

Contents 1

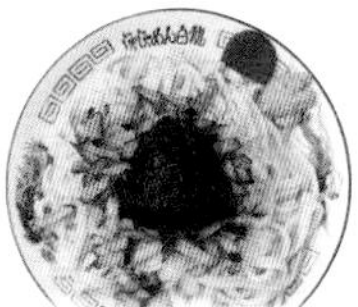

豪華☆2大附錄

附錄① 世界遺產 平泉 完整導覽BOOK

附錄② 岩手 自駕兜風MAP

岩手 盛岡・花卷・平泉

Contents 2

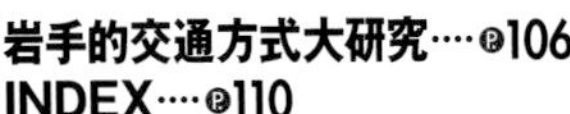

請詳細閱讀下列事項

本書刊載的內容為2018年8月～10月時採訪、調查時的資訊。

本書出版後，餐廳的菜單與商品內容、費用等各種刊載資訊有可能變動，也可能依季節而有變動或臨時休業等無法消費的情況。各項費用可能因為消費稅的調整而變動，消費之前請務必事先確認。此外，因本書刊載內容而造成的糾紛和損害等，敝公司無法提供賠償，請在確認此點之後再行購買。

●各種資訊使用以下的方式刊載

電話號碼 刊載的電話號碼為各設施的洽詢用號碼，因此可能會出現非當地號碼的情況。使用衛星導航等設備查詢地圖時，可能會出現和實際不同的位置，敬請留意。

營業時間・開館時間 營業時間、開館時間為實際上可以使用的時間。基本上餐飲店為開店到最後點餐時間，各種設施為開館到可入館的最終時間。

休 公休日 原則上只標示出公休日，省略過年期間、黃金週、盂蘭盆節和臨時休業等情況。

¥ 費用・價錢 ●各設施的使用費用基本上為大人1人份的金額。●住宿費原則上是一般客房的1房費用，附餐點時則標示2人1房時1人份的費用。金額包含服務費、消費稅在內的費用，但可能依季節、星期、房型而有所變動，預約時請務必確認。

所 地址 各設施的所在位置。自然景點僅為大略標示，使用衛星導航設定時請務必注意。

交通方式 原則上標示出從最近車站或最近IC出發的交通方式，所需時間僅為預估值，可能因季節、天候和交通機關時刻表更動而有所不同。

P 停車場 標示出有無停車場，有停車場的情況下則為可停放普通車的數量。

遇見壯闊的大自然與世界遺產 岩手是這樣的地方！

世界遺產古都、流傳民間故事的山間鄉里、風情萬種的陸奧城下町等，岩手縣處處皆是魅力十足的景點。還有三陸海岸到八幡平群山等值得欣賞的雄偉自然景觀，讓人一處也不想錯過。

歷史飄香的城下町與傳統農場

もりおか・しずくいし・こいわい

盛岡・雫石・小岩井

→P.15

有美麗石牆的城跡和古典西洋建築，靜靜佇立在城下町盛岡。南部鐵器和手織物等傳統工藝品與特色十足的盛岡美食等，樣樣都讓人為之著迷。在小岩井農場的大自然中盡情玩樂吧。

岩手銀行紅磚館 →P.31

建於市區的古典歷史建築，擁有紅磚牆和綠色圓頂。

盛岡冷麵 →P.18

盛岡的代表性美食，特色是耐嚼的口感與帶鮮明辣味的高湯。

小岩井農場 →P.42

岩手山麓一片廣大的農場，可親近動物並充分享受大自然。

斷崖與怒濤交織出充滿魄力的景觀

さんりくかいがん

三陸海岸

→P.89

太平洋波濤拍打著陡峭斷崖的北山崎、擁有美麗白礫海灘的淨土之濱等，各種風景名勝所在的三陸海岸可盡情享受谷灣富於變化的景色。海膽、鮑魚、鮭魚卵等新鮮海產美食也是此處的魅力特色。

北山崎 →P.91

高200m斷崖綿延約8km的海岸線美景絕對值得一看。

三陸鐵道 →P.94

可欣賞三陸海岸沿線的風景、中途下車享用美食並巡遊各個觀光地。

海鮮 →P.92

氣勢磅礴的三陸美食放入了大量新鮮且種類多元的海鮮。

淨土之濱 →P.90

風平浪靜的石礫海灘與銳利的白岩群讓人印象深刻的風景勝地。

中尊寺 →附錄①P.8

與奧州藤原氏三代人淵源深厚的佛寺。光輝燦爛的金色堂供人追懷昔日的榮景。

縱情想像中世的黃金都市

いちのせき・おうしゅう・きたかみ・ひらいずみ

一關・奧州・北上 平泉

→P.67、附錄①

在人世間打造的和平淨土桃花源——中世黃金都市平泉。可遊覽中尊寺和毛越寺等貴重的世界遺產，縱情想像繁華的過往歷史。還有豐富的麻糬料理和全日本知名的前澤牛等，一關令人垂涎三尺的美食文化也不容錯過。

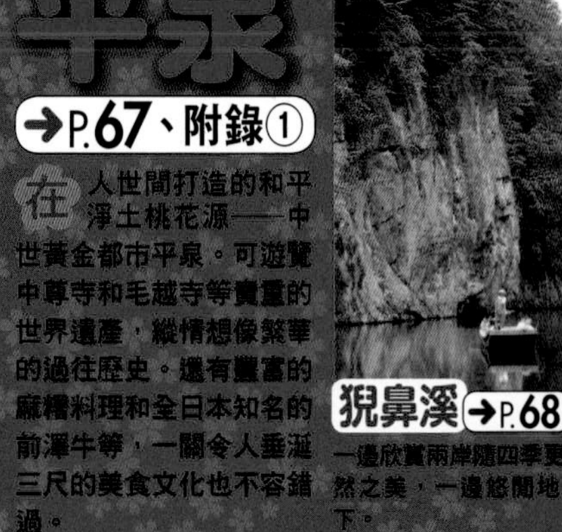

猊鼻溪 →P.68

一邊欣賞兩岸隨四季更迭的自然之美，一邊悠閒地順流而下。

雄偉的群山與雲頂秘湯

はちまんたい・あっぴこうげん

八幡平・安比高原

➔P.79

八幡平橫跨岩手、秋田兩縣，平緩的地形延伸至山頂，沼澤與濕原散布其間，推薦以健行方式享受壯闊的大自然。以粉雪滑雪場聞名的安比高原，全年皆可享受多采多姿的高原假期。

巡遊秘湯 ➔P.84

有高地上湧出的藤七溫泉、蒸之湯等，東北為數不多的秘湯集中在這個區域。

八幡平盾形火山線 ➔P.80

全長27km，穿越雄偉群山與樹海的爽快山岳兜風路線。

八幡沼 ➔P.82

八幡平湖沼群中最大的沼澤，碧綠耀眼的沼澤周邊是高山植物的寶庫。

光原社 ➔P.29

陳列各種帶著手工溫度的工藝品，不妨找找有沒有喜歡的。

南部鐵器 ➔P.34

南部鐵器以傳統技法製作，設計時髦的品項也相當搶手。

造訪民間故事與童話的故鄉

はなまき・とおの

花巻・遠野

➔P.49

花巻市以宮澤賢治誕生的故鄉而聞名，市內及周邊有英國海岸及波蘭廣場等各種與賢治相關的景點。民間故事之鄉遠野至今仍流傳著河童、天狗等為數眾多傳說，是一片令人懷念的日本原始風貌。

河童淵・常堅寺 ➔P.60

傳聞中有河童出沒的小河，周遭洋溢著懷舊而神秘的氣息。

SL銀河號 ➔P.57

沉寂40年後在JR釜石線上復甦而蔚為話題的蒸氣火車。車內還有天象儀。

宮澤賢治童話村 ➔P.51

在這裡可親身體驗運用光影和聲音的表演呈現出的宮澤賢治童話世界。

Oh Snap!

「好想看看這樣的風景！」
從照片開始的岩手之旅

黃金文化百花齊放的平泉、懷舊的城下町盛岡、擁有壯麗海洋絕景的三陸海岸……
面積僅次於北海道的岩手縣，各個區域擁有不同的豐富特色。
賞心悅目的美景、洋溢地方色彩的美食，先從照片來掌握這些事物的魅力吧！

景點 **毛越寺** ★もうつうじ ➔附錄① P.10

登錄為世界遺產的寺院，可在象徵人間佛國的淨土庭園散步。

美食 **きになるお休み処 夢乃風** ★きになるおやすみどころ ゆめのかぜ ➔附錄① P.15

平泉及一關會以豐富多樣的麻糬招待客人，宴客菜「麻糬膳」是這裡的名菜。

KOZENJI café ★コゼンジカフェ

使用藍莓等當地產水果手工製作的義式冰淇淋大受好評。

➔附錄① P.15

美食

平泉 HIRAIZUMI

散發歷史浪漫氛圍的世界遺產城市

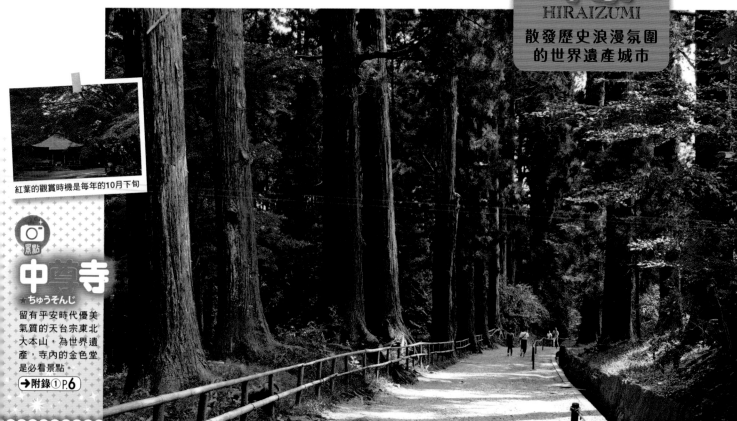

紅葉的觀賞時機是每年的10月下旬

景點 **中尊寺** ★ちゅうそんじ

留有平安時代優美氣質的天台宗東北大本山，為世界遺產，寺內的金色堂是必看景點。

➔附錄① P.6

ふかくさ

美食

位於清澈的中津川沿岸的咖啡廳，可在復古氛圍的店內眺望川景、享受咖啡。

➔P.32

ござ九・森九商店

➔P.30

購物

☆ござくもりくしょうてん

江戸時代後期創業的日用品雜貨店。町家風格的建築物是盛岡的代表風景。

岩手銀行紅磚館

➔P.31

景點

☆いわてぎんこうあかレンガかん

明治44（1911）年建造的岩手銀行舊總行本館。美麗的磚造盛岡地標。

盛岡

MORIOKA

在復古的街道上邂逅手工藝品和咖啡廳

入口大廳天花板的迷人設計也要欣賞一下

BREAK TIME

食道園

☆しょくどうえん

➔P.18

盛岡冷麵的發祥店。以牛肉為基底的濃郁湯頭和彈力十足的麵條是絕佳搭配。

美食

盛岡三颯舞

活動

☆もりおかさんさおどり

➔P.14

將盛岡的夏天點綴得華麗絢爛的祭典，配合太鼓聲的群舞和婀娜的舞姿都是看點。

壱鋳堂

購物

☆いっちゅうどう

➔P.34

南部鐵器的工房。除了傳統鐵器之外，也製作色彩繽紛的鐵瓶和茶壺。

一關
ICHINOSEKI

欣賞兩種壯闊的溪谷風情

景點 嚴美溪 ➔P.69
★げんびけい

位於磐井川中游，兩岸聳立的巨大岩壁與翡翠色的溪水美不勝收。

美食 郭公屋 ➔P.69
★かっこうや

從名勝嚴美溪對岸飛送過來的「飛天糰子」是名產。

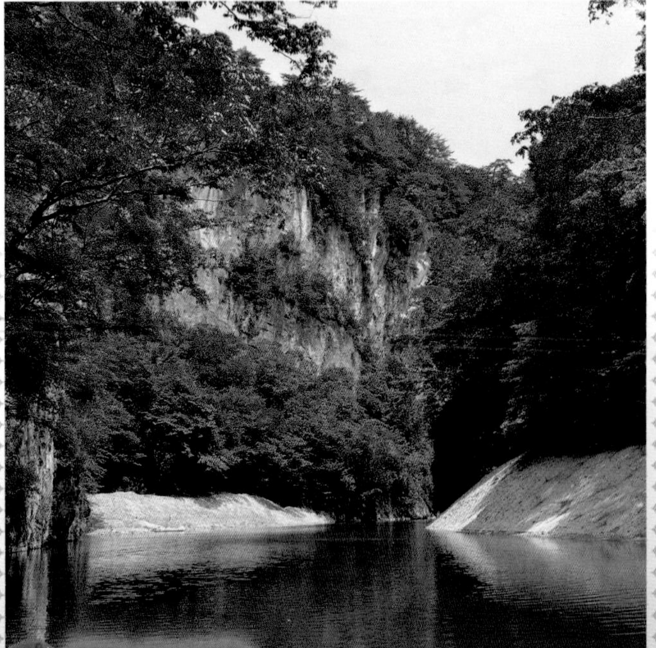

景點 猊鼻溪 ➔P.68
★げいびけい

砂鐵川沿岸高100m的斷岸綿延約2km。乘舟遊是著名特色。

BEGINNING A NEW Journey

花巻
HANAMAKI

洋溢懷舊氛圍的宮澤賢治故里

景點 宮澤賢治童話村 ➔P.51
★みやざわけんじどうわむら

如夢似幻的主題公園，可親身感受宮澤賢治的童話世界。

美食 MARUKAN大樓大食堂 ➔P.59
★マルカンビルだいしょくどう

捲上10圈的「霜淇淋」非常熱門。高達25cm，一般使用筷子吃。

溫泉 大澤溫泉 ➔P.54
おおさわおんせん

豐澤川邊白煙裊裊的旅館，與宮澤賢治有淵源。在館內可泡各種溫泉。

淨土之濱 →P.90

じょうどがはま

潔白的奇岩、耀眼的碧海與蒼翠的松樹交織成一片恬靜的風景名勝。

三陸海岸

SANRIKUKAIGAN

變化萬千的谷灣絕景

FISH

海鮮飯 →P.92

かいせんめし

來到三陸海岸當然要吃以當季海產製成的海鮮蓋飯。活跳跳的海鮮美味讓人感動莫名。

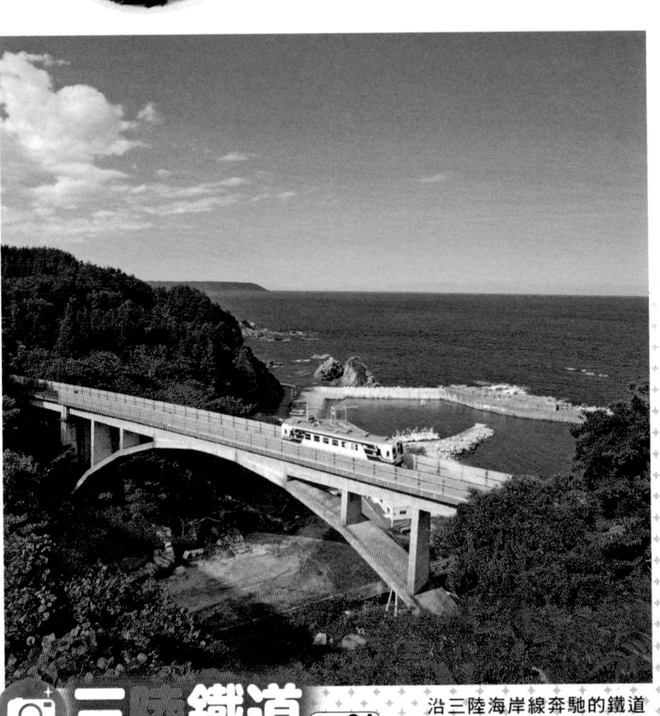

三陸鐵道 →P.94

さんりくてつどう

沿三陸海岸線奔馳的鐵道支線。從車廂內遠眺的太平洋絕景美得無與倫比！

八幡平的雪之迴廊 →P.81

はちまんたいのゆきのかいろう

在八幡平盾形火山線從4月中旬到5月中旬可享受驅車奔馳在雪之迴廊中。

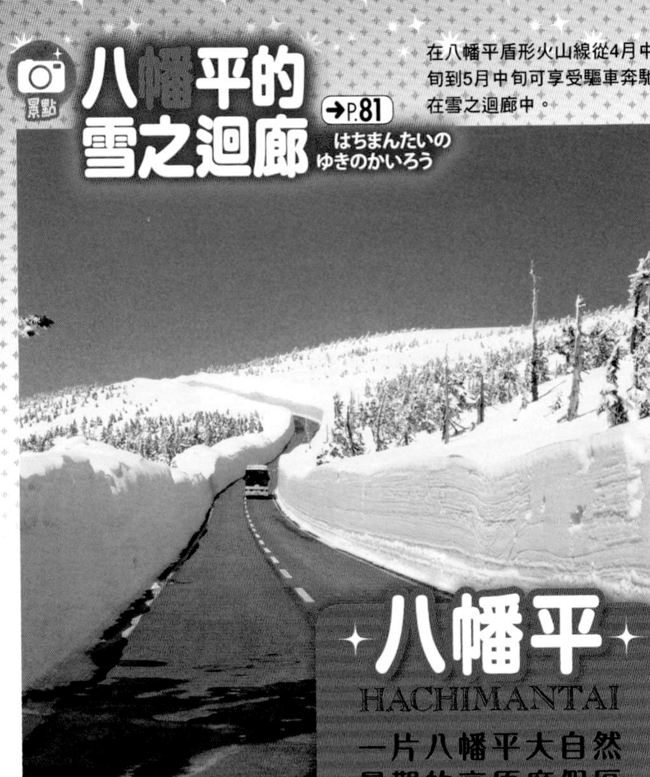

八幡平

HACHIMANTAI

一片八幡平大自然景觀的高原度假區

藤七溫泉彩雲莊

とうしちおんせんさいうんそう

海拔1400m處湧出的溫泉，可邊眺望眼下的雲海與樹海，邊在露天浴池中放鬆身心。 →P.84

Wow!

八幡平山頂遊步道

はちまんたいさんちょうゆうほどう

→P.82

通往八幡平山頂的遊步道。水面映出藍天與樹海的「八幡沼」是首屈一指的景點。

岩手經典行程範例

這樣的旅遊計畫如何？

想有效率地遊覽廣大的岩手縣，最重要的就是鎖定區域與目的，也別忘了確認住宿地點和交通方式。

感受歷史與文化之旅 2天1夜

給初訪者的岩手標準行程

平泉　花巻　盛岡

特別推薦的季節　春　夏　秋　冬

在盛岡城跡有美麗的櫻花與紅葉。初夏則是毛越寺的菖蒲怒放。

\在這條路線上…/

在世界遺產・平泉造訪將淨土文化傳達給今人的名剎後，第2天就到保留城下町風貌的盛岡散步去。

第1天 平泉

平泉前沢IC出發

經④㉛ 7分

10:30 世界遺產 毛越寺　附錄① P.10

一片平安時期的淨土世界

經㉛ 5～15分

12:00 午餐享用平泉美食　附錄① P.14

在岩手山與三陸遊玩！ 3天2夜

行程

雫石　北三陸

特別……的……　春　夏　秋　冬

在空氣澄淨的秋天，佇立於太平洋的北山崎和淨土之濱會展現出清晰的全貌。

\在這條路線上…/

先在岩手山麓的小岩井農場度過悠閒時光後，再去三陸沿海遊覽，欣賞錯綜複雜的谷灣絕景。冬天的龍泉洞能見到美麗的地底湖，也很推薦。

第1天 雫石

盛岡IC出發

經46 219 20分

10:00 小岩井農場　P.42

廣大的農場能玩上一整天

經219 258 30分

住 繫溫泉　P.46

旅遊小重點：牛羊在岩手山的背景下吃草的田園風光格外療癒。

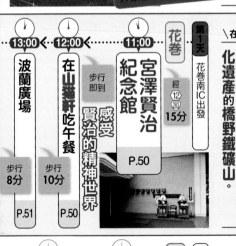

接觸文學與產業革命遺產 2天1夜

……之……與……行程

花巻　遠野　釜石

特別……的……　春　夏　秋　冬

春夏時節波蘭廣場的繁花盛開，可享受如夢似幻的氣氛。

\在這條路線上…/

在宮澤賢治的故鄉花巻及傳說之鄉遠野沉浸在故事的世界裡，隨後再探訪已登錄為世界文化遺產的橋野鐵礦山。

第1天 花巻

花巻南IC出發

經12 283 15分

11:00 宮澤賢治紀念館　P.50

感受賢治的精神世界

步行即到

12:00 在山貓軒吃午餐　P.50

步行10分

13:00 波蘭廣場　P.51

步行8分

魄力十足的體驗 當天往返

與家人共度珍貴的假日行程

一関

特別推薦的季節　春　夏　秋　冬

猊鼻溪除了新綠與紅葉外，雪景也是極為優美。還有暖爐桌船行駛。

\在這條路線上…/

乘舟遊溪谷、逛野生動物園、中午品嘗麻糬全餐，和家人一起享受平常接觸不到的體驗。

一関

一関IC出發

經342 19 25分

10:00 猊鼻溪乘舟遊　P.68

從舟上欣賞溪谷美景

經19 342 25～45分

12:00 麻糬午餐　P.70

一関的宴客美食

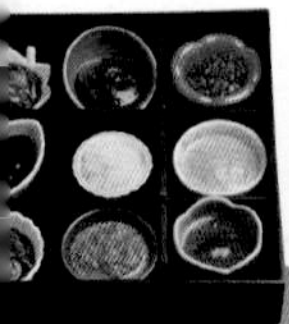

13:00
世界遺產
中尊寺
金光閃閃的世界遺產
附錄① P.6
經300 5～10分
旅遊小重點
象徵黃金產地奧州的金色堂，以及展示國寶和文化財的讚衡藏絕不能錯過。
從東北自動車道平泉前沢IC經花巻IC或花巻南IC約1小時
住
花巻溫泉鄉
P.54
第2天
盛岡
11:00
盛岡城跡公園（岩手公園）
P.31
從東北自動車道花巻IC或花巻南IC經盛岡南IC約40分～1小時
12:00
盛岡三大麵午餐
P.18
經106等約5～15分
13:30
光原社
P.29
經1 5～15分
經1 46 7分
終點
盛岡IC
第2天
岩泉
10:00
龍泉洞
P.95
經46 455 340 2小時35分
田野畑
經7 455 45分
13:00
平底小船大冒險
斷崖近在咫尺魄力十足的船旅
P.91
經44 15分
14:30
北山崎
驚濤駭浪的斷崖絕壁
P.91
宮古
經44 45 1小時35分
住
宮古的旅館
P.105
第3天
11:00
淨土之濱
西方淨土般的絕景海岸
P.90
經45 5～15分
13:00
午餐享用海鮮飯
P.92
經106 46 2小時10分
終點
盛岡IC
旅遊小重點
還有宮古淨土之濱遊覽船（→P.90）行駛，近距離觀賞壯闊的谷灣吧。
14:00
宮澤賢治童話村
P.51
經283 12 約20～40分
住
花巻溫泉鄉
P.54
第2天
遠野
經釜石自動車道約1小時～1小時20分
10:00
河童淵・常堅寺
P.60
在傳說中的水邊會遇到河童!?
經340 10分
10:40
遠野物語館
P.64
經283 121 5～10分
12:30
遠野成吉思汗烤肉午餐
P.62
釜石
經35等約30分
14:00
世界遺產
橋野鐵礦山
P.100
旅遊小重點
參觀此處史蹟必須具備知識，建議與導覽志工同行。
經35 35分
終點
遠野IC
13:30
岩手野生動物園
P.71
野生動物觸手可及!
經342 45分～1小時10分
動物近到可以感覺到牠們的氣息
旅遊小重點
搭乘園內巴士繞行動物園約1小時，一邊聆聽解說，一邊就近觀察動物吧。
黑腳企鵝走路搖搖晃晃的樣子好可愛
近距離感受野生動物的魄力
經239 342 184 4 35分
終點
若柳金成IC

季節限定的活動與當季美食 旅遊行事曆

先確認各季的活動和美食，
再訂定岩手旅遊計畫吧！

活動

賞花客從各地慕名而來 北上川沿岸的櫻花林蔭道

北上 4月下旬~5月上旬

北上展勝地櫻花祭

きたかみてんしょうちさくらまつり

樹齡超過90年的大櫻花樹在北上川沿岸連綿2km，是賞櫻名勝。祭典期間還有穿越櫻花林中的觀光馬車（500円）行駛。

☎0197-65-0300（北上觀光會議協會）
自由入場 所北上市立花 東北自動車道北上江釣子4.5km車程15分 P600輛

MAP 附錄②P.21 D-5

↑約1萬棵的櫻花競相綻放

平泉 5月1日~5月5日（預定）

春季藤原祭

はるのふじわらまつり

華麗的春季風情畫 緬懷奧州的藤原氏

MAP 附錄①P.5 A-4

八幡平 10月中旬

八幡平紅葉祭

はちまんたいこうようまつり

仲秋的松川溪谷 點染鮮豔秋紅

←松川溪谷的玄武岩從東八幡平延伸至松川溫泉

活動中能盡情欣賞被鮮豔紅葉染成一片通紅的八幡平之秋。還會舉辦與導遊同行絕景景點松川溪谷的紅葉健走。

☎0195-78-3500（八幡平市觀光協會）
自由入場 所八幡平市松尾寄木1-515-5 JR盛岡站搭岩手縣北巴士往八幡平マウンテンホテル・松川温泉・県民の森下車即到 P300輛

MAP 附錄②P.16 F-5

在岩手的夏天起舞！ 魄力驚人的大遊行

盛岡 8月1~4日

盛岡三颯舞

もりおかさんさおどり

↑4天裡有超過3萬5千人參加的大遊行

這個夏日祭典是將藩政時代傳承至今的「三颯舞」化為觀光活動。配合太鼓聲翩翩起舞的遊行是精采看點。

☎019-624-5880（盛岡三颯舞實行委員會）
遊行為18:00~（詳情需洽詢） 所盛岡市中央通 JR盛岡站步行15分 P800輛

MAP 附錄②P.14 E-4

雫石 2月上旬~中旬

岩手雪祭

いわてゆきまつり

←岩手高原雪公園是主要會場

在雪中欣賞舞台秀與煙火！

設有雪舞台與雪像等，活動多采多姿。晚上還會施放煙火，將夜空點綴得華麗繽紛。

☎019-692-6407（岩手高原雪祭實行委員會）
所岩手高原雪公園、雫石滑雪場、小岩井農場等 東北自動車道盛岡IC等車程25分

MAP 附錄②P.13 D-2

花卷 2019年9月13~15日

花卷祭

はなまきまつり

擁有420年以上的歷史。各町內會接連推出華麗的風流山車、超過100頂的神轎，並表演鄉土技藝鹿舞。

☎0198-24-2111（花卷祭實行委員會）
15:00~21:00（詳情需洽詢） 所花卷市上町 JR花卷站步行10分 P1500輛

燦爛奪目的山車為花卷帶來初秋的信息

↑豪華絢麗的風流山車讓人看得目不轉睛

MAP 附錄②P.19 C-4

※活動時程和內容可能會變動，出發前請務必事先確認。

盛岡（もりおか）・雫石（しずくいし）・小岩井（こいわい）

在遠眺岩手山的城下町和青翠的牧場遊玩！

CONTENTS

交通方式

鐵路

往盛岡

東京站 → JR東北新幹線「隼號」、「疾風號」 → 盛岡站
2小時10～55分
¥14740円，搭乘「疾風號」則為14230円

往雫石

東京站 → JR東北新幹線「隼號」、「疾風號」（2小時10～55分） → 盛岡站 → JR田澤湖線（20分） → 雫石站
¥15070円，搭乘「疾風號」則為14560円

往小岩井農場

東京站 → JR東北新幹線「隼號」、「疾風號」（2小時10～55分） → 盛岡站 → 岩手縣交通巴士（30～40分 ¥700円） → 小岩井農場まきば園

開車

川口JCT → 東北自動車道約512km → 盛岡IC

詳細交通方式請見 P.106

區域Navi

小岩井
人氣景點小岩井農場所在的區域。可看見牛羊在岩手山的背景下悠閒吃草，充分享受大自然。小岩井品牌的美食也不容錯過。

盛岡
岩手的中心都市。可漫步在保留著歷史建築的城下町，並享受盛岡三大麵與復古咖啡廳巡禮。

雫石
位於與秋田縣的縣境，岩手山山腳下。有牧場、名湯和滑雪場等，是熱門的度假區。

這樣的地方

盛岡的歷史建築散布在街上各處，出發前先確認想去的地點位在哪個區域，就能更順暢地遊覽這座城市。

盛岡 中心部區域 介紹

内丸

盛岡站 15分

瀰漫南部藩歷史的芳香

過去盛岡藩南部家居住過的盛岡城本丸位在這個區域，城跡已改建為盛岡城跡公園。政府機關街上的石割櫻是必看景點。

➲保留至今的美麗石牆

➲盛岡城跡公園在春天是大家熟悉的賞櫻名勝

中之橋

盛岡站 20分

漫步於復古街道

從盛岡城跡公園渡過中之橋後即是此區。有中津川畔的「岩手銀行紅磚館」、碗子蕎麥麵的名店及復古咖啡廳等散布各處。

➲「岩手銀行紅磚館」是盛岡的象徵

➲中津川畔有被藤蔓所覆蓋的咖啡廳

(→P.32)

紺屋町

盛岡站 20分

保留江戶、明治時期風貌的街道

此區域位於中津川沿岸，擁有保留藩政時代風貌的街道和明治時期的西洋建築。可在歷史風情的包圍下享受懷舊氣氛。

➲街道上從早年開業至今的商店櫛次鱗比

➲中津川沿岸也有建於江戶時代營業至今的店家

盛岡市區是

街道範圍廣大所以要事先預習

逛街的小建議

善用觀光服務處、巴士和出租自行車，逛起來會更加舒適。盛岡觀光的便利資訊都在這裡。

推薦租借自行車

騎自行車觀光也很推薦，可在中之橋附近的「Plaza Odette」等地租借。

➔騎自行車俐落地巡遊，縮短移動時間

Plaza Odette

MAP附錄②P.14 E-6

便利的循環巴士「蝸牛號」

繞行盛岡市內觀光景點的循環巴士，以盛岡站為起點，每10～15分一班。車票在「盛岡站巴士服務處」販售。

MAP附錄②P.15 A-5

↑一趟繞完盛岡市內的主要景點

觀光資訊站

↑來一趟蒐集岩手的資訊吧

在盛岡站2樓南驗票口旁的「岩手盛岡廣域觀光中心」可獲取觀光指南，此處提供盛岡等岩手縣內的觀光手冊和活動資訊。

MAP附錄②P.15 A-5

手提行李資訊

在盛岡站內各處及車站大樓「FES"AN」內都有投幣式置物櫃。盛岡觀光會議協會所在的「Plaza Odette」內也有，但僅能放小件行李且數量不多。

「盛岡故鄉導遊」親自解說

參雜當地流傳的小趣聞，風趣地導覽盛岡的名勝與舊跡。標準行程4路線各150分（10人配1名導遊3000円），還有精簡行程「街旅」6路線各90分。需在5日前預約。

照片：公財盛岡觀光會議協會

大通·菜園

盛岡站 徒步15分

購物&吃美食都方便

從盛岡站渡過開運橋後就是這個市內首屈一指的鬧區。各式各樣的餐飲店與商店以拱廊商店街為中心排排站。

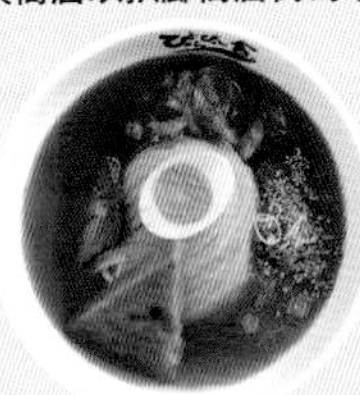

⊙還可享用冷麵等盛岡街頭美食

⊙這間是創意炸醬麵店，吃吃看不同味道也是樂趣之一

材木町

盛岡站 徒步10分

北上川沿岸的商店街

過去從藩政時代起是繁盛一時的木材批發商街。可逛逛蓋在宮澤賢治紀念碑散布街道上的「光原社」等商店。

⊙喜歡石頭喜歡到屢屢放入作品中的宮澤賢治

⊙隨興逛逛「光原社」等商店也十分有趣

盛岡站

盛岡觀光的起點

市內交通的中心，有來自東京、仙台、青森等地的在來線與新幹線以及各種巴士停靠。不只提供觀光資訊，還有許多方便吃美食、買伴手禮的景點。

⊙選擇太多讓人不知挑哪個好

⊙巡迴觀光景點的「蝸牛號」也是從此處發車

盛岡站站內圖

吃不到就不回家的當地麵！

1 盛岡冷麵　2 碗子蕎麥麵　3 盛岡炸醬麵

盛岡 吃遍三大麵

說到盛岡，就是「盛岡冷麵」、「碗子蕎麥麵」、「盛岡炸醬麵」三種美味讓饕客炒熱街頭的麵王國。來去一家吃過一家，征服口味與吃法五花八門的超美味當地麵吧！

牛高湯＋韓式泡菜的辣麵 盛岡冷麵

もりおかれいめん

這就是盛岡冷麵！

約60年前，「食道園」的第一代老闆結合平壤冷麵和咸興辣冷麵，加以改良後誕生出盛岡冷麵。特徵是使用麵粉等製作有嚼勁的麵條，韓式泡菜的酸與辣也替濃郁的湯頭增加了深度。

風味深邃的 湯頭

以牛骨、牛肉、雞骨為基底。湯色澄淨，清爽又帶著濃郁與甘甜，風味深邃

勁道十足的 麵條

將麵粉、澱粉等揉製後，放入模具中擠壓成型，產生出獨特的彈性

錦上添花 水煮蛋

鮮黃色的水煮蛋增加了飽足感，將蛋黃溶入湯裡則能讓風味變得柔和

平壤冷麵 950円

盛岡冷麵的濫觴。特色是口感滑順的半透明麵條，以及風味圓融且濃郁的澄淨湯頭

辣味是重點 韓式泡菜

一般使用塊狀的蘿蔔泡菜增添辣味，辣與酸整合了湯頭的味道

↑點泡菜時選擇「別辛」（另外放）則能嘗到冷麵本身的風味，也很推薦

好吃到令人陶醉！ 盛岡冷麵始祖的滋味

食道園

★しょくどうえん

昭和29（1954）年創業，盛岡冷麵的發祥店。這間店的冷麵源自發祥地韓國平壤，特色是使用大量牛肉牛骨熬製的濃厚高湯和彈力十足口感超群的麵條。咀嚼麵條的同時，湯頭的深邃美味也在口中擴散。

MAP 附錄② P.15 D-4

☎019-651-4590
營11:30～15:00、17:00～23:00，週日、假日為11:30～21:00　休第1、3週二
所盛岡市大通1-8-2
交JR盛岡站步行15分
P使用鄰近停車場

↑以桌椅座為主、氣氛沉穩的燒肉店。也有不少客人專為品嘗冷麵而來

盛岡・雫石・小岩井

花巻・遠野

一關・奥州・北上

八幡平・安比高原

三陸海岸

大同苑

★だいどうえん

昭和40（1965）年創業的燒肉店。以前澤牛等牛肉的脂肪、牛筋、牛骨、雞骨細心熬製的高湯，風味既濃郁又細緻。從麵粉開始手揉的Q彈麵條與自製韓式泡菜是絕佳的組合。

MAP 附錄②P.15 C-5

☎019-654-5588

營11:00～23:30(24:00打烊)

休無休　所盛岡市菜園2-6-19

交JR盛岡站步行15分

P使用福田停車場、DAIYA PARK停車場

➲人多時二樓的座位也會開放

點餐後才開始揉製彈性十足的麵條

盛岡冷麵 972円

口感超群的柔軟麵條，與充滿高雅鮮味的辣湯交織出清爽的滋味

彈性十足的麵條與湯頭的平衡極為出色

盛岡冷麵 918円

彈性十足的麵條越嚼越美味，也推薦加醋品嘗不同的風味

➲店內時髦的氣氛廣受女客好評

ぴょんぴょん舎 盛岡站前店

（→P.25）

★ぴょんぴょんしゃもりおかえきまえてん

盛岡站前步行即到的大型餐廳，燒肉及冷麵大受歡迎。麵條在點餐後才開始製作，能品嘗到現做特有的柔韌彈力與嚼勁。湯頭以牛骨為基底，既清爽又帶著多層次的風味。

MAP 附錄②P.15 A-5

☎019-606-1067

營11:00～23:00(24:00打烊)　休無休

所盛岡市盛岡駅前通9-3 ジャーランビル1～3F　交JR盛岡站步行3分

P使用鄰近停車場

盛楼閣

★せいろうかく

昭和57（1982）年創業。自製麵條會配合天氣和氣溫改變食材比例，再以專業技巧手工揉打，風評極佳。使用日本國產牛等花費3天以上完成的湯頭，與美味與辣味調和的自製韓式泡菜，擄獲了不少粉絲。

MAP 附錄②P.15 A-5

☎019-654-8752　營11:00～翌日2:00　休無休　所盛岡市駅前通15-5 GENプラザ2F　交JR盛岡站即到　P使用鄰近停車場

➲位於盛岡站前，也很受當地人歡迎

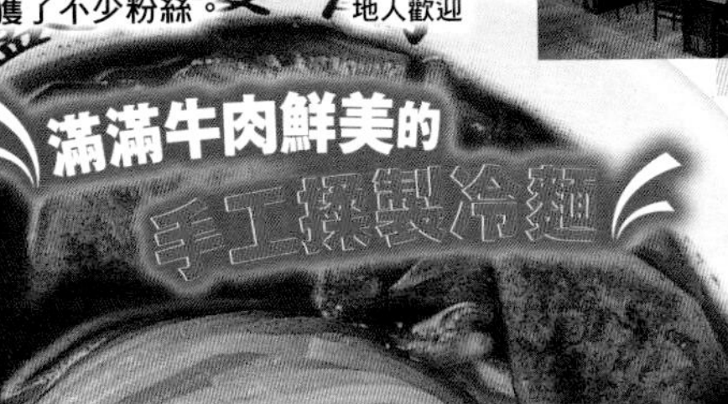

滿滿牛肉鮮美的手工揉製冷麵

冷麵 1000円

韓式泡菜的辣與水果的甜，替費時熬煮的高湯增添了更豐富的滋味

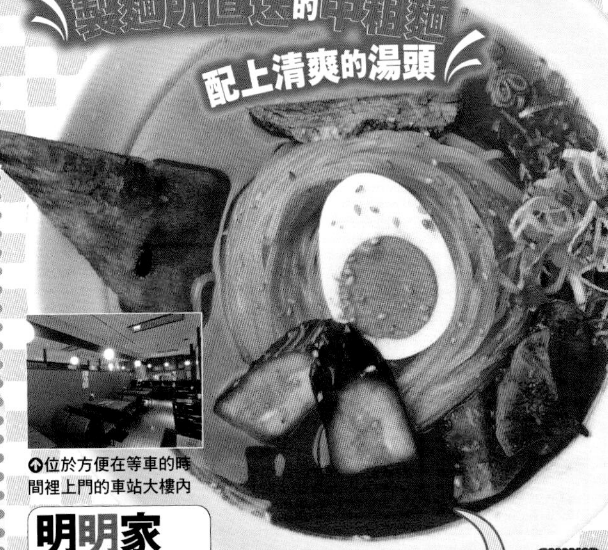

製麵所直送的中粗麵配上清爽的湯頭

盛岡冷麵 1058円

有6種辣度可選擇。自製蘿蔔泡菜帶著淡淡甜味，與俐落的湯頭極為搭配

➲位於方便在等車的時間裡上門的車站大樓內

明明家

★みょんみょんや

這間燒肉店位在直通盛岡站的車站大樓「Fezan」內。以製麵所直送的現做麵條煮出自豪的麵，勁道十足且口感滑順。清澈的湯頭是以牛骨等花上整整一天熬製，擁有飽滿的甘甜。

MAP 附錄②P.15 A-5

☎019-654-7180

營10:00～21:30(22:00打烊)　休不定休，準同Fezan公休日　所盛岡市盛岡駅前通1-44 Fezan本館B1　交JR盛岡站即到　P使用Fezan停車場

終極的宴客麵食 目標100碗！
碗子蕎麥麵

在「直利庵」嘗試看看碗子蕎麥麵吧！

來了，鏘鏘♪
我要吃很多！
我還吃得下～
吃得好飽！謝謝招待～

現煮的蕎麥麵
使用日本國產蕎麥粉的蕎麥麵，風味豐富口感滑溜，端上桌時是適合入口的溫度

① 圍上圍裙開始享用！
首先會端上配料和第一碗，並由服務生說明吃法。圍上店家提供的圍裙，準備就緒！

② 步調穩定地一口接一口！
配合服務生的吆喝聲有節奏地進食。想多吃幾碗的重點是不要喝下太多醬汁

③ 吃了幾碗以火柴來計數
「直利庵」以火柴計算碗數，一開始會直排十根，每吃完一碗就將一根打橫，吃完十碗會再拿出一根擺在上頭

④ 加入配料換換口味
吃到一半可加入帶甜味的鮭魚筋子或助消化的滑菇蘿蔔泥等配料，變化味道吃吃看

⑤ 蓋上碗蓋表示結束了
重點是在蕎麥麵放入碗裡之前及時蓋上碗蓋，跟服務生比速度也是樂趣之一。男性平均吃50碗、女性40碗

服務生
配合「來了，鏘鏘」、「再來再來」等節奏感十足的吆喝聲將蕎麥麵滑進碗裡
服務生·美濃部咲枝小姐

豐富的配料
鮭魚筋子、滑菇蘿蔔泥、野菜、裙帶菜莖、鮪魚生魚片等共有九種

這就是碗子蕎麥麵！
服務生會站在一旁，隨著吆喝聲將一口分量的現煮蕎麥麵滑入客人的碗裡。起源據說是南部地方流傳的「蕎麥麵宴」。還有充滿山珍海味的豪華配料可搭配蕎麥麵享用。

碗子蕎麥麵 3294円
鮭魚筋子、鯛魚生魚片等9種配料更突顯了蕎麥麵的滋味

當地蕎麥麵通也喜愛的老店

直利庵
★ちょくりあん

明治17（1884）年創業，盛岡代表性的蕎麥麵店。一樓可品嘗20種以上的蕎麥麵菜色，二樓和室則提供碗子蕎麥麵。盡情享用以傳統專業手法揉打、香氣十足的蕎麥麵吧！

⬆在2樓的和式座位可放鬆享用

MAP 附錄② P.14 F-6
☎019-624-0441 🕒11:00～碗子蕎麥麵L.O.19:30(21:00打烊) 休週三(逢假日則營業) 所盛岡市中ノ橋通1-12-13 交JR盛岡站搭蝸牛號左循環12分，盛岡バスセンター(ななっく前)下車，步行3分 P30輛

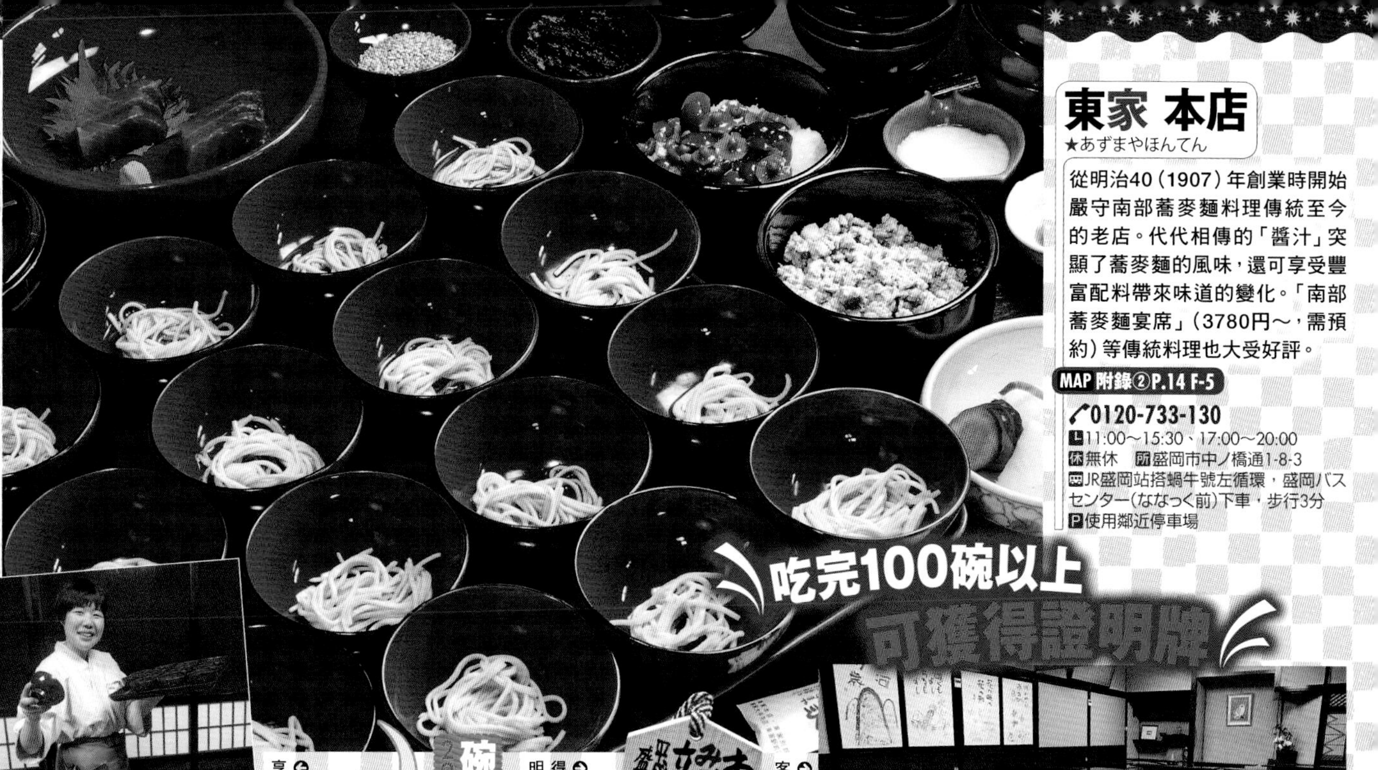

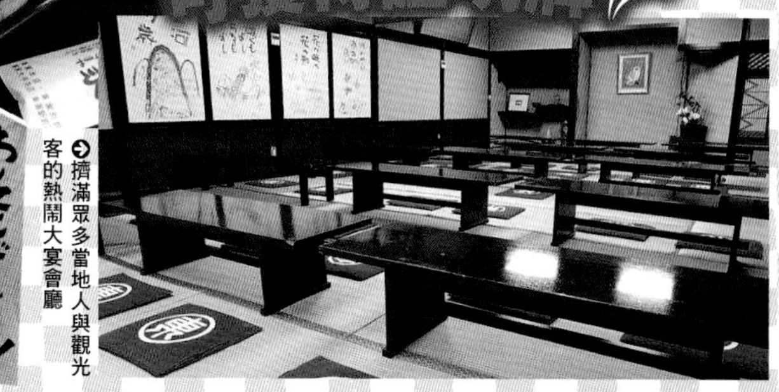

東家 本店

★あずまやほんてん

從明治40（1907）年創業時開始嚴守南部蕎麥麵料理傳統至今的老店。代代相傳的「醬汁」突顯了蕎麥麵的風味，還可享受豐富配料帶來味道的變化。「南部蕎麥麵宴席」（3780円～，需預約）等傳統料理也大受好評。

MAP 附錄②P.14 F-5

☎0120-733-130
🅛11:00～15:30、17:00～20:00
休無休　所盛岡市中ノ橋通1-8-3
🚌JR盛岡站搭蝸牛號左循環，盛岡バスセンター(ななっく前)下車，步行3分
🅟使用鄰近停車場

吃完100碗以上 可獲得證明牌

➔擠滿眾多當地人與觀光客的熱鬧大宴會廳

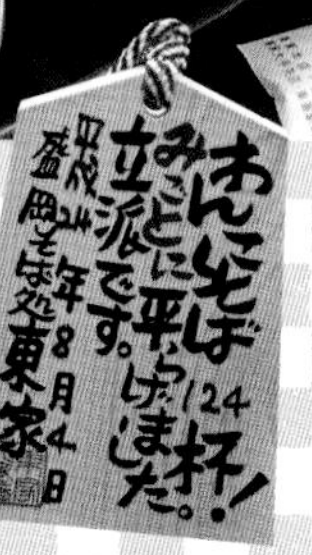

➔吃完100碗以上可獲得原創的「碗子蕎麥麵證明牌」

碗子蕎麥麵 2920円～

為了讓蕎麥麵容易嚥下，會在醬汁裡沾過一遍再上桌

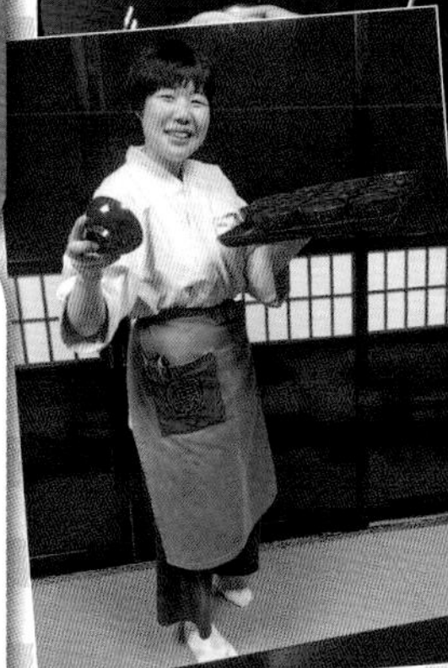

←服務生古館美花小姐。享受與她的對話吧。

以豐富的全餐 體驗碗子蕎麥麵

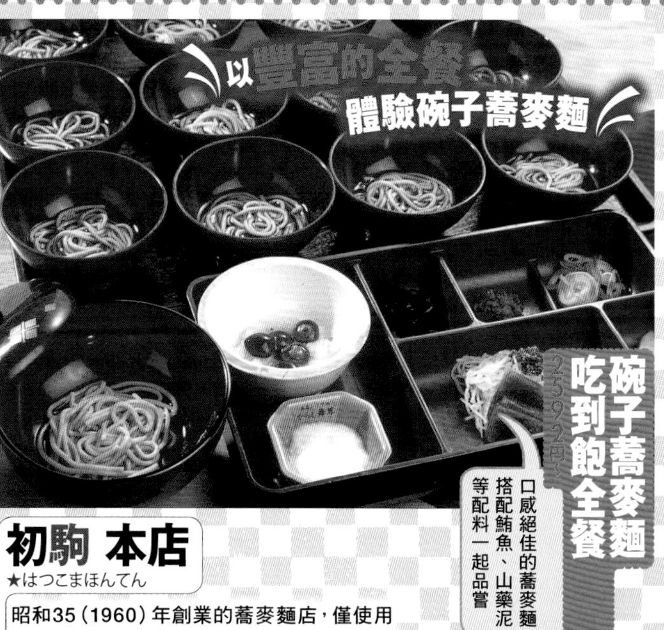

碗子蕎麥麵吃到飽全餐 2592円～

口感絕佳的蕎麥麵搭配鮪魚、山藥泥等配料一起品嘗

初駒 本店

★はつこまほんてん

昭和35（1960）年創業的蕎麥麵店，僅使用岩手縣北產的蕎麥。碗子蕎麥麵除了吃到飽之外，還有30碗限定、小學生全餐、幼兒全餐（3歲以上）等種類豐富，很適合全家大小用餐。

MAP 附錄②P.12 G-4

☎019-651-7184　🅛11:00～碗子蕎麥麵L.O.14:30(15:00打烊)、17:00～碗子蕎麥麵L.O.19:30(20:00打烊，晚間需預約)，週日僅午間營業　休週三
所盛岡市八幡町10-21　🚌JR盛岡站搭岩手縣交通巴士往茶畑15分，八幡宮前下車即到　🅟10輛

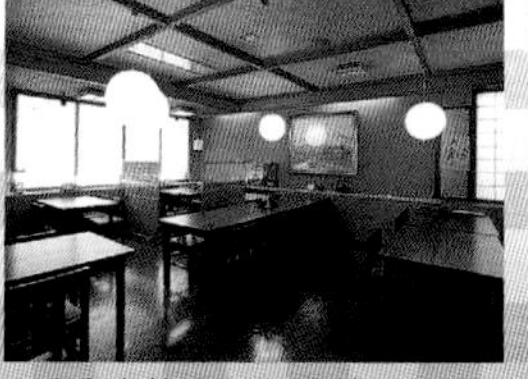

↑明亮寬敞的店內。3樓還有附庭院的包廂

やぶ屋 Fezan店

★やぶやフェザンてん

位於花巻的本店因宮澤賢治光顧過而聲名大噪。以當地產帶殼蕎麥磨粉打成的蕎麥麵，香氣濃郁味道鮮明。還有可輕鬆嘗試的「碗子蕎麥麵試吃10碗」（1620円）。

MAP 附錄②P.15 A-5

☎019-654-7689
🅛10:00～21:30(22:00打烊)　休不定休，準同Fezan公休日　所盛岡市盛岡駅前通1-44 Fezan本館B1
🚌JR盛岡站站內　🅟使用Fezan立體停車場

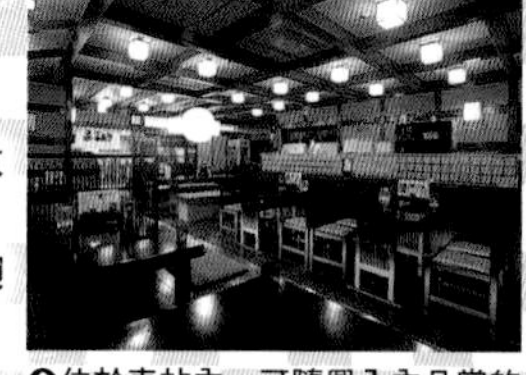

↑位於車站內，可隨興入內品嘗的氣氛

碗子蕎麥麵吃到飽全餐 3240円

不只蕎麥粉，連配料也使用岩手縣產的山珍海味

本店是宮澤賢治也喜愛的蕎麥麵店

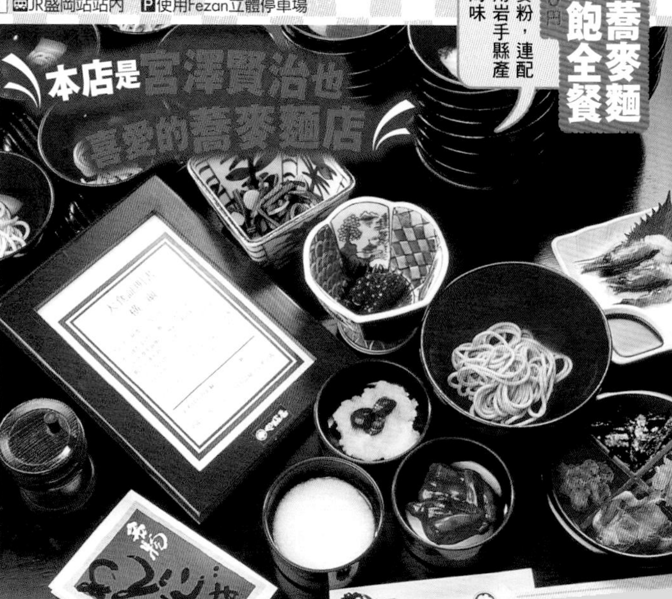

吃遍 吃不到就不回家！ 盛岡 三大麵

盛岡炸醬麵

●もりおかじゃじゃめん

沾附在麵條上的肉味噌令人上癮

じゃじゃめん白龍

人潮不斷的

增添口感
小黃瓜
碎切小黃瓜爽脆的口感替濃厚的炸醬麵增添清爽風味

風味的關鍵
肉味噌
味噌混合絞肉、芝麻、香菇等15種食材做出濃厚的肉味噌

配料的
生薑
附紅薑和薑泥，可隨個人喜好一點點拌進麵裡或不拌入麵裡

勁道十足的
扁麵
以麵粉揉出Q彈的扁麵，容易沾附肉味噌的形狀和恰到好處的彈性都妙不可言

炸醬麵小碗 500円～
濃厚的肉味噌與Q彈的扁麵是絕佳搭配。不容易膩的滋味讓人吃一次就上癮

吃完麵後來碗雞蛋湯
吃完後在碗裡加入雞蛋與煮麵水攪拌均勻，最後就喝這碗特製的湯

攪拌混合後享用
拌上醋、辣油、蒜頭或生薑等，調出自己喜歡的味道

這就是盛岡炸醬麵！

「白龍」的第一代老闆於戰後重現在滿州嘗到的「炸醬麵」販售，據說就是盛岡炸醬麵的起源。彈性十足的扁麵沾上肉味噌享用，是兼具「便宜、快速、美味」三大特點的盛岡靈魂美食。

白龍本店

★ぱいろんほんてん

讓盛岡炸醬麵廣為流傳的元祖店。口感Q彈的扁麵放上大量私房肉味噌品嘗的炸醬麵，至今仍有難以動搖的人氣。桌上的調味料可自由添加，享受自己喜歡的口味。

MAP 附錄② P.14 E-5
☎019-624-2247
🕒9:00～21:00、日週日為11:30～19:00 休無休
所盛岡市内丸5-15
交JR盛岡站搭蝸牛號左循環10分，県庁·市役所前下車即到
P使用鄰近停車場

擁有50年以上的歷史，平民風格的元祖店

香醤 大通店

★こうじゃんおおどおりてん

以……的圓融滋味

盛岡炸醬麵的專賣店。混合20種以上食材的肉味噌蒜味較淡，頗受女性青睞。桌上備有盛裝肉味噌的壺，可隨喜好添加。營業至深夜，適合在喝酒後來吃一碗收尾。

MAP 附錄② P.15 D-4
☎019-626-2336
🕒11:00～翌日1:30，週五、六為～翌日2:00
休週日(逢假日則翌日休)
所盛岡市大通2-4-18
交JR盛岡站步行15分
P使用鄰近停車場

店內也有吧檯座，洋溢懷舊感

炸醬麵(中) 500円
充分發揮紅味噌風味的肉味噌，沾附上Q彈又柔軟的麵條，誕生出深奧的滋味

以辣油為風味關鍵的

燉豬肉炸醬麵（中） 680円

創業至今的人氣餐點。細切燉豬肉與自製辣油和Q彈的麵條完美結合

盛岡じゃじゃ麺 あきを 本店

★もりおかじゃじゃめんあきをほんてん

除了傳統的盛岡炸醬麵外，創意炸醬麵也大受好評。熱門菜「燉豬肉炸醬麵」加入煮到柔軟的豬肉與辛辣的辣油享用。最後還可享用免費的雞蛋湯，相當窩心。

MAP 附錄②P.15 C-4

☎019-653-5959 L11:00～翌日2:00，週五、六、假日前日為～翌日3:00，週日、假日為～翌日1:00 休無休 所盛岡市大通2-3-7 CT33ビル1F 交JR盛岡站步行10分 P使用鄰近停車場

↑僅有吧檯座10席左右的袖珍店面

盛岡じゃじゃめん

★もりおかじゃじゃめん

特色是添加大量芝麻的特製肉味噌。現煮的麵條沾滿香氣撲鼻的肉味噌，再以蔥末和小黃瓜增添清爽滋味。加入薑泥和辣油尋求自己的原創口味也是樂趣之一。

↑明亮而寬敞的店內也有許多攜家帶眷的客人

MAP 附錄②P.14 F-5

☎019-623-9173

L11:30～16:00

休週三 所盛岡市神明町4-20 盛岡停車場1F

交JR盛岡站搭蝸牛號左循環13分，盛岡バスセンター（神明町前）下車即到

P100輛（30分免費）

盛岡じゃじゃめん

品嘗洋溢芝麻香的

盛岡炸醬麵（中） 500円

現做現煮的麵條口感滑順又有勁道，搭配芝麻味濃郁的特製味噌享用

走遠一點！品嘗人氣炸醬麵！

盛岡站 搭電車12分

俺のじゃじゃ

★おれのじゃじゃ

為了讓客人在矢巾町也吃得到盛岡名產炸醬麵，而於10年前開業。以香菇、芝麻、核桃等高品質食材製作的味噌醬味美絕倫，與Q彈麵條的結合更是一絕。打一顆蛋進去的雞蛋湯也獲得好評。

MAP 附錄②P.6 E-4

☎019-656-9028

L11:00～19:30(20:00打烊)

休每月1次不定休

所矢巾町西徳田第6地割168 交JR矢幅站車程8分

P8輛

←吧檯座加上桌椅座約有20席左右

搭配濃郁美味味噌醬的炸醬麵

炸醬麵（中碗）

講究柔軟口感與滑順度的特製麵條，巧妙地沾附刺激食慾的味噌醬

兩大品牌肉

享譽全日本的霜降肉

前澤牛

まえさわぎゅう

說到岩手縣的兩大品牌肉，就是紅肉多、能品嘗到牛肉本身美味的「岩手短角和牛」，以及有高級油花在口中融化的「前澤牛」。在匯集了頂級肉品的盛岡市品嘗這兩種美味吧！

何謂前澤牛

有「味覺的藝術品」之稱的前澤牛，是集細緻的霜降肉、入口即化般的口感以及風味三大優點於一身的頂級品。特色是肉質柔軟帶有淡淡的甘甜味。

輕鬆品嘗前澤牛的頂極里肌肉

頂級霜降里肌肉定食（前澤牛）2600円

嚴選的前澤牛里肌肉多汁且充滿鮮味

敬請品嘗肉店特有便宜又美味的前澤牛燒肉

肉の米内

●にくのよない

燒肉

MAP 附錄② P.14 F-4

明治32（1899）年創業的肉店所經營的燒肉餐廳。只有在肉店才能以平價盡情品嘗新鮮又高級的前澤牛。前澤牛里肌肉定食、牛排、石鍋拌飯等都是讓人讚不絕口的美味。以前澤牛細心熬煮高湯的冷麵也是熱門餐點。

☎019-624-2967 🕒11:00～14:30、17:00～23:00 休第2、4週四 所盛岡市紺屋町5-16 交JR盛岡站搭蝸牛號右循環13分，上の橋下車即到 P10輛

↑附設於肉店

肉質柔軟彷彿入口即化！

其他餐點

頂級肋排 2000円
里肌肉定食 1650円
冷麵 880円

岩手縣產牛肉午餐
岩手縣產黑毛和牛沙朗牛排150g 7875円

五分熟或三分熟為最佳熟度。附烤蔬菜、甜點、咖啡

主廚以精妙手藝烤出絕佳熟度

融化的鮮美滋味在口中擴散的頂極牛排

岩手縣產黑毛和牛不用說，岩手短角和牛也很推薦

ステーキ鉄板料理 和かな

●ステーキてっぱんりょうりわかな

牛排

MAP 附錄② P.15 D-6

洋溢高級感的牛排專賣店，在客人面前豪邁地燒烤最高級品牌肉。從牛排附沙拉、甜點等的午間全餐到適合大日子的特製全餐，餐點選擇豐富。能嘗到當季海鮮的全餐也獲得顧客的好評。

☎019-653-3333 🕒11:30～14:00(15:00打烊)、17:00～20:30(21:45打烊，週末需預約) 休週二(逢假日則營業) 所盛岡市大沢川原1-3-33 交JR盛岡站搭蝸牛號左循環5分，菜園川徳前下車，步行3分 P14輛

↑可一邊和主廚閒聊一邊用餐

其他餐點

特撰炙燒前澤牛壽司 5貫 2700円
和かな特製漢堡排午餐（200g）2052円
和かな嚴選牛排午餐 3780円

いわちく銀河離宮

●いわちくぎんがりきゅう

涮涮鍋

MAP 附錄② P.15 D-5

除了前澤牛，還有稻米、蔬菜、水果、海鮮等岩手縣在地食材可大快朵頤的地產地消餐廳。是岩手畜產流通中心「いわちく」的直營店，能享受前澤牛和いわちく純情牛的涮涮鍋、燒肉、宴席料理等，豐富的午間菜單也值得參考。

☎019-606-3739
🕒11:30～13:30、17:00～21:30 休週日
所盛岡市菜園1-4-10 第2サンビル1F
交JR盛岡站步行15分
P無

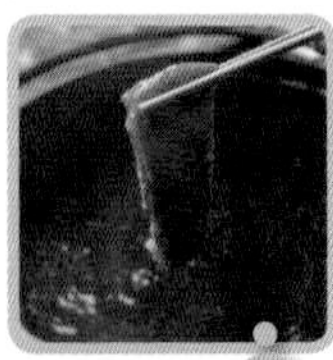

沾上自製柚子醋和芝麻醬享用

↑由包廂及半包廂組成的店內

其他餐點

涮涮鍋宴席 3600円～
午間宴席 2580円
燒肉午餐 800円～

重點是在昆布高湯裡涮到肉稍微變色的時候立刻享用

特選岩手前澤牛涮涮鍋 6500円

為了讓人能嘗到肉的鮮美而切成厚片，滿足感也是無與倫比

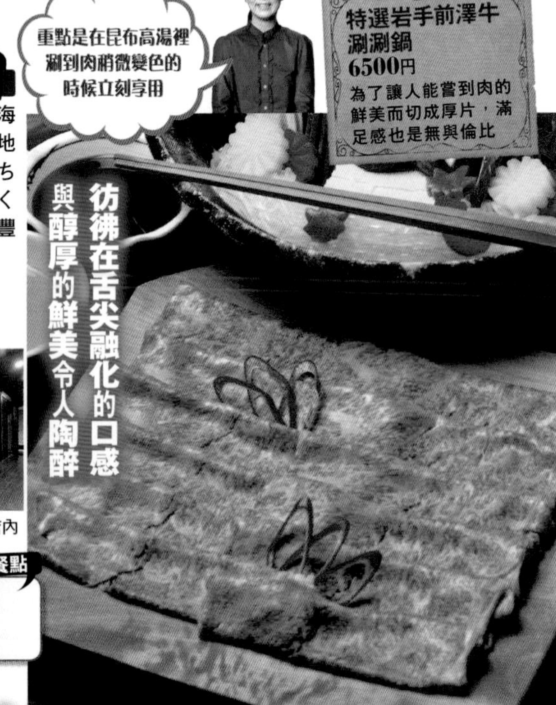

彷彿在舌尖融化的口感與醇厚的鮮美令人陶醉

在盛岡品嘗比較！

岩手的 健康又平價的 岩手短角和牛

いわてたんかくわぎゅう

以燒烤品嘗紅肉的美味與甘甜

何謂岩手短角和牛

可充分品嘗肉的口感與鮮美的岩手短角和牛，是脂肪較少的健康紅肉。紅肉中有大量構成鮮味來源的胺基酸，能享受肉本身的美味。

將上等食材烤出絕佳的熟度

鉄板焼き香月

牛排

●てっぱんやきこうげつ

MAP 附錄②P.15 D-5

+α 漢堡排是極品！

這間鐵板燒餐廳能嘗到被譽為最高品質的前澤產A5牛排，以及鮮度一流的海鮮等主要產自岩手縣的食材。由於是稀有牛種所以有時會無法進貨的「岩手短角牛沙朗牛排」100g 3600円，越咀嚼就越能嘗到肉的美味。

☎019-654-6775 🕒11:30～14:00(午間採完全預約制)、17:00～翌日1:00 休週日 所盛岡市菜園1-5-10グリムハウス4F 交JR盛岡站步行15分 P使用鄰近指定停車場

↑靜靜播放爵士樂的高雅店內空間

↑全餐5000円～，照片僅供參考

其他餐點

前澤產夏多布里昂牛排 100g6800円
香月特製漢堡排 1600円
牛排比一比套餐 5400円

極品鹽味漢堡排 前澤牛100% 1600円

100%使用黑毛和牛的頂點「前澤牛」

在客人眼前以鐵板豪邁地燒烤

岩手短角牛燒肉 2160円

1盤6片，1～2人份。還有大量蔬菜

這麼厚的肉讓人好開心♪

ぴょんぴょん舎 盛岡站前店

燒肉

●ぴょんぴょんしゃ もりおかえきまえてん

MAP 附錄②P.15 A-5

這間燒肉店雖以冷麵的名店聞名，但肉類的美味也大獲好評。岩手短角牛建議選擇五分熟並淋上檸檬汁享用，越咀嚼越能嘗到肉的鮮美。能同時品嘗比較岩手短角牛、前澤牛與雫石牛的「岩手三昧」也很受歡迎。

☎019-606-1067 🕒11:00～23:00(24:00打烊) 休無休 所盛岡市盛岡駅前通9-3 ジャーランビル1～3F 交JR盛岡站步行3分 P使用鄰近停車場 (→P.19)

其他餐點

岩手三昧 3348円
鹽蔥牛舌 1296円
厚切腿肉 1296円

僅將表面稍微烤過，請品嘗肉的鮮美

↓3層樓的店面開放感十足，可放鬆用餐

炭火焼きとり好古 大通店

烤雞肉串

●すみびやきとりよしふる おおどおりてん

菜彩雞

さいさいどり

柔軟的肉質中濃縮了美味

MAP 附錄②P.15 C-5

不只雞肉，就連餐具和木炭都堅持岩手縣產的雞料理專賣店。以炭火烤到芳香四溢的烤菜彩雞風味濃郁，充滿飽足感的大塊雞肉也是迷人之處。

☎019-629-3343 🕒17:00～23:00(24:00打烊) 休週日 所盛岡市大通2-7-26杉山ビル2F 交JR盛岡站步行10分 P使用鄰近停車場

←粗樑環繞的和風摩登氛圍

溢出的肉汁與香氣令人食指大動

好古盛 734円

有雞翅、雞肉蔥串、下水、肉丸等4串，以炭火烤得香氣四溢、內裡多汁

源喜屋盛岡店

炸豬排

●げんきやもりおかてん

白金豬

はっきんとん

特色是紮實的口感與脂質的甜味

+α 這種肉也好想吃！

MAP 附錄②P.15 C-5

這間餐廳可享受到岩手縣的山珍海味，其中最推薦的就是從飼養到生產加工一條龍管理的白金豬。口感絕佳的白金豬能以涮涮鍋、燉肉等各種變化方式品嘗。

☎019-681-2711 🕒11:00～14:00、17:00～23:00(週日、假日為～22:00) 休無休 所盛岡市大通3-4-1 クロステラス盛岡2F 交JR盛岡站步行7分 P257輛(收費)

←店內裝潢走高雅路線

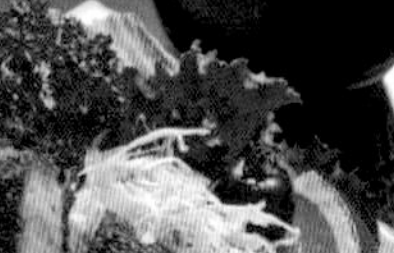

如絲絹般柔軟的白金級豬肉

炸白金豬里肌定食 1390円

豬肉柔軟麵衣酥脆，配合肉質的醬汁也是一絕

岩手的山珍海味

盛岡匯集了岩手人引以為傲的山珍海味，除了肉類和魚鮮之外，近年來備受矚目的岩手產小麥也化身為美味的義大利麵或披薩。以澄淨好水釀造的日本酒自然也不能錯過。

地產地消 午餐

午餐時間就以實惠價格享受大量的縣產食材，品嘗整個岩手的好滋味

FRESCHISSIMA

義大利菜

●フレスキッシマ

以岩手縣產雪力小麥調合義大利產粗粒小麥粉，自製出彈性十足的義大利生麵非常受歡迎。此外還有使用三陸海鮮、白金豬、磐井雞、短角牛、當地蔬菜等縣產食材改良出的多樣化餐點。

☎019-629-2235 營10:00～21:30(22:00打烊) 休準同Fezan 所盛岡市盛岡駅前通1-44 Fezan本館B1 交JR盛岡站即到 P530輛(使用Fezan立體停車場，20分100円)

MAP附錄②P.15 A-5

↑氣氛明亮的店內。還可享用正統的義式濃縮咖啡

口感Q彈的義大利生麵

源自波隆那的番茄肉醬

口感Q彈的義大利生麵特別美味！是在店裡每天製作的。

店主 三國文人先生

短角牛番茄肉醬麵 1350円

奢侈地使用岩手縣產短角牛。短角牛的紅肉不但好吃，即使經過燉煮也不流失肉的風味

Calm Nanak店

自助餐

●カームななっくてん

手工製作的午餐大量使用直接從附近農家進貨的新鮮蔬菜，備受好評。熱門的自助餐中除了新鮮沙拉外，還有使用當季蔬菜製作的焗烤等，飽足感十足。

☎019-601-7227 營11:00～18:00(19:00打烊) 休週三 所岩手県盛岡市中ノ橋通1-6-8 Nanak 2F 交JR盛岡站搭岩手縣交通巴士往バスセンター10分，バスセンター下車即到 P無

MAP附錄②P.14 F-6

請盡情享用別處吃不到的Calm風創意蔬菜料理

老闆 谷藤勤先生

↑可在明亮寬敞的店內悠哉地用餐

主菜一道＋自助餐 1404円

可從咖哩、焗飯等任選的主菜再附上自助餐。也能以白酒代替主菜，小小的奢侈一下

從農家直接進貨的蔬菜新鮮度一流

重視食材的調味

享盡岩手美味的義大利菜

門崎牛臀排 1944円

經仔細修整的牛排肉質柔軟，並以適當火候烹調

肉質軟嫩分量十足

敬請品嘗整個岩手縣的滋味。手工甜點也非常好吃哦！

內場人員 橫屋先生(左)、春日川先生(右)

CHATONS

義大利菜

●シャトン

義大利菜大量使用安心安全、當季當地的食材，甚至命名為「岩手義式」。蔬菜主要來自盛岡和八幡平市，肉類則使用花巻產的白金豬及一關產的門崎牛。以短角牛肉片製作的漢堡排是熱門餐點。

☎019-653-0234 營11:30～14:00(15:00打烊)、17:30～20:30(21:30打烊) 休週二、第2週一 所盛岡市内丸16-16 大手先ビル1F 交JR盛岡站搭蝸牛號左循環10分，県庁·市役所前下車，步行3分 P50輛

MAP附錄②P.14 E-4

↑店內的地板、大門、餐桌等也是使用岩手的建材

來杯日本酒

岩手日本酒的特色是風味圓潤而溫和，能帶出料理的美味

嚴選適合搭配下酒菜的岩手當地酒

主廚料理 2160円～

生魚片、前菜、八寸等下酒菜一應俱全，還可根據當天食材配合喜歡的口味和酒類客製，令人開心

（照片僅供參考）

mass ～かまどのある家・酒をよぶ食卓・ななしの庵～

●マスかまどのあるいえさけをよぶしょくたくななしのいおり

窮究不同品牌日本酒最適合的溫度提供給客人！

嚴選蒐集岩手及全日本的日本酒。契約農家種植的蔬菜、三陸的魚鮮、「佐助豬」等縣產食材僅經過簡單的調理，不會流失食材的美味。酒類自然不在話下，和以爐灶炊煮的膨軟米飯也是天作之合。

☎019-651-1510 🕒12:00～22:00（週六、日、假日為14:00～） 休不定休 所盛岡市内丸5-3 交JR盛岡站搭蝸牛號左循環10分，県庁・市役所前下車即到 P使用鄰近停車場

MAP附錄②P.14 E-5

↑富有情調的外觀極為迷人

↑通常備有30種襯托料理的純米酒

三陸居酒屋 きりや 中之橋店

以三陸珍味海鞘為下酒菜品嘗的美味酒品

●さんりくいざかやきりやなかのはしてん

提供老闆每日親自進貨、從產地直送的鮮魚。其中海鞘是店家自豪的美味，獨特的甘甜與苦味與日本酒非常搭配，海潮的香氣與彈潤的口感讓人吃到停不了口。岩手當地酒通常備有十幾種。

☎019-656-7661 🕒17:30～22:30（23:00打烊） 休週日 所盛岡市中ノ橋通1-5-4 交JR盛岡站搭蝸牛號左循環12分，盛岡バスセンター下車，步行3分 P使用鄰近停車場

MAP附錄②P.14 E-6

種市產天然生海鞘 756円

僅單純佐以海水的鹽味享用。大塊肉厚，口感十足

※產季為5～8月左右，有些季節可能難以進貨

➔改裝自建於江戶末期的倉庫，別有一番風情

海鞘的盛產季在夏天，最棒的就是趁新鮮生吃！

店長 齋藤晋先生

這兒的當地酒是在木枡中的玻璃杯裡倒上滿滿一杯享用

老闆 山鼻美枝子女士

DAY & NIGHT 品嘗

PIZZERIA GIARDINO 披薩

●ピッツェリアジャルディーノ

使用四種岩手縣產小麥和石割櫻酵母製作的披薩極受好評，經長時間熟成的餅皮彈性十足。晚餐推出充分運用縣產蔬菜、肉類、鮮魚製作的義大利菜。葡萄酒的種類也非常豐富。

☎019-613-5565 🕒11:00～14:00、17:00～23:00 休第3週二 所盛岡市菜園2-6-6 三栄ビル1F 交JR盛岡站步行7分 P使用鄰近停車場

MAP附錄②P.15 C-5

岩手縣產小麥的豐富滋味

餅皮使用岩手小麥與石割櫻酵母，全產自岩手

瑪格麗特午餐 900円

除了瑪格麗特、義式番茄外，還有兩種每週不同的披薩登場。附沙拉、飲料、甜點

用香氣濃郁的現磨岩手縣產小麥製作的披薩，味道特別不一樣哦

老闆兼主廚 岡元聰先生

↑以白色為基調的時髦店內

沢内甚句

風味深奧的野菜料理配銘酒 一場新鮮別致的晚酌

●さわうちじんく

使用縣內第一的大雪地帶——西和賀町澤內送來的優質野菜和菇類，樸實的鄉土料理是這裡的名菜。備有大量岩手代表性酒廠的酒，連產量不多的限定酒款也能喝得到。實惠的價格連當地客也給予好評。

☎019-654-4860
🕒17:00～23:00（24:00打烊）
休週日（逢假日前一日則翌日休）
所盛岡市開運橋通5-4
交JR盛岡站步行10分
P使用鄰近停車場

MAP附錄②P.15 B-5

↑古民宅風格的店內充滿木頭的暖意

蕈菇柳川 864円

以蛋汁包覆秀珍菇和牛肝菌等菇類，將美味濃縮起來。適合搭配偏濃的日本酒

最上相的城下町

盛岡隨興走走拍拍

盛岡保留了往昔盛岡藩南部家建築的城下町樣貌，是座風情萬種的城市。
去街上走走，找尋復古咖啡廳和歷史建築等讓人忍不住要拍進相片裡的懷舊風景吧。

拍下這片風景！
從開運橋下遊步道眺望的北上川非常漂亮，天氣晴朗時還看得見岩手山

10:00 START JR盛岡站

步行10分

10:15 邊散步邊縱情想像賢治的世界

喜歡這樣的時光嗎

MAP ① IHATOV大道材木町

★いーはとーぶアベニューざいもくちょう

這條商店街起源於木材批發商街，擁有約400年的歷史。除了與宮澤賢治有淵源的「光原社」之外，街道上還有六處紀念碑展現出宮澤賢治的世界。

019-623-3845
(盛岡市材木町商店街振興組合)
自由參觀 所盛岡市材木町7-42
JR盛岡站步行10分 P使用材木町商店街停車場(40分100円)
MAP 附錄②P.15 A-3

➔喜歡石頭的賢治坐在「石座」上

擁有一個又一個賢治相關紀念碑的街道

➔經常在賢治的故事中登場的貓頭鷹

➔1天撥放4次音樂的「音座」

循環巴士「蝸牛號」

① IHATOV大道材木町
② 光原社
③ 啄木新婚之家
④ ござ九・森九商店
⑤ 盛岡啄木・賢治青春館
⑥ 岩手銀行 紅磚館
⑦ 盛岡城跡公園(岩手公園)

光原社 モーリオ
老舗 白沢せんべい店
関口屋菓子舗
上の橋擬寶珠

盛岡駅東口、旭橋、材木町南口、啄木新婚の家口、商工中金前、中央通二丁目、中央通一丁目、岩手医大前、本町通一丁目、上の橋、上の橋町、若園町、盛岡バスセンター(神明町)、盛岡バスセンター、県庁・市役所前、盛岡城跡公園、菜園川徳前、柳新道、開運橋

東北本線 盛岡駅 東北新幹線 山田線 Fezan Plaza Odette

逛街的重點

➔P.17

騎自行車在盛岡的街道上移動也相當方便，可在中之橋附近的「Plaza Odette」等地租借。

命名的工藝品店 宮澤賢治親自

10:30 在與賢治相關的店家中 庭沉浸在閑靜的時刻裡

②光原社

★こうげんしゃ

這間工藝品店從全日本網羅了器皿和漆器等貼近日常生活的手作逸品。在延伸至屋後的綠意盎然中庭裡，排列著咖啡廳和蒐集外國雜貨的店家等洋溢異國風情的建築物，也很適合散散步。

步行即到

☎019-622-2894
營10:00～18:00(視季節而異)
休每月15日(逢週六、日、假日則翌日休) 所盛岡市材木町2-18
交JR盛岡站步行10分
P使用鄰近停車場
MAP附錄②P.15 A-4

←陽光從樹梢灑落的中庭宛如童話裡的世界
↓1樓有陶器和漆器等，2樓則蒐羅了世界各地的手工藝品

拍下這片風景！
外觀令人聯想到白牆瓦頂的倉庫，與別具韻味的盛岡街道相得益彰

用民藝器皿喝咖啡

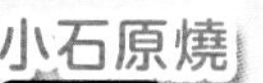

小石原燒
各1836円
→融入日常生活的茶杯，刷痕花紋十分美麗

植物染手織物圍巾
31320円
→在盛岡市內擁有工作坊的植田紀子小姐製作的雙面圍巾

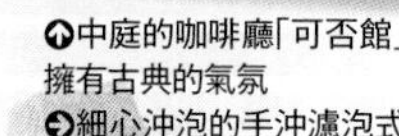

↑中庭的咖啡廳「可否館」擁有古典的氣氛
→細心沖泡的手沖濾泡式咖啡(480円)

待續

memo*
賢治與光原社

大正13(1924)年，發行宮澤賢治唯一在生前出版的童話集《要求特別多的餐廳》者，正是光原社。宮澤賢治親自為店命名，在腹地內還立有出版碑。

在余市找到的♪

↑發現印有「余市」標誌，方便購物的環保袋！

↑有好多間販售新鮮蔬菜和海產的商店

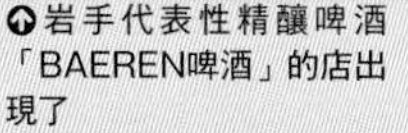

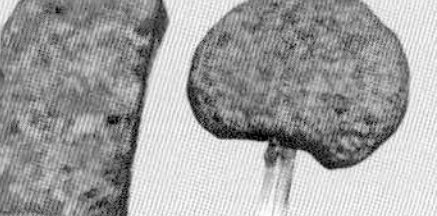

↑岩手代表性精釀啤酒「BAEREN啤酒」的店出現了
↓串烤豆腐和蕎麥糰子也很推薦

4～11月的週六… 來去逛材木町的余市

余市 ★よいち MAP附錄②P.15 A-3

在材木町舉辦的市集，有一攤又一攤販售熟食和蔬菜的攤販。

☎019-623-3845(盛岡市材木町商店街振興組合) 營4～11月的週六，15:10～18:30(有季節性和天候變動) 所盛岡市材木町 交JR盛岡站步行10分 P使用鄰近停車場

吃午餐去這裡……

12:30 在食道園享受午餐時光♪

在距離「啄木新婚之家」步行10分的食道園吃冷麵吧！

→P.18

11:50 一窺《我的四疊半》的生活

③ 啄木新婚之家

★たくぼくしんこんのいえ

明治38（1905）年，石川啄木與夫人節子度過婚後頭三個星期的房子。幾乎完整保留了當年的樣貌，可窺見啄木隨筆《我的四疊半》中描寫的生活情境。

☎019-624-2193 L8:30～18:00、12～3月為9:00～16:00 休12～3月的週二 所盛岡市中央通3-17-18 🚌JR盛岡站搭蝸牛號右循環5分，啄木新婚の家口下車即到 P使用鄰近停車場

MAP附錄②P.15 B-3

↑樸素的平房，同時展示相關物品

啄木度過新婚生活的老房子

搭蝸牛號右循環15分

搭乘「蝸牛號」盛岡都心循環巴士

JR盛岡站每隔10～15分開出一班的巴士，乘車1次100円，一日自由乘車票300円（→P.17）

P.29 光原社 步行5分

江戶後期創業的日用品店

14:00 參觀有200年歷史的店面

④ ござ九・森九商店

★ござくもりくしょうてん

文化13（1816）年創業的生活雜貨店。這棟瓦頂和格子門給人深刻印象的建築物，已指定為盛岡市的保存建築物。店內販售籃子、笊籬、掃帚等。

☎019-622-7129

L8:30～17:30 休週日 所盛岡市紺屋町1-31 🚌JR盛岡站搭蝸牛號左循環12分，盛岡バスセンター下車，步行3分 P3輛

MAP附錄②P.14 F-5

↑町家風格的建築物，中庭有棟超過170年的倉庫

↓陳列岩手竹藝品等的手工籃子

小烏龜棕刷 324～972円

←五顏六色的小烏龜棕刷，有各種適合不同用途的尺寸和形狀

小憩片刻去這裡……

14:40 在クラムボン享受咖啡時光♪

在位於中津川沿岸紺屋町的クラムボン喝杯咖啡休息一下。

→P.32

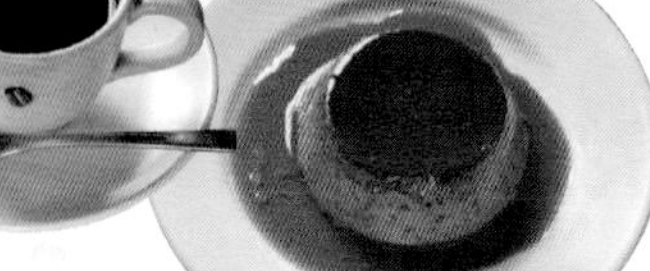

拍下這片風景！

在給予人城下町歷史感的「ござ九・森九商店」後方，有清澈的中津川流過

陶醉在中津川畔的復古風情中

↓從「深澤紅子野花美術館」（→P.39）的咖啡廳可眺望中津川

←上之橋為盛岡城築城時蓋在中津川上的橋梁。欄杆上的青銅擬寶珠是國家重要美術品

真可愛！好好吃！伴手禮在這兒

多年來受到盛岡人喜愛的點心，都是帶點復古氛圍的可愛商品。

光原社 モーリオ

★こうげんしゃモーリオ

蓋在光原社（→P.29）正對面的別館。除了南部鐵器等岩手工藝品外，餅乾和果醬之類的食品也很豐富。

☎019-624-0008

L10:00～18:00（視季節而異） 休每月15日（逢週六、日、假日則翌日休） 所盛岡市材木町2-18 🚌JR盛岡站步行10分 P使用鄰近停車場

MAP附錄②P.15 B-3

餅乾裡夾入大量的核桃

核桃餅乾 1盒1674円

老舖 白沢せんべい店

★しにせしらさわせんべいてん

昭和11（1936）年創業的南部煎餅店。除了芝麻和花生等傳統口味外，還有鬆軟的餅乾型煎餅。

☎019-622-7224

L9:00～17:40（商品售完打烊） 休無休 所盛岡市紺屋町2-16 🚌JR盛岡站搭蝸牛號左循環10分，県庁・市役所前下車，步行5分 P2輛

MAP附錄②P.14 F-5

賢治的世界 1279円

有芝麻和核桃等九種熱門口味的綜合包裝

関口屋菓子舗

★せきぐちやかしほ

明治26（1893）年創業的老零嘴店。約有30種傳統的手工點心，發揮食材天然風味、不使用添加物。

☎019-622-4509

L8:30～18:00 休週日 所盛岡市神明町2-3 🚌JR盛岡站搭蝸牛號左循環13分，盛岡バスセンター（神明町）下車，步行5分 P2輛

MAP附錄②P.14 F-5

裡頭會流出燒酎的糖果

燒酎糖（有包裝）702円

介紹在盛岡度過青春歲月的文人之功績

↑過去曾經是第九十銀行

15:20 造訪歷史建築瞭解文人

⑤盛岡啄木・賢治青春館

★もりおかたくぼくけんじせいしゅんかん

這間主題館介紹在盛岡度過學生生活的石川啄木與宮澤賢治的青春時代與足跡，還會舉辦音樂會和岩手縣相關畫家與作家的作品展。1樓附設喫茶空間。

☎019-604-8900 🕒10:00～17:30(18:00閉館) 休第2週二 所盛岡市中ノ橋通1-1-25 交JR盛岡站搭蝸牛號左循環12分，盛岡バスセンター(ななっく向)下車，步行3分 P無

MAP附錄②P.14 E-6

memo*

盛岡與啄木

石川啄木為出身岩手縣的歌人，在盛岡度過多愁善感的青春時代。宮澤賢治是晚他十年的中學學弟，賢治會開始創作短歌據說也是受到啄木的影響。

步行4分

步行3分

象徵盛岡的磚造美麗建築

拍下這片風景！

替同時也是國家指定重要文化財的摩登西洋建築拍一張

15:50 在明治時期的洋館沉浸於古典氛圍中

⑥岩手銀行紅磚館

★いわてぎんこうあかレンガかん

明治44（1911）年，由東京車站的設計者辰野金吾等人設計的岩手銀行舊總行本館。2012年結束營業，歷經3年半的保存修理工程後，開始以歷史建築物的名義對外開放。

☎019-622-1236 🕒10:00～16:30(17:00閉館) 休週二 ¥300円，中小學生100円 所盛岡市中ノ橋通1-2-20 交JR盛岡站搭蝸牛號左循環10分，盛岡バスセンター下車即到 P使用鄰近停車場

MAP附錄②P.14 E-5

↑與東京站丸之內車站建築相似的入口大廳天花板 →以展品介紹兩名設計者和岩手的金融史

→美麗的紅磚建築也成了拍照景點

收費區 VR劇院

以15分左右的影片介紹銀行的歷史和建築物的構造

免費區 多功能大廳(大)

挑高天花板與吊燈給人深刻的印象。也會在此舉辦活動

步行5分

搭蝸牛號右循環7分

16:30 賢治和啄木也曾造訪的城跡

⑦盛岡城跡公園(岩手公園)

★もりおかじょうあとこうえん（いわてこうえん）

將別名「不來方城」的盛岡城之遺跡整頓成的公園。內有以花崗岩搭建的石牆，殘存盛岡藩20萬石的風貌。還有賢治與啄木的詩碑及歌碑。

☎019-681-0722 (NPO法人緣之相談室) 🕒自由入園 所盛岡市內丸1-37 交JR盛岡站搭蝸牛號左循環往菜園川德7分，盛岡城跡公園前下車即到 P使用岩手公園地下停車場

MAP附錄②P.14 E-5

殘留美麗石牆的城跡

↑位於公園一角的賢治詩碑
←同時也是著名的賞櫻花與紅葉的名勝

17:40 GOAL JR盛岡站

在懷舊的古典咖啡廳度過美好時光

在此介紹盛岡充滿特色的咖啡廳，有融入中津川畔懷舊風景的店家，也有追求咖啡與紅茶風味的專賣店。旅遊的空檔，不妨在沉穩的氣氛中小憩片刻。

在綠意簇擁下散發如夢似幻的氣氛

ふかくさ

這間咖啡廳位在流經盛岡市區的清澈中津川沿岸，被藤蔓覆蓋的外觀是顯著的標誌。小而美的店內擺設鋼琴與吉他，洋溢著復古的氛圍。

☎019-622-2353
營12:00～14:30、17:00～23:00，週日、假日為12:00～17:00
休不定休 所盛岡市紺屋町1-2
交JR盛岡站搭蝸牛號左循環12分，盛岡バスセンター(ななっく向)下車，步行3分
P使用鄰近停車場
MAP附錄②P.14 E-5

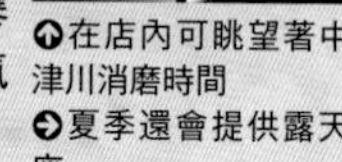

↑在店內可眺望著中津川消磨時間
→夏季還會提供露天座

復古重點
融入中津川景色的懷舊外觀

在緩慢流逝的時間裡打個盹

Menu
蛋糕套餐
550円
迷你可麗餅蛋糕捲套餐，附虹吸式咖啡壺沖泡的咖啡

與自家烘焙咖啡極為搭配的濃厚甜點

クラムボン

店家嚴選生豆自行烘焙，固定提供約15種的咖啡。除了手工甜點外，「クラムボン風咖哩」(880円)等午間菜單也很推薦。

☎019-651-7207
營10:00～19:00(假日為～18:00) 休週日 所盛岡市紺屋町5-33 交JR盛岡站搭蝸牛號左循環10分，県庁·市役所前下車，步行5分 P2輛
MAP附錄②P.14 F-4

↓定期舉辦藝術活動，作品裝飾在牆面上

復古重點
店主至今仍以愛用30年以上的烘豆機烘焙咖啡豆

↑店內瀰漫著烘焙咖啡豆的香氣

Menu
布丁套餐
650円
柔軟又濃郁的手工卡士達布丁搭配咖啡的套餐

傳統倉庫改建成的咖啡廳

●いっさりょう
一茶寮

1樓為附設藝廊的咖啡廳，散發木質溫暖的家具使人心境平和。使用嚴選小麥蒸出的厚實「蒸麵包套餐」(680円)和司康都很受歡迎。

☎019-653-4646
(ギャラリー彩園子)
營10:00～19:00 休週日 所盛岡市上ノ橋町1-48 ギャラリー彩園子2F 交JR盛岡站搭蝸牛號右循環，上ノ橋下車，步行3分
P3輛
MAP附錄②P.14 F-4

Menu
自製司康
100円
低甜度的樸素自製司康，與咖啡或中國茶都很搭配

復古重點
天花板較高的倉庫內，以柔和的燈光照明

↑把臼和背籠化為室內裝飾品
←約230年前建造的灰泥土倉庫

⬆融入中之橋通石板街道中的百年老建築

⬅擺放平台鋼琴的店內有時也會舉辦現場演奏

復古重點
開放感十足的木質店面，挑高天花板令人印象深刻

●こうちゃのみせしゅん

紅茶の店 しゅん

創業30年的紅茶專賣店，可享受到香氣馥郁的紅茶。店家會根據季節嚴選不同茶園，直接採購茶葉。甜點不會太甜，不會干擾紅茶的香氣。

☎019-623-3036 🕒11:00～19:00
休週三(逢假日則營業)
所盛岡市中ノ橋通1-3-15 交JR盛岡站搭蝸牛號左循環12分，盛岡バスセンター(ななっく向)下車，步行3分 P使用鄰近停車場
MAP附錄②P.14 F-5

Menu
大吉嶺紅茶 616円
乳脂鬆糕 432円
手工戚風蛋糕疊上帶有酸味的濃稠鮮奶油

⬆改裝自120年前的倉庫，外觀極具風情

●さろうしゃもん

茶廊 車門

昭和28（1953）年開業的倉庫咖啡廳，高雅的店內播放著爵士樂。菜單種類多樣，除了甜點外還有「披薩吐司」（500円）和「牛肉燴飯」（780円）等。

☎019-651-5562
🕒11:00～19:00(20:00打烊) 休不定休
所盛岡市肴町5-7 交JR盛岡站搭蝸牛號左循環12分，盛岡バスセンター(ななっく向)下車，步行5分 P使用鄰近停車場
MAP附錄②P.14 E-6

Menu
蜜豆寒天
500円
大量的蜜豆靠恰到好處的鹽分提味

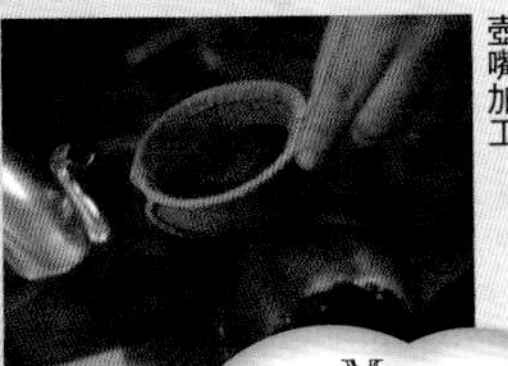
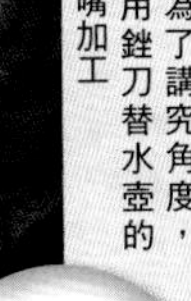

⬅為了講究角度，而用鉎刀替水壺的壺嘴加工

●オールドコーヒーのみせはたや

オールドコーヒーの店 機屋

迷戀咖啡的店主發揮長年培養的技術和經驗，以法蘭絨濾布一杯杯沖泡出咖啡。可細細品味嚴選生豆經10年以上熟成的老咖啡。

☎019-653-8833 🕒10:30～19:30 休週一(逢假日則翌日休)、第1週二 所盛岡市本町通3-2-11 交JR盛岡站搭蝸牛號右循環7分，中央通2丁目下車，步行3分 P5輛
MAP附錄②P.15 C-3

Menu
肯亞咖啡 750円
手工蛋糕 360円
最受歡迎的起司蛋糕。咖啡廳的甜點來自隔壁的甜點店

復古重點
以親手製作的法蘭絨濾布花上10分左右沖泡的咖啡

⬅洋溢木頭溫暖的店內以燈光柔和地照亮

復古重點
抬頭可看見天花板上沉甸甸的倉庫屋樑

屋齡百年的倉庫咖啡廳
洋溢厚實的氛圍

⬆厚實的店內讓人彷彿穿越時空回到明治時代

MADE IN 岩手

「好東西」

在都會景觀中殘留著鮮明城下町風貌的盛岡，集合大量繼承傳統技藝的工藝品及當地人長年喜愛的名點等魅力十足的商品。購買留下旅途回憶的岩手特有珍品，做為給自己的獎賞或贈送重要之人的禮物吧。

胡桃茶壺 0.5L 8100円～

鐵瓶 刷毛紋 0.6L 9720円

雫茶壺 0.65L 9720円～

石庭茶壺 0.7L 11340円～

南部鐵器

起源於南部藩委託京都茶釜工匠製作的武器和日用品。將鐵漿注入鑄模裡凝固，再燒上漆液等即完成。

組鍋(小) 3024円

小飾品 3456円～

開瓶器 1188円～

釜定

★かまさだ

匯集極簡又摩登的南部鐵器

花費心思在守住傳統的同時也製作出獨創鐵器的工作坊。設計溫暖的鐵瓶、形狀素簡的生活用品等日常使用的小東西也不少。吊墜等飾品也很受歡迎。

☎019-622-3911 MAP附錄②P.14 F-5

營9:00～17:30 休週日 所盛岡市紺屋町2-5 交JR盛岡站搭蝸牛號左循環，盛岡バスセンター(神明町)下車，步行5分 P使用鄰近停車場

➡在店內陳列的南部鐵器中尋找中意的商品吧

筷枕480円

⬅可愛得不得了的貓咪筷枕，也有牛形筷枕

⬆展示室附設的辦公室裡誕生出原創的設計

壱鋳堂

★いっちゅうどう

新式的形狀與色彩極受歡迎

展示室裡陳列著五顏六色的時髦鐵瓶和茶壺等，讓人光看就心花怒放的南部鐵器。位在盛岡市區的「かわとく壱番館Cube店」（→P.41）販售豐富的品項。

☎019-681-0560

營9:00～17:30 休週六、日 所盛岡市下太田下川原55-1 交JR盛岡站搭計程車5分 P2輛

MAP附錄②P.12 F-4

櫻花杯墊 黑色3片組4104円

➡華麗卻又沉穩的配色非常時尚

卓越的工匠技藝 時髦的傳統工藝品

手織物 彩色流蘇圍巾17280円～

南部古代型染元 蛭子屋 小野染彩所

★なんぶこだいかたぞめもとえびすやおのせんさいしょ

連續圖案的染布散發高雅氣質

自寬永5（1628）年開始代代擔任南部藩御用染師的老字號染布店，從型版製作到染色全程手工。以南部藩家紋「向鶴」為首的「千羽千鳥」、「荻」等花樣竟多達500種。

☎019-652-4116

營8:30～18:00 休無休 所盛岡市材木町10-16 交JR盛岡站步行10分 P3輛

MAP附錄②P.15 A-2

南部古代型染

顏色鮮豔的染布充分運用南部藩時代武家禮服與窄袖和服所染的花紋。華麗的花紋繼承了350年的傳統。

手提袋 束口袋型(小) 4644円

書籤432円

書衣 各3240円～

⬅有布製小物品、包包、和服布料等，商品種類豐富

馬蹄型零錢包 各3024円

⬅尺寸稍大，要放小東西也非常方便

手織物

誕生於英國的毛織品在明治時代透過英國傳教士在岩手傳播開來。從紡紗到織布全為手工作業。

中村工房

★なかむらこうぼう

帶著手工溫度的鮮豔手織物

創業於大正8（1919）年，少數繼承了手織物手藝的工房之一。每根流蘇的長度和顏色皆不同的圍巾和披肩等洋溢創作者玩心的商品頗受好評。

☎019-661-5277

營10:00～17:00 休週日(若有事先聯絡可開店) 所盛岡市高松3-2-15 交JR盛岡站搭岩手縣交通巴士往松園バスターミナル，高松一丁目下車，步行10分 P6輛

MAP附錄②P.12 G-3

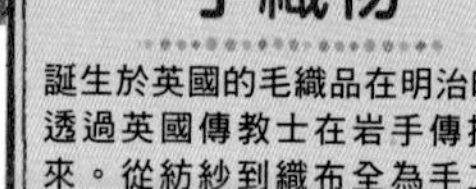

羊咩咩 1575円～

↗軟綿綿的羊擺飾品讓人忍不住想摸摸看

⬅圍巾和披肩等好用的商品一應俱全

在JR盛岡站尋找 美味伴手禮

尋找

風味濃郁 彈性十足的優格

食彩工房
岩泉優格(加糖，2000g)1188円
↑在遼闊山區自在成長的牛隻所產出的鮮乳製成的優格，經低溫長時間發酵而產生獨特的彈性

從糰子中流出濃稠芳香的甜蜜

松栄堂
磨芝麻糰子(8個裝)648円
↑使用日本國產米粉製作的Q彈糰子填入滿滿的甜蜜芝麻糊。塞進嘴裡糖蜜就在口中湧出

種類變化多端的南部煎餅

南部せんべい乃 巖手屋
綜合口味(10片裝)712円
↑10種南部煎餅的綜合包裝，除了傳統的芝麻和花生之外，還有納豆和蘋果等特殊的配料

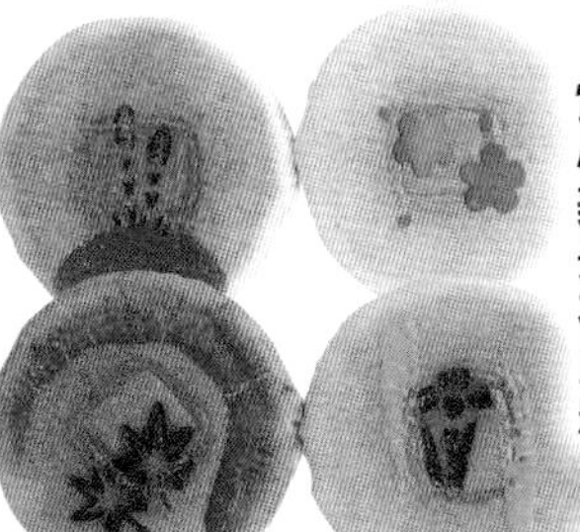

以盛岡的賞心美景為主題

造り菓子 竹芳
不來方的四季(12片裝)1620円
↑展現櫻花和紅葉等盛岡四季的麩燒煎餅。華麗的外觀與爽脆的輕盈口感是迷人之處

可愛的馬兒最中

岩手菓子倶楽部 創菓工房みやざわ
洽咕洽咕馬兒最中(1個)135円
↘以岩手傳統祭典「洽咕洽咕趕馬祭」為造型的最中。酥脆的外皮裡包著紅豆粒餡與求肥

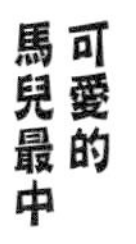

在自家輕鬆享用當地麵

北星舘
盛岡冷麵(4份裝)1080円
→彈性十足又光滑的麵條與滿滿牛肉鮮美的辣湯十分搭配。可隨喜好添加水煮蛋或韓式泡菜

時髦又美味的鯖魚罐頭

東北めぐり いろといろ
鯖魚罐頭(1罐)410円
→以橄欖油醃漬日本產鯖魚的罐頭。肉身厚實，連骨頭都很柔軟，色澤鮮豔的包裝也非常漂亮

岩手路
福田パン 紅豆奶油夾心餅乾(6片裝)724円
↓模仿「福田パン」(→P.37)的知名麵包。帶些許鹽味的餅乾中夾入紅豆奶油餡

盛岡的靈魂美食化身全新的伴手禮

圓滾滾的蛋形超級可愛

三陸菓匠さいとう
迷你海鷗蛋(8個裝)710円
→甜味柔和的長崎蛋糕體包入膨鬆柔軟的蛋黃餡，再裹上一層白巧克力，是熱門的甜點

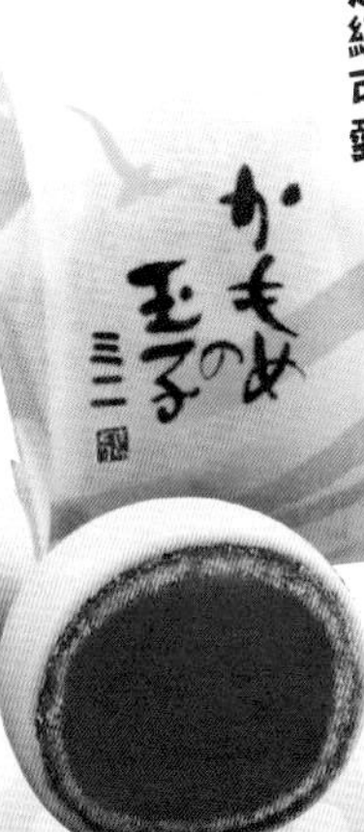

盛岡車站大樓Fezan おでんせ館

在這裡買得到！

★もりおかえきビルフェザンおでんせかん

位於直通JR盛岡站的購物大樓「Fezan」內。集合約40間店舖，從岩手名點、當地酒到工藝品，販售的伴手禮種類廣泛。

↑館內的裝潢擺飾以岩手傳統工藝品為主題

☎019-654-1188(Fezan代表號，有各店的直通電話)
L9:00～21:00 休準同Fezan公休日 所JR盛岡站即到
所盛岡市盛岡駅前通1-44 P530輛
MAP附錄②P.15 A-5

迷人的雜貨舖

一定能找到喜歡的物品

走在盛岡街頭，到處都能遇見迷人的雜貨舖。從器皿、雜貨到流行商品……
每一件都讓人想在日常生活中使用。
結合岩手特有意象的商品也很適合當成伴手禮。

hina ★ヒナ

店內的文具、手作雜貨、襪類、帽子等時尚商品，皆是重視女性觀點所挑選出的迷人款式。還有很多別處找不到的品項也是魅力之一。

☎019-654-3277 MAP附錄②P.15 C-5
營10:30～19:30(週日、假日為～19:00)
休週二 所盛岡市開運橋通1-6 交JR盛岡站步行8分 P使用鄰近停車場

salvia的軟綿綿襪子 各1944円
↑腳踝處不加鬆緊帶，不會壓迫肌膚，如紗布般柔軟，穿起來非常舒適

東北布巾 432円
→印上南部鐵器、冷麵、小芥子人偶等東北6縣的名產。使用100%純綿的蚊帳布料製作

→外觀以白色為基調，裝上整面的玻璃

蒐羅讓人心情雀躍的可愛小東西

←也有外國郵票和獨立出版等罕見的商品

Holz Furniture and Interior ★ホルツファニチャーアンドインテリア

kasane kop urushi 各8316円
↑縣內木工職人與漆藝師共同製作的原創木杯，冷熱皆可用

與室內空間渾然一體的商品設計

在改裝自古民宅的時髦店內陳列的，盡是兼具設計感與實用性的高級家飾雜貨。除了發揮岩手傳統工匠技藝的商品外，同時展示並販售訂製家具與照明設備。

☎019-623-8000 MAP附錄②P.15 D-5
營11:00～19:00 休週四
所盛岡市菜園1-3-10 交JR盛岡站步行15分
P使用鄰近停車場

↑販售無論任何地區或風格都能長年愛用的各式商品

↑改裝自屋齡80年的古民宅

bird 2160円～

↑以南部鐵器製作的小鳥紙鎮，當成裝飾品擺起來也相當討喜

shop+space ひめくり ★ショッププラススペースひめくり

從紙製品、工藝品到陶器、染布等，這間選貨店匯集了讓人光看就感到心頭一暖的手工製品。不定期舉辦的活動和研習會也可參考看看。

☎019-681-7475
營10:30～18:30 休週四、第1&3週三
所盛岡市紺屋町4-8 交JR盛岡站搭蝸牛號左循環，県庁·市役所前下車，步行5分
P使用鄰近停車場 MAP附錄②P.14 F-4

→盛岡市鈴木養蜂場製作的手工蠟燭，點上火會散發微微的甜蜜香氣

THE☆鈴木蜂蜜的蜂蠟蠟燭 378円～
↑以碗子蕎麥麵、宮澤賢治的《銀河鐵道之夜》等岩手相關意象為設計主題

→店家位在水流悠悠的中津川沿岸

zoetrope的包裝紙 各470円

擁有大量溫暖的岩手手工藝品

←店內的氣氛會隨著季節或展品而改變也是樂趣之一

便箋 各378円

↑以美濃和紙製作手掌大小的小信箋。畫著東北各縣的名產

KANEIRI STANDARD STORE ★カネイリスタンダードストア

匯集了東北魅力十足的品項

位在JR盛岡站車站大樓「Fezan」一角的選貨店。販售以岩手為中心的東北6縣傳統工藝品等日本國內外藝術商品與書籍。同時推出豐富的原創商品。

☎019-613-3556
營10:00～20:30 休不定休(準同Fezan公休日)
所盛岡市盛岡駅前通1-44 フェザンテラス1F
交JR盛岡站即到 P使用鄰近停車場
MAP附錄②P.15 A-4

↑展現東北精巧手藝的商品時髦地陳列在店內

↑面朝車站前大馬路明亮開放的空間

原創八幡馬15cm 各7020円

↑將青森縣民藝品八幡馬重新設計為波普風，很適合作為室內擺飾品

好想吃美味的麵包

當地人也愛吃

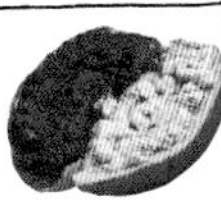

從大排長龍的人氣大亨堡麵包到講究食材的自然派麵包，盛岡存在許許多多個性十足的麵包店。旅途中順道去一趟，在早餐或點心時間品嘗各店自豪的麵包吧。

「福田麵包」在這裡也買得到♪

iwate tetoteto
★イワテテトテト

位於JR盛岡站2樓，除了熱銷的「福田麵包」之外，還販售以牧場直送牛奶製作的義式冰淇淋等當地人喜愛的美食。

✆019-606-4832
營8:00～20:00(麵包區為7:15～) 休無休 所盛岡市盛岡駅前通1-48 JR盛岡駅2F 交JR盛岡站內 P使用鄰近停車場

MAP附錄②P.15 A-5

夾肉味噌的限定菜色，炸醬麵包350円

店內設有內用區

排隊人潮不斷的盛岡靈魂美食！

原創蔬菜三明治 315円
夾入高麗菜和番茄等滿滿的新鮮蔬菜

日式拿坡里義大利麵 269円
分量十足的熱食系經典

抹茶紅豆 159円
抹茶隱約的微苦與紅豆濃郁的甘甜是絕佳搭配

起司奶油&藍莓奶油 159円
風味接近起司蛋糕的甜食系三明治

紅豆奶油 159円
難以動搖的人氣No.1。猶豫不決時就點這一道

HOW TO GET 福田麵包

1 在像學校餐廳的櫃台點餐

2 從超過50種的選擇中挑選抹醬和配料

3 看店員以俐落的動作塗抹

福田パン本店
★ふくだパンほんてん

這間店最出名的就是在柔軟大亨堡麵包裡夾入喜歡的抹醬或奶油的「大亨堡麵包三明治」。從50種以上的配料中自由挑選的樂趣，以及能以實惠價格買到分量紮實的餐點，都是熱銷的秘密。

✆019-622-5896
營7:00～17:00(售完打烊)
休無休 所盛岡市長田町12-11
交JR盛岡站步行15分 P11輛

MAP

令人聯想到學校校舍的懷舊外觀

還有哦！盛岡的知名麵包店

蘋果&奶油起司 194円
糖煮蘋果與奶油起司的搭配無與倫比

芝麻裸麥片麵包 半條442円
核桃與葡萄乾擠得滿滿的裸麥麵包

鄉村紅豆麵包 140円
烤得熱騰騰的紅豆泥擁有樸實的風味

以天然酵母製作的麵包非常搶手

Bäckerei Berg
☆ベッカライベルク

主要販售天然酵母麵包和裸麥麵包等嚼勁十足的德式麵包，通常有20～30種。當場現做的貝果三明治相當受到好評。依星期幾而異的限定商品也不容錯過。

原味貝果 216円
將飽滿又柔軟的貝果做成三明治

✆019-624-0151 MAP附錄②P.15 A-3
營10:00～18:30 休週日 所盛岡市材木町8-21 グリーンキャピタル1F 交JR盛岡站步行10分 P使用鄰近停車場

氣氛沉穩的店舖位在商店街的一角

靠手才揉得出的鬆軟麵包

橫澤パン
☆よこさわパン

不用機器而用手仔細揉出麩質，這樣的麵包擁有獨特的膨軟口感。越咀嚼就越能嘗到小麥天然的美味。吐司與甜麵包等通常有10種左右。

✆019-661-6773 MAP附錄②P.14 F-1
營9:00～19:00 休週日、假日
所盛岡市三ツ割1-1-25 交JR盛岡站搭岩手県交通巴士往松園営業所12分，坂の下下車，步行5分 P2輛

小巧的店內陳列出講究的麵包

麻花麵包 594円
將奶油麵包與黑麵包的麵糰像繩子一樣互相扭結

葡萄乾麵包 1/3條313円
特色是紮實的口感與葡萄乾的酸甜滋味

核桃波士頓 半條378円
烤過之後核桃的香氣會更加顯著

吐司 1條907円
創業以來的長銷商品，富有彈性的吐司

盛岡

十六羅漢

●じゅうろくらかん

MAP附錄②P.12 G-4

並列的巨大石佛多達21尊

為供養在江戶時代四大飢荒中餓死者而建造，有16尊羅漢與5尊如來像並列。花費13年的光陰在嘉永2（1849）年完工。位為盛岡八幡宮南邊，宗龍寺跡的公園內。

019-604-3305(盛岡觀光會議協會)
自由參觀 所盛岡市茶畑2-1らかん公園内 JR盛岡站搭岩手縣交通巴士往茶畑15分，松尾前下車即到 P使用鄰近停車場

如今在「羅漢兒童公園」內守護活潑玩耍的小孩子們

盛岡

盛岡天滿宮

●もりおかてんまんぐう

MAP附錄②P.14 H-5

啄木喜愛的狛犬

生於岩手的天才歌人石川啄木據說年少時常來讀書散步的地方。其中啄木喜愛的一對狛犬，因獨特的表情和姿態而備受矚目。

019-622-4023
自由參觀 所盛岡市新庄町5-43 JR盛岡站搭岩手交通巴士往水道橋15分，天滿宮前下車，步行7分 P3輛

高畑源次郎作，看起來彷彿正在微笑的狛犬

改裝自岩手縣立圖書館的建築物

盛岡

盛岡歷史文化館

●もりおかれきしぶんかかん

MAP附錄②P.14 E-5

發送盛岡歷史與觀光資訊

1樓有介紹盛岡傳統祭典的山車展示大廳，和提供當季觀光資訊的市街資訊中心。2樓的展示室則公開盛岡藩的貴重歷史資料及南部家的珍寶。

019-681-2100 9:00～19:00(11～翌年3月為～18:00)，2樓展示室為各30分前截止入場 休第3週二(逢假日則翌日休) ¥1樓免費，2樓展示室300円、高中生200円、中小學生100円 所盛岡市内丸1-50 JR盛岡站搭蝸牛號左循環10分，県庁·市役所前下車，步行3分 P使用鄰近停車場

盛岡

南昌莊

●なんしょうそう

MAP附錄②P.12 G-4

觀賞庭園、喝杯抹茶小憩片刻

明治18（1885）年左右建造的盛岡實業家瀨川安五郎的宅邸。可在富有情調的庭園散步或是參觀宅邸內部。館內還可享用抹茶、咖啡及特製便當（需在前一日15:00前預約）。

019-604-6633 10:00～17:00(12～翌年3月為～16:00) 休週一、二 ¥200円，中小學生100円 所盛岡市清水町13-46 JR盛岡站搭岩手縣交通巴士往水道橋10分，下の橋町下車，步行5分 P10輛

廣達1100坪的腹地內有打理得無微不至的庭園與宅邸

還想瞭解更多！

北東北的中樞都市

盛岡

もりおか

MAP附錄②P.6·12·13·14·15

洽詢處 019-651-4111(盛岡市觀光交流課)
019-604-3305(盛岡觀光會議協會)

盛岡

櫻山神社

●さくらやまじんじゃ

MAP附錄②P.14 E-5

受到崇信的盛岡藩總鎮守

位於盛岡城跡公園與政府機關街之間，當地人親暱地稱為「櫻山桑」的神社。充滿韻味的境內周邊有商店與飲食店櫛比鱗次。本殿右側的巨大岩石「烏帽子岩」也是看點。

019-622-2061 境內自由參觀 所盛岡市内丸1-42 JR盛岡站搭蝸牛號左循環10分，県庁·市役所前下車即到 P使用鄰近停車場

擁有約300年歷史的神社，位於盛岡城三之丸遺跡

盛岡

賢治清水

●けんじしみず

MAP附錄②P.15 D-6

賢治也取用過的水井水

宮澤賢治就讀盛岡高等農林學校（現岩手大學農學部）時，住宿地使用的水井。如今也湧出優質的好水，賢治的粉絲親切地稱為「賢治的水井清水」。

019-604-3305(公財盛岡觀光會議協會)
自由參觀 所盛岡市大沢川原 JR盛岡站步行20分 P使用鄰近停車場

備有勺子方便人隨時飲水

遊趣！COLUMN 充分體驗岩手縣的傳統技術！

盛岡手工藝村

●もりおかてづくりむら

這座傳統工藝的主題樂園內聚集了南部鐵器、盛岡煎餅等15間岩手代表性當地產業的工作坊。除了能近距離觀賞工匠的手藝外，各種手工體驗也非常豐富。腹地內還有移建過來復原的「南部曲家」。

019-689-2201 8:40～17:00 休無休 ¥免費入村 所盛岡市繋尾入野64-102 JR盛岡站搭岩手縣交通巴士往つなぎ温泉25分，盛岡手づくり村前下車即到 P160輛

MAP附錄②P.13 D-4

小芥子南部煎餅(712円)

陳列名產的商店

玩樂

來做手織物

手織物的魅力在於質樸的觸感。挑選喜歡顏色的線，挑戰正統織布吧。若製作花瓶墊，則花30分左右可完成獨創的作品。

019-689-2201(盛岡手工藝村)
9:30～16:00 休週二、四

愉快地使用織布機製作作品

景點

參觀南部曲家

腹地內有從石町移建過來並復原的南部曲家。從這棟傳統建築可感受人與馬同住一個屋簷下的南部歷史，絕對值得一看。

019-689-2201(盛岡手工藝村)
9:00～17:00 休無休

遙想過去珍視馬匹的南部地方生活

地產地招・居酒屋 あげ福

盛岡 美食

●ちさんちしょういざかやあげふく

MAP 附錄② P.15 A-5

品嘗當地食材與當地酒

可享用使用前澤牛、杜仲茶豬肉等岩手食材的料理。推薦菜為串炸和輕炙前澤牛棒壽司。並提供多種襯托料理的當地酒與當地啤酒。

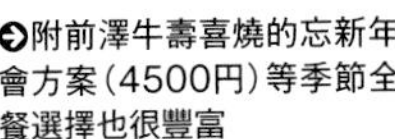

019-604-7788
17:00～24:00(飲品到翌日0:30，翌日1:00打烊)
休無休 所盛岡市盛岡駅前通14-6 ビボット盛岡ビル1 2-4F 交JR盛岡站步行3分 P使用鄰近停車場

附前澤牛壽喜燒的忘新年會方案(4500円)等季節全餐選擇也很豐富

ゆ家 石垣別邸

盛岡 美食

●ゆやいしがきべってい

MAP 附錄② P.15 D-5

在和風摩登的店內品嘗三陸海鮮

改裝自古民宅的店內為和風摩登的沉穩空間。可搭配種類多樣的當地酒，品嘗直接進貨、鮮度卓越的三陸產鮮魚做的串燒，以及每日餐點和日西合璧的自豪創意料理。

019-623-7677 17:00～翌0:30(翌日1:00打烊)
休無休 所盛岡市菜園1-7-24 交JR盛岡站步行15分
P使用鄰近停車場

2樓寬敞的和室。三陸產的魚串燒1串80円起

兜風途中的推薦伴手禮

北の菓子 菓風

●きたのかしかふう

軟綿綿鮮奶油中包入大量草莓切片的「北國草莓大福」是熱銷甜點。「夾心蛋糕」有原味、巧克力、草莓、鹽味焦糖、栗子、提拉米蘇等6種口味，柔軟的蛋糕體備受好評。在盛岡周邊有岩手山SA上下行線、前澤SA下行線、JR一之關站等地販售。

北國草莓大福(10個裝1458円)、夾心蛋糕組合(6種6個裝1458円)

0191-33-2555(北の菓子 菓風)

農業教育資料館

盛岡郊外 景點

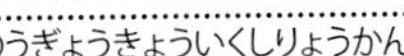

●のうぎょうきょういくしりょうかん

MAP 附錄② P.15 B-1

日本第一間高等農林學校

明治35（1902）年創校的盛岡高等農林學校（現岩手大學農學部）的舊本館。是日本第一間高等農林學校，因宮澤賢治就讀而廣為人知。同時展示許多賢治相關的資料。

019-621-6678
10:00～15:00 休11～翌年4月的週六、日、假日 ¥140円，高中、大學生100円，中小學生70円 所盛岡市上田3-18-8 岩手大学農学部 交JR盛岡站搭岩手縣交通巴士往松園バスターミナル15分，岩手大学前下車即到 P利用大學教職員停車場

這棟歐風建築也是國家重要文化財

石割櫻

盛岡 景點

●いしわりざくら

MAP 附錄② P.14 E-4

挺拔綻放的模樣令人感動

植於盛岡地方法院中庭的江戶彼岸櫻，推定樹齡約360年。樹身穿破巨大的花崗岩開出美麗的花朵。大正12（1923）年指定為國家第1號天然紀念物。

019-604-3305(盛岡觀光會議協會)
自由參觀 所盛岡市内丸9-1 盛岡地方裁判所敷地内
交JR盛岡站搭蝸牛號右循環8分，中央通一丁目下車即到
P使用鄰近停車場

即使經過360年的歲月也未能改變其剛健。賞花期為4月的中旬左右

USAGI Botanica

盛岡 美食

●ウサギボタニカ

MAP 附錄② P.14 F-5

一邊享用佳餚一邊變美麗

外觀賞心悅目、讓身心都無比滿足的午餐共有4種，包含每週不同的定食。大量使用縣產蔬菜，費心簡單調理，不會減損食材本身的美味。

019-681-4932
11:30～14:00(15:00打烊)、18:00～21:00(22:00打烊)
休週二 所盛岡市中ノ橋通1-3-15 交JR盛岡站搭蝸牛號左循環12分，盛岡バスセンター(ななっく向)下車，步行3分
P使用契約停車場(消費2000円以上可免費停1小時)

本週的食養定食1080円

深澤紅子野花美術館

盛岡 景點

●ふかざわこうこののはなびじゅつかん

MAP 附錄② P.14 F-4

以彩繪玻璃為標誌的美術館

這間美術館蓋在出身盛岡的西洋畫畫家深澤紅子內心原初風景的中津川沿岸。以野花或女性為主題的楚楚可憐的作品令人印象深刻。欣賞完繪畫後還可在1樓的咖啡廳休息一下。

019-625-6541 10:00～17:00 休週一(逢假日則翌日休) ¥500円，高中、大學生300円，中小學生200円 所盛岡市紺屋町4-8 交JR盛岡站搭蝸牛號左循環10分，県庁·市役所前下車，步行5分 P使用鄰近停車場(需洽詢)

可仔細欣賞野花的水彩畫或油畫

石川啄木紀念館

盛岡郊外 景點

●いしかわたくぼくきねんかん

MAP 附錄② P.6 E-2

即使不是啄木的粉絲也值得一看

展示親筆信、筆記、生活用品等大量啄木的資料。紀念館腹地內還移建了啄木就讀過的舊澀民尋常小學等建築。每天都有眾多的啄木粉絲前往參觀。

019-683-2315
9:00～16:30(17:00閉館)
休週一(逢假日則翌平日休)
¥300円，高中生200円，中小學生100円，盛岡市內居民國中生以下、65歲以上免費 所盛岡市渋民渋民9
交JR盛岡站搭岩手縣北巴士往沼宮內營業所40分，啄木記念館前下車即到 P50輛

蒐集英年早逝的天才歌人——石川啄木的貴重資料

佇立於石川啄木故鄉澀民的紀念館

舊澀民尋常小學

盛岡郊外 景點

●きゅうしぶたみじんじょうしょうがっこう

MAP 附錄② P.6 E-2

啄木任職代課教師的學校

石川啄木以第一名的成績畢業、並擔任過代課教師的母校。木造的樸素校舍引發人內心的鄉愁。已移建並保存於石川啄木紀念館腹地內，可免費參觀。是盛岡市的指定文化財。

019-683-2315(石川啄木紀念館) 9:00～16:30(17:00閉館)
休週一(逢假日則翌平日休) ¥免費 所盛岡市渋民渋民9
交JR盛岡站搭岩手縣北巴士往沼宮內營業所，啄木記念館前下車即到
P50輛

啄木在少年時代就讀、日後站上講台的木造校舍

盛岡
Grano d'oro

美食

●グラーノドォーロ

MAP 附錄②P.15 C-5

可嘗到小麥甘甜的麵食

充分利用岩手山珍海味的義大利菜廣受歡迎。可品嘗到使用岩手產「雪力」小麥製作、特色是Q彈口感的「南部義大利生麵」。義大利麵食有20種以上。

☎019-681-2129
11:00～14:00、17:00～23:00
休 第3週二 所 盛岡市開運橋1-33 プレッティビル1F
交 JR盛岡站步行10分
P 使用鄰近停車場

➲三谷牧場黃金莫札瑞拉起司與羅勒的番茄醬義大利麵980円

盛岡
網玄

美食

●あみげん

MAP 附錄②P.15 D-6

隔著櫃檯與店裡人閒聊也是種享受

店內使用曲家的建材，帶著秘密基地般的氣氛。大量使用三陸新鮮魚貝的料理美味到令人咂舌，並提供多道擺滿海味的披薩等的創意料理。還有包廂可放鬆地享用美食。

☎019-654-4880 17:00～24:00 休 週日 所 盛岡市菜園1-2-17 交 JR盛岡站步行10分 P 使用鄰近停車場

➲秋刀魚生魚片(1000円)

盛岡
Stella Monte

美食

●ステラモンテ

MAP 附錄②P.12 G-4

老酒廠釀造口感綿密的啤酒

位於老酒造「ASABIRAKI」內，附設釀造所的餐廳。只有這裡喝得到以縣產南部小麥及大麥釀造的「white stella」白啤酒，可搭配各國料理一同品嘗。

☎019-624-7206
11:30～14:00(15:00打烊)、17:30～21:00(22:00打烊) 休 週一
所 盛岡市大慈寺町10-34
交 JR盛岡站搭岩手縣交通巴士往茶畑15分，松尾前下車即到 P 30輛

➲white stella(一杯)560円

盛岡
NOTE

美食

●ノート

MAP 附錄②P.14 E-5

當地客聚集的時尚咖啡廳

可在輕鬆的氣氛中享用咖啡與餐點的咖啡廳。會舉辦讓有同樣嗜好的客人互相認識的獨特節目和各式各樣的活動。

☎019-613-2085 12:00～21:30 休 週二不定休
所 盛岡市內丸5-2 2F 交 JR盛岡站搭蝸牛號左循環10分，縣庁·市役所前下車即到 P 無

➲手工蛋糕套餐(600円～)

盛岡郊外
Donnyha

美食

●ダニーハ

MAP 附錄②P.12 F-2

享受書香環繞的咖啡時光

在時間緩慢流逝的舒適空間裡，享受芳香的咖啡、熱壓三明治、帕尼尼三明治和自製的西班牙水果酒。晚間可在音樂的陪伴下，來份西班牙小菜TAPAS及一杯葡萄酒放鬆身心。

☎019-643-6412 9:00～21:30(22:00打烊)，週五、六為12:00～23:30(24:00打烊)，週日、假日為11:00～
休 週三 所 盛岡市青山4-45-5 交 IGR岩手銀河鐵道青山站步行15分 P 10輛

➲擺放書本的店內。時髦又自由的空間充滿魅力

盛岡
Neuf du Pape

美食

●ヌッフデュパプ

MAP 附錄②P.15 D-4

備有多達2000種的葡萄酒

這間多國籍料理店不只有縣內的岩手短角牛和白金豬等，更有從全世界蒐集來的美味食材。酒品的類種之齊全也是縣內之冠，推薦酒是「高橋葡萄園」的葡萄酒。

☎019-651-5050
17:30～24:00(翌日1:00打烊)，週日、假日為17:00～23:00(24:00打烊) 休 不定休 所 盛岡市大通2-4-22 ニッカツゴールデンビル4F 交 JR盛岡站步行15分 P 使用鄰近停車場

➲短角牛牛排100g～3000円～

遊趣！ COLUMN
岩手新名產！口感Q彈的米麵

✻岩手·盛岡純米麵

●いわてもりおかじゅんまいめん

使用岩手農家精心栽種的「一見鍾情特別栽培米」製作的米麵，特色是柔軟又Q彈的口感。僅需水煮3分鐘非常方便，也很適合當成伴手禮。在盛岡城跡公園附近的「特產品プラザ らら·いわて」等地有售。

☎019-622-3029(兼平製麵所)

➲岩手·盛岡純米麵，附紫蘇醬油露(2份裝432円)

盛岡
藤原養蜂場

購物

●ふじわらようほうじょう

MAP 附錄②P.14 F-4

散發蜂蜜香的頂級義式冰淇淋

擁有養蜂場的蜂蜜專賣店。除了販售種類豐富的蜂蜜外，還提供蜂蜜冷麵、蜂蜜吐司等餐點。以精選的無添加物食材和上等蜂蜜製作的頂級義式冰淇淋大獲好評。

☎019-624-3001
10:00～18:30 休 週一(逢假日則翌日休)
所 盛岡市若園町3-10
交 JR盛岡站搭蝸牛號右循環15分，上の橋町下車即到 P 25輛

➲以蜂蜜為首的全部食材皆為精挑細選的頂極義式冰淇淋

盛岡
Ristoro金宝堂

美食

●リストーロきんぽうどう

MAP 附錄②P.15 B-5

古早味洋食的評價極佳

大正12（1923）年創業，開運橋附近歷史悠久的洋食店。「元祖洋蔥豬排」、以正統多蜜醬燉煮的「燉牛舌」、「奶油可樂餅」等，以講究食材細心烹調的風味大受好評。

☎019-624-1800
11:30～14:30(15:00打烊)、17:30～22:30(23:00打烊)
休 不定休 所 盛岡市盛岡駅前通10-3
交 JR盛岡站即到
P 使用鄰近停車場

➲使用岩手縣產豬里肌肉製作的元祖洋蔥豬排定食(1350円)

盛岡郊外

岩鋳鉄器館

購物

●いわちゅうてっきかん

MAP附錄②P.12 G-5

新風格的南部鐵器大受歡迎

厚實而溫暖的傳統工藝——南部鐵器。附設工房的館內除了可參觀南部鐵瓶的製造過程，還展示並販售各式商品。令人耳目一新的色彩繽紛款式也很搶手。

☎019-635-2505
L8:30～17:30 休週二 ¥免費
所盛岡市南仙北2-23-9
交JR盛岡站搭計程車15分 P40輛

↑商店裡從經典到流行的款式應有盡有

→最適合用來燉煮料理的黑子法式燉鍋

↑以熟練的技術將1500℃的鐵漿注入鑄模中

旅遊趣！COLUMN 裝飾鮮豔的馬兒遊行隊伍

✻洽咕洽咕趕馬祭

●チャグチャグうまっこ

穿著鮮豔裝束的馬兒從鬼越蒼前神社一路遊行至盛岡八幡宮前，約14km。100匹左右的馬兒在田園中響著鈴鐺行進的風景非常壯觀。

☎019-613-8391(洽咕洽咕趕馬祭保存會) L6月第2週六 所滝沢市鬼越蒼前神社～盛岡市盛岡八幡宮 交東北自動車道盛岡IC車程20分 P使用鄰近停車場

MAP附錄②P.12 E-2

←「最想保留下來的日本音風景百選」之一

盛岡

鈴木盛久工房

購物

●すずきもりひさこうぼう

MAP附錄②P.14 F-6

設計優美的傳統工藝

寬永2（1625）年創業的南部鐵器老店。施以傳統風花花紋的鐵瓶等傳統優美設計的鐵器非常漂亮。還有茶桌、點心盤等大量擁有獨特迷人質感的小物品。

☎019-622-3809
L9:00～17:00
休週日
所盛岡市南大通1-6-7
交JR盛岡站搭蝸牛號左循環12分，盛岡バスセンター(ななつく向)下車，步行3分
P使用鄰近停車場

→風花鐵瓶（66960円）模仿在風中飛舞的雪花結晶

盛岡

ホームスパンハウス盛岡店

購物

●ホームスパンハウスもりおかてん

MAP附錄②P.15 B-3

觸感柔和又暖和的毛織品

手織物為源自英國的毛織品，傳達出手作的溫暖。店內從織工手作的最高級手織物到色彩繽紛的羊毛氈等，僅此一件的商品種類齊全。

☎019-654-1710 L10:00～18:00 休週四(逢假日則營業) 所盛岡市材木町3-13 あずばるB1F 交JR盛岡站步行10分 P使用鄰近停車場

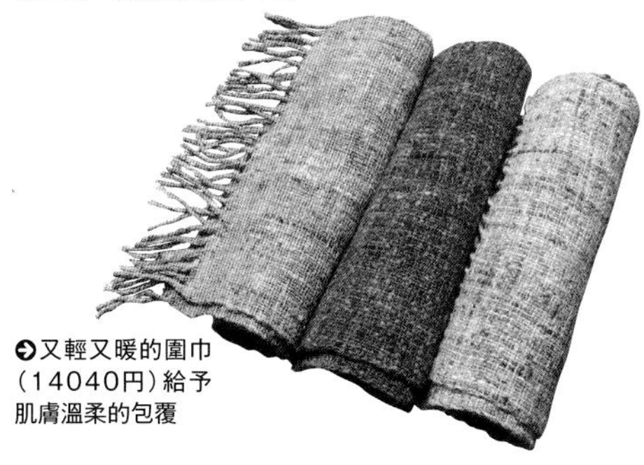

→又輕又暖的圍巾（14040円）給予肌膚溫柔的包覆

盛岡

草紫堂

購物

●そうしどう

MAP附錄②P.14 F-5

販售最適合當成伴手禮的紫根染與茜染製品

這間店販售紫根染與茜染製品，最適合來挑選伴手禮。店內陳列著擁有天然染料特有溫暖色調的南部絞染布、花瓶墊、零錢包等，價格也很公道。

☎019-622-6668 L9:00～17:30 休週日、每月1日 所盛岡市紺屋町2-15 交JR盛岡站搭蝸牛號左循環10分，県庁·市役所前下車，步行5分 P2輛

←有花瓶墊（2376円～）、零錢包（2376円～）、印章盒等各式各樣的小東西

盛岡

黄精飴本舗長澤屋

購物

●おうせいあめほんぽながさわや

MAP附錄②P.14 F-5

盛岡傳統的高級名點

以嘉永6（1853）年創業的歷史為傲的和菓子老店。傳統名點「黃精飴」是將中藥玉竹（黃精）精華加入求肥製成的甜點，因些微的野草香氣與柔軟的口感而備受喜愛。

☎019-622-5887
L9:30～18:30 休週日
所盛岡市神明町2-9
交JR盛岡站搭蝸牛號左循環13分，盛岡バスセンター下車，步行5分
P使用鄰近停車場

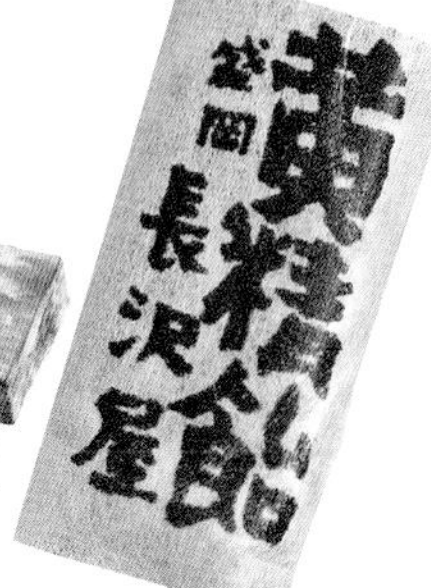

→因清爽的野草香而受到珍視的求肥菓子「黃精飴」

盛岡

うるみ工芸

購物

●うるみこうげい

MAP附錄②P.15 C-4

人氣十足的摩登漆器

這間工房製作已指定為國家傳統工藝品的淨法寺塗。設計素簡而摩登的漆器人氣極高。除了觀賞製作漆器的道具和作業過程外，還可體驗上色（1620円～）。

☎019-654-4615 L10:00～18:00 休無休 所盛岡市中央通2-9-23 交JR盛岡站搭蝸牛號右循環7分，中央通二丁目下車即到 P使用鄰近停車場

→淨法寺碗（各10800円）無論手拿或就口的觸感都很好

盛岡

かわとく壱番館Cube店

購物

●かわとくいちばんかんキューブてん

MAP附錄②P.15 D-6

全國工藝品與食品的寶庫

清水模牆的摩登風格店內販售多種以北東北為中心的工藝品與食品，說不定能在此找到喜歡的東西。

☎019-652-9210 L10:00～19:00 休不定休 所盛岡市菜園1-8-15 Cube-IIビル 1F 交JR盛岡站步行10分 P使用KAWATOKU停車場

←附設展示日本各地民、工藝品的藝廊

雫石 しずくいし

雄偉的岩手山腳下擁有溫泉、牧場、滑雪場的區域

MAP 附錄② P.7・13

洽詢處

☎019-692-5138（雫石觀光協會）

交通方式

鐵道：東京站 → JR東北・秋田新幹線（有直達JR雫石站的班車）→ 盛岡站 → JR田澤湖線 → 雫石站
●所需時間／2小時35分～3小時20分（直達車為2小時30分）
●費用／15070円（搭乘隼號、小町號，直達車15960円）

車：東北自動車道盛岡IC → 國道46號（12km）→ 雫石市區
●所需時間／約25分

同時享受娛樂與美食的超人氣觀光農場

在岩手山山麓玩上一整天♪

前往小岩井農場！

小岩井農場的熱門觀光區牧場園擁有田園詩歌般的風光，充滿不分年齡層都會著迷的活動！親近動物自然不在話下，還可享受充分運用大自然的活動和附導覽的行程等農場特有的體驗。

推薦體驗 5大必玩

來到小岩井怎能不玩這個！

在此一次介紹即使在趣味景點數不清的小岩井農場也一定要嘗試的體驗！

1 在動物們大出風頭的農場活動中盡情玩樂！

牧羊人與牧羊犬和羊兒展開的趣味表演秀一定要看！

2 在體驗&遊樂設施中充分享受文化與大自然！

小岩井農場的酪農發祥地上丸牛舍，是個可感受歷史的景點

3 品嘗農場美食！

使用農場產食材的料理，最大魅力就是新鮮的滋味

4 參加附導覽的行程遊覽小岩井！

可搭巴士等巡遊小岩井農場非公開區域的珍貴行程

5 購買伴手禮！

只在這裡買得到的起司和點心等可不能錯過

活動豐富的體驗型牧場

★こいわいのうじょう 小岩井農場

小岩井農場中的觀光區美麗的草原廣達3000公頃。腹地內可在豐富的活動中感受大自然。還有巡遊21棟2017年指定為國家重要文化財建築的附導覽行程，也很受歡迎。

☎019-692-4321
營9:00～16:30(17:30閉園)，視季節而異 休冬期不定休 ¥800円，5歲～小學生300円 所雫石町丸谷地36-1
交電車/JR盛岡站搭岩手縣交通巴士往小岩井農場まきば園・網張溫泉，小岩井農場まきば園下車即到 開車/東北自動車道盛岡IC 12km P1500輛

MAP 附錄② P.13 D-2

出發前先知道！動事

小岩井綿羊秀	11:00、14:00
與馬兒親近交流專區	10:00～16:00
騎馬	10:00～15:00
重要文化遺產之步行參觀	1日4次
犰狳大圓球	10:00～16:30（僅週六、日、假日）
木工教室	9:00～16:30

事前先確認，好好享受吧！

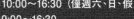

必玩 1

在動物們大出風頭的農場活動中盡情玩樂！

來去見綿羊、迷你馬等牧場的大明星們。

有這些動物唷！

牧羊犬
在人氣活動「小岩井綿羊秀」中大展身手！

羊
可在寬廣的草原——羊放牧地上見到

馬
在騎馬場等地相會，溫柔地摸摸牠們吧

牛
住著約300頭牛的上丸牛舍開放參觀

小岩井綿羊秀

注意牧羊犬的活躍

羊兒與牧羊犬、牧羊人一同展開的超人氣表演秀。一邊聽著牧羊人的說明，一邊欣賞羊兒與牧羊犬在寬廣放牧地上的動作。

時間 4月下旬～11月上旬(僅週六、日、假日舉辦)，11:00、14:00(每次約5分)，可能因雨天而中止 費用 免費

享受與動物親近
可與迷你馬一起拍照留念

與馬兒親近交流專區

在牧場大廳會有可愛的迷你馬出來迎接客人。除了在雨天也可接觸馬兒外，還有餵食體驗（300円，僅活動時）。

時間 10:00～16:00 費用 免費

騎馬

5分鐘繞行約130m的場地一圈。工作人員會牽著韁繩，即使是第一次騎馬也可輕鬆挑戰。從高於平常的視野欣賞牧場景色。

身高130cm以下的兒童騎迷你馬體驗(400円)

第一次騎馬也能輕鬆挑戰

時間 4月下旬～11月中旬，10:00～16:00(可能因馬匹的身體狀況而中止) 費用 500円

確認絕景景點！

順道前去絕佳的拍照景點與眺望大自然的放牧地等熱門地點吧。

★いっぽんざくら
一棵櫻
佇立在岩手山背景下的美麗櫻花

約100年前，為了替牛隻遮蔽日光而種下的江戶彼岸櫻。

每年黃金週期間開花

★ひつじのほうぼくちといわてさん
羊放牧地與岩手山
一片閑靜風光的療癒絕景

一定要看看從羊放牧地遠眺的雄偉岩手山。在岩手山的背景下，羊群悠哉放牧的景象十分療癒。

秋天時會開滿整片的大波斯菊

前往小岩井農場！

上丸牛舍

包括9棟已指定為國家重要文化財的牛舍建築群。可參加附導覽的步行行程或搭專用車遊覽，近距離參觀牛舍等地。

文化遺產參觀
時間 4月下旬～11月上旬，10:00、11:00、13:00、14:00（各次40分）
費用 500円 小學生300円

➲一邊聆聽專屬導覽員的說明一邊慢慢遊覽牛舍

犰狳大圓球

2人1組遊玩的遊樂設施。將身體固定在雙層的透明球體內，兩人配合步調在草地上快速滾動。

時間 4月下旬～11月中旬、10:00～16:30（僅週六、日、假日） 費用 2人1組1000円

➲限身高120cm以上

乘著透明球在長的坡道上滾動

必玩2 在體驗&遊樂設施中充分享受大自然！

享受在自然豐沛的小岩井才玩得到的多樣化娛樂

上丸牛舍LINER
時間 4月下旬～11月上旬、9:30～16:00
費用 300円（單程）

⬆搭上有可愛乳牛紋的專用車，巡遊牧場園及上丸牛舍

也適合當成伴手禮

用農場產木材做點小東西

手工藝品教室

可使用農場產木材製作。選擇套組，搭配果實和小樹枝等配件做出原創作品。

時間 9:00～16:30
費用 裝飾牌1000円～

➲選擇喜歡的素材來挑戰

必玩3 品嘗農場美食！

從使用小岩井產食材製作的美食中選出人氣餐點

Ⓓ小岩井四種起司披薩 900円
⬅奢華的披薩加入了在牛乳館手工製作的4種起司。細細品嘗層層堆疊的美味吧

在 吃得到
- A 山麓館農場餐廳
- B 星星與自然館·咖啡廳
- C 牧場館成吉思汗食堂
- D 輕食區
- E 牛乳館

ⒷⒹⒺ霜淇淋 360円
➲著名的霜淇淋可嘗到牛奶的濃郁與清爽的後味

Ⓑ起司蛋糕 420円
⬆以小岩井牛奶和奶油起司製作，濃厚的甜味與柔軟的口感是魅力之處

Ⓒ成吉思汗烤肉 1050円～
⬅搭配自製沾醬享用多汁的羊肉。以兩種醬料醃製的成吉思汗烤肉也很推薦

Ⓐ The高級歐姆蛋包飯（番茄醬） 1380円～
➲農場產新鮮雞蛋與發酵奶油製作的推薦餐點。會流出融化的農場產起司

充分享受小岩井的四季！季節活動

螢火蟲觀察會

夜間的觀察會，可近距離觀賞螢火蟲交錯飛舞的景象。螢火蟲成群在森林中閃閃發光的景象美得令人感動。

小岩井農場收穫祭

秋季的一大活動，會舉辦農場蔬菜販售、萬聖節南瓜燈製作等各式各樣的節目。

小岩井冬季燈飾

約40m的光輝隧道及巨大的聖誕樹點綴夜晚的天空。以銀河與流星的主題的裝飾也美不勝收。

⬆緩緩穿越森林

搭上附導覽員的拖拉機巴士
享受大自然之旅

搭乘大型拖拉機牽引的客車巡遊森林。有專業導覽員介紹四季不同的看點。

行程DATA

時間 4月下旬～11月上旬，9:30、10:30、11:30、13:30、14:30
費用 成人800円、4歲～小學生400円
預約 不需要（可事先預約）

路線看這裡！

100年杉林道路線

➡中途下車在森林裡散步

穿越樹齡超過百年的杉林道路線。由於十分熱門建議提早預約。

附導覽的巴士之旅
小岩井農場物語

繞行散布在腹地內的國家指定重要文化財建築物等，具有高度歷史價值的景點。2019年新增「賢治與小岩井農場」路線。

行程DATA

時間 4月下旬～11月上旬 酪農路線、重要文化財路線
費用 800円
預約 不需要（可事先預約）

路線看這裡！

參觀一般不公開的區域

⬆大正5（1916）年建造的木造4層樓倉庫

可參觀一般不對外公開的地方，如宮澤賢治作品《春與修羅》中歌誦為「有總部派頭的建築物」的農場本部。

必玩

4 參加附導覽的行程遊覽小岩井！

參加附導覽的行程更加深入地感受小岩井的魅力

➡明治36（1903）年建造的農場本部

以傳統奶油製作香氣四溢的蛋糕

純良發酵奶油蛋糕
1780円

⬅烤出溫和口感的奶油蛋糕，可嘗到奶油濃郁的風味與香氣。

必玩

5 購買伴手禮！

事先確認好限定商品與羊咩咩週邊等推薦伴手禮

牛牛的心情
1400円

➡乳牛花紋的奶油蛋糕，花紋是巧克力口味。奶油的甜與巧克力的微苦十分搭配

在 買得到
☆山麓館 ☆牧場館

迷你鏟子湯匙
270円

➡正如其名是鏟子形狀的湯匙，拿起來輕鬆，用起來方便

新鮮起司（哈羅米起司） (100g)620円

➡烤來吃的奶香味起司。奇妙的口感十分受歡迎。是牧場園限定商品。

在「盛岡的溫泉勝地」療癒身心

繫溫泉 鶯宿溫泉

兩座距離盛岡不遠的寧靜溫泉鄉。有以多樣化浴槽自豪的旅館，
也有提供客房露天浴池的旅館，種類豐富，依照目的選擇投宿地點也是一種樂趣。
不妨一邊聆聽河水潺潺，一邊讓身心都放鬆浸泡在溫泉裡，舒緩旅途的疲憊。

←至 田沢湖　46　212　219　46 至 盛岡→　御所湖　●繫溫泉　172　172　●鶯宿溫泉

↑一道道當季的美味

↑遠眺山巒的清靜環境

↑洋溢沉靜氛圍的純和風旅館

浸泡美膚溫泉，品嘗堅持嚴選食材的宴席料理

知名浴池
從大浴場到可眺望日本庭園的溫泉都泡得到

↑注滿溫和不刺激肌膚的鹼性泉

しきてい

四季亭

美麗的數寄屋風格建築，繫溫泉的代表性旅館。除了大浴場外，還有能邊眺望後山邊泡湯的露天浴池，可一面欣賞四季更迭的景色，一面慢慢浸泡有益肌膚的溫泉。大量使用當季在地食材的每月宴席料理也是店家的驕傲。

住宿DATA　IN 15:00 OUT 10:00　費用 1泊2食 19590円～

不住宿入浴　時間 16:00～21:00　費用 7635円～（附餐・需預約）

☎019-689-2021
所 盛岡市繫湯の館137　交 JR盛岡站搭岩手縣交通巴士往つなぎ溫泉35分，つなぎ溫泉下車，步行10分　P 20輛
MAP 附錄②P.13 D-5

繫溫泉

溫泉街位於御所湖湖畔，有多間以景觀自豪的旅館。

	出發	路線	目的地
開車	東北自動車道盛岡IC	國道46號・縣道219號 10km	繫溫泉
巴士	JR盛岡站	岩手縣交通巴士 約35分	繫溫泉

在注滿源泉放流泉水的寬闊大浴場內悠閒放鬆

↑建於御所湖畔

知名浴池
約25m的大觀之湯注滿源泉放流的溫泉水

↑北東北罕見的寬廣浴池

ゆもりホテルたいかん

湯守 大觀飯店

位於溫泉街入口處的11層樓飯店，也是繫溫泉的地標。約25m的大浴池與大自然環繞的露天浴池注滿了源泉放流的溫泉水，可舒適地入浴。還有寬敞的和室與附露天浴池的客房，可度過一段悠然的時光。

☎019-689-2121
所 盛岡市繫湯の館37-1　交 JR盛岡站搭免費接駁巴士(需預約)　P 120輛
MAP 附錄②P. 13 D-5

住宿DATA　IN 15:00 OUT 10:00　費用 1泊2食 12570円～

不住宿入浴　時間 9:00～21:00（不定休）　費用 1000円

岩手山與御所湖盡收眼底 以景觀自豪的旅館

知名浴池
以南部曲家為主題建造的檜木浴池

↑木散發濃郁的木香。附設露天浴池

ホテルしおん

紫苑飯店

建在御所湖湖畔的高地，所有客房皆面湖，可欣賞四季皆異的美景。有使用南部赤松建造、充滿木頭暖意的「南部曲家之湯」，以及最深處達90cm的露天浴池「大岩之湯」等，種類豐富的浴池也是飯店的魅力之一。

➲可眺望御所湖美景的飯店

☎019-689-2288
所 盛岡市繫湯の館74-2　交 JR盛岡站搭免費接駁巴士(需預約)　P 170輛
MAP 附錄②P.13 D-5

住宿DATA　IN 15:00 OUT 10:00　費用 1泊2食 14040円～

不住宿入浴　時間 11:00～16:00（不定休）　費用 1000円

ホテルもりのかぜおうしゅく
森之風鶯宿飯店

飯店氣氛優雅洋溢高級感，特別受到女性的喜愛。推薦視野絕佳的空中露天浴池以及每日在祭典廣場舉辦的太鼓民謠秀。附露天浴池的客房及包租浴池也頗受好評。

☎019-695-3333
所 雫石町鶯宿10-64-1
交 JR盛岡站搭岩手縣交通巴士往鶯宿溫泉48分，森の風入口下車即到(盛岡站西口巴士總站搭免費接駁巴士40分，定時發車)
P 200輛
MAP 附錄②P.13 A-6

住宿DATA IN 15:00 OUT 10:00 費用 1泊2食 14040円~
不住宿入浴 時間 11:00~15:00 (僅週六、日、假日) 費用 1080円

↑度假飯店位在綠意盎然的小山丘上

↑每晚17時會點亮燈飾

夜間燈飾熠熠生輝的花園度假飯店

知名浴池
遠望岩手山與姬神山的空中露天浴池

↑在開放感十足的露天浴池裡放鬆

鶯宿溫泉

擁有開湯450餘年歷史的溫泉地。湯量豐富，每分鐘湧出超過3000L的溫泉水。

	出發	路線	目的地
開車	東北自動車道盛岡IC	國道46號 20km	鶯宿溫泉
巴士	JR盛岡站	岩手縣交通巴士 約50分	鶯宿溫泉

聆聽鶯宿川潺潺水聲的溫泉

知名浴池
鶯宿川水流聲與自家源泉的泉水雙重療癒的露天浴池

→100%源泉放流的泉水還有湯花漂蕩

ちょうえいかん
長榮館

擁有湯量豐沛的自家專用源泉，可享受新鮮的溫泉水。一邊眺望清澈的鶯宿川，一邊泡在露天浴池或檜木浴池裡，讓身心都得到療癒。主廚大展身手以山珍做出的晚餐，會根據季節改變內容。

↑可在和室內慢慢休息

☎019-695-2121
所 雫石町鶯宿6-7 交 JR雫石站搭岩手縣交通巴士往鶯宿溫泉50分，終點下車，步行3分 P 200輛
MAP 附錄②P. 13 A-6

住宿DATA IN 15:00 OUT 10:00 費用 1泊2食 9720円~
不住宿入浴 時間 11:00~14:00 費用 1000円、3歲以上500円

いわておうしゅくおんせんげんせんかけながしのやどかわちょう
岩手鶯宿溫泉
川長山莊旅館

擁有湯量豐富的源泉，可在稍熱的大浴池、溫水小浴池、石造露天浴池享受100%源泉放流的泉水。能讓肌膚變得光滑，又稱為「美人之湯」。地產地消的季節料理頗受好評，有眾多回頭客。

☎019-695-2171
所 雫石町鶯宿溫泉10-31-23 交 JR盛岡站搭岩手縣交通巴士往鶯宿溫泉53分，鶯山莊前下車，步行3分 P 30輛
MAP 附錄②P.13 A-6

知名浴池
可欣賞春天新綠、夏天繡球花等四季風景的露天浴池

↑建在閑靜的山谷間

旅館靜靜佇立在鶯宿的大自然中

↑附設全檜木打造的室內溫泉

住宿DATA IN 15:00 OUT 10:00 費用 1泊2食 10800円~
不住宿入浴 時間 10:00~17:00 (受理入浴~16:00) 費用 600円 (週六、日、假日為800円)

在豐美大自然的環繞下享受源泉放流的溫泉

↑注入源泉放流的泉水

知名浴池
可眺望庭園四季美景的大浴場

ホテルうぐいす
鶯飯店

客房以和室為主，塗黑的楣窗和柱子帶來摩登印象，給人高雅而成熟的沉靜感受。融入森林映照光芒中的露天浴池，有隨季節而異的風情。在此還可享用以野菜與河魚等山珍製作的講究料理。

↑在素簡的和室內放鬆休息

↓位於鶯宿溫泉最深處

☎019-695-2036
所 雫石町鶯宿7-28 交 JR盛岡站搭岩手縣交通巴士往鶯宿溫泉50分，終點下車，步行10分 P 50輛
MAP 附錄②P.13 A-6

住宿DATA IN 15:00 OUT 10:00 費用 1泊2食 8100円~
不住宿入浴 時間 11:00~19:00 費用 成人500円、兒童300円

遠眺岩手山、自然豐美的城市
雫石 しずくいし

MAP 附錄② P.7・13・16

洽詢處 ☎019-692-5138(雫石觀光協會)
☎019-692-2111(雫石町役場)

雫石 御所湖川村美術館 景點

●ごしょこかわむらびじゅつかん

MAP 附錄② P.13 C-5

湖畔邊的東歐繪畫美術館

展示日本少見的俄羅斯、波蘭等東歐繪畫與雕刻的美術館。每三個月舉辦一次企畫展。還有展示古美術品的和室，可坐在坐墊上欣賞藝術。館內飲茶空間「Cafeあうる」平日限定的午餐很受歡迎，天氣好的日子，還可在庭院的桌椅座享用下午茶。

☎019-692-5931 ⏰9:30～17:00 休週一(逢假日則開館，黃金週無休) ¥500円，中小學生400円 所雫石町西安庭11-55-6 交JR盛岡站搭岩手縣交通巴士往鶯宿溫泉45分，雫石農協御所支所前下車，步行12分 P20輛

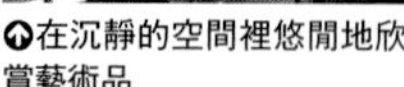
↑在沉靜的空間裡悠閒地欣賞藝術品

←「Cafe あうる」的蛋糕套餐(810円)

雫石 御所湖 景點

●ごしょこ

MAP 附錄② P.13 D-4

展現靜謐姿態的水壩湖

位在盛岡市西邊約10km的水壩湖。攔截雫石川上游進行建設，昭和56（1981）年完工。周邊整頓為縣立廣域公園，可散步或享受多樣化的娛樂。

☎019-692-4855(御所湖廣域公園管理事務所) ⏰自由參觀 所盛岡市繋 交JR盛岡站搭岩手縣交通巴士往つなぎ溫泉35分，つなぎ溫泉下車即到 P1000輛(12處)

→在橋的另一側可望見岩手山

瀧澤 岩手山 景點

●いわてさん

MAP 附錄② P.16 G-6

岩手代表性的名山

山腳橫跨瀧澤市、雫石町、八幡平市的岩手最高峰，雄偉的姿態極為壯麗。散布多座休閒設施和溫泉。從瀧澤市可從馬返登山口進入柳澤路線。

☎019-601-6327(瀧澤市觀光協會)
⏰自由參觀 所滝沢市上岩手山268-6(馬返し)
交IGR岩手銀河鐵道瀧澤站搭計程車30分(登山口)
P使用各登山口停車場

←又稱為「南部富士」、「南部片富士」

雫石 雫石銀河空中纜車 景點

●しずくいしぎんがロープウェー

MAP 附錄② P.13 A-1

搭乘空中纜車觀賞星空

從海拔730m處所望見的滿天星斗，絕對是夜裡的絕景。感動人心的光景讓人難以忘懷。還附星空導遊的解說。

☎019-693-1114(雫石王子大飯店) ⏰4～11月為20:00與20:30發車的兩班，12～3月為20:30發車的一班，回程在各班次的30分後 ※主要在週末運行，天候不佳時停駛。詳情請至官網或電話確認 ¥成人1800円，兒童1000円，學齡前幼兒免費 所雫石町高倉溫泉 交JR盛岡站或雫石站搭免費接送巴士(3日前向飯店預約) P600輛

→前去欣賞令人感動的光景

雫石 岩手縣立御所湖廣域公園 玩樂

●いわてけんりつごしょこういきこうえん

MAP 附錄② P.13 B-5

環繞御所湖的豐富廣域公園

位在御所湖周邊，擁有豐美大自然的廣域公園。多達13區的公園內，有可戲水的「家庭區」，有可遊玩各種乘具的「乘具廣場」，還有可欣賞花田、享受BBQ的「町場地區園地」。

☎019-692-4855(公園管理事務所) ⏰4～11月，9:00～17:00(乘具廣場為4月第2週六～11月上旬，9:00～16:30) 休期間中無休(乘具廣場逢週四，假日則營業) ¥免費 所雫石町西安庭11-7-4 交JR盛岡站搭岩手縣交通巴士往鶯宿溫泉45分，農協御所支所前下車，步行10分 P1000輛

→在「乘具廣場」可乘坐天鵝車及遊園列車

雫石 千沼原 景點

●せんしょうがはら

MAP 附錄② P.7 C-2

可欣賞五顏六色的高山植物

因是十和田八幡平國立公園中最大的濕原而廣為人知。正如其名，其中散布約1000座的大小池塘（沼澤），映照著岩手山、駒丘的身影。

☎019-692-6407(雫石町觀光商工課)
⏰自由參觀 所雫石町十和田八幡平國立公園內 交JR雫石站搭計程車30分(登山口) P利用平倉山登山口停車場

→四周被大白時冷杉環繞，氣氛神秘

遊趣！COLUMN 大自然中孕育的地產地消餐點
雫石美食

美食 Farmer's restaurant LA LA

●のうかレストランらら

MAP 附錄② P.13 C-3

以餐廳自行栽種的蔬菜為主的家常菜備受好評。附岩手縣北部鄉土料理「麵片湯」的午餐、以雫石產食材製作的甜點等，每道餐點都擁有豐富的滋味。

☎019-692-6001(花工房らら倶楽部)
⏰10:00～16:00，午餐為11:00～14:30 休無休(12～翌年2月為週三休) 所雫石町長山七ッ田27 交JR雫石站搭計程車10分 P100輛

主廚定食 700円(僅平日)

→可嘗到6道以當地食材製作的菜餚。內容會依季節而異

美食 山ぶどう

●やまぶどう

MAP 附錄② P.7 C-2

這間披薩店位在綠意盎然的長山街道。以高溫石窯烤出來的披薩不會流失食材的美味及水分，表面酥脆，中心柔軟。還可享受每個季節不同的配料。

☎019-693-3005 ⏰10:00～16:30 休週二、第2週三 所雫石町長山有根5-34 交JR雫石站搭計程車20分 P10輛

綜合披薩(7吋) 850円

↑香氣四溢的酥脆型餅皮，最適合搭配濃郁的起司

美食 手づくりアイスクリーム牧舎・松ぼっくり

●てづくりアイスクリームぼくしゃまつぼっくり

MAP 附錄② P.13 B-1

以牧場直送的新鮮牛奶製作義式冰淇淋，固定提供14種口味，每日不同。還可嘗到「南瓜」或「山葵」等以雫石產當季食材製作的口味。

☎019-691-5030
⏰10:00～18:00(冬季為～17:00)
休不定休
所雫石町長山早坂70-48
交JR雫石站搭計程車15分
P60輛

義式冰淇淋 單球270円 雙球330円

→使用每天早晨從自家公司牧場送來的現擠牛奶，製作出自豪的義式冰淇淋

充滿懷舊感的宮澤賢治故鄉，以及群山環繞中流傳民間故事的鄉里

花卷・遠野

はなまき　とおの

親身體驗
充滿夢想的
賢治童話世界

P.51

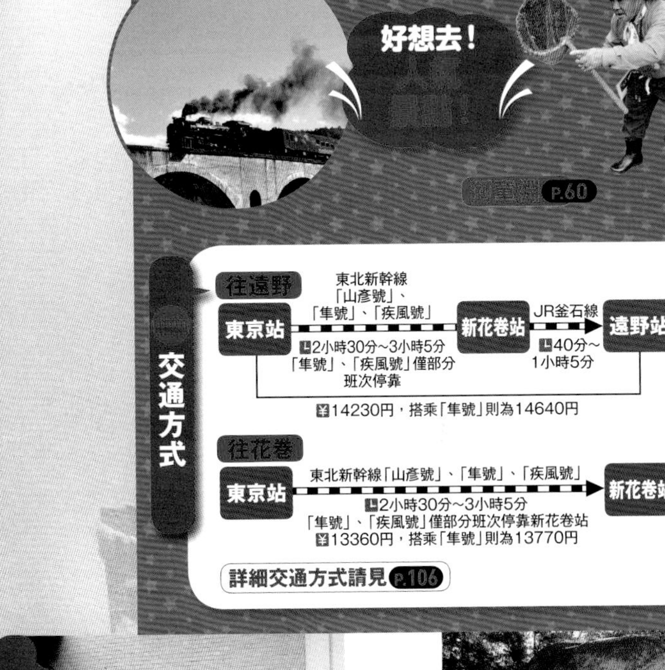
請享用沾上滿滿
私房醬汁的
成吉思汗烤肉
好想吃！
好想去！

P.62　P.53　P.57　P.60

交通方式

往遠野

東京站 →（東北新幹線「山彥號」、「隼號」、「疾風號」）→ 新花卷站 →（JR釜石線）→ 遠野站

2小時30分～3小時5分　「隼號」、「疾風號」僅部分班次停靠

40分～1小時5分

¥14230円，搭乘「隼號」則為14640円

往花卷

東京站 →（東北新幹線「山彥號」、「隼號」、「疾風號」）→ 新花卷站

2小時30分～3小時5分

「隼號」、「疾風號」僅部分班次停靠新花卷站

¥13360円，搭乘「隼號」則為13770円

詳細交通方式請見 P.106

區域Navi

花卷

宮澤賢治的出生地，市內散布與他相關的設施及史跡，是一片賢治想像中的烏托邦風景。

遠野

在山巒與田園圍繞中，保留著茅草頂水車小屋、傳聞中的岩石與水淵等，完全是民間故事裡的世界。

花卷溫泉鄉

花卷市郊外有12處湯煙裊裊的溫泉，從華麗的溫泉度假飯店到風情萬種的溫泉療養民宿，種類多樣。

八幡平・安比高原區域
盛岡・雫石區域
三陸海岸區域
花卷
花卷溫泉鄉
遠野
一關・奧州・北上區域

CONTENTS

特集

區域導覽

巡遊花巻IHATOV

宮澤賢治的世界

花巻是賢治誕生的故鄉。
城裡居民抱持尊敬的心稱他為「賢治先生」、「賢治老師」。
前去一遊他想像中的烏托邦──IHATOV的世界吧。

花巻 はなまき

賢治的故鄉 一片童話中的世界

MAP 附錄②P.8•18•19

洽詢處
☎0198-24-2111（花巻市觀光課）
☎0198-29-4522（花巻觀光協會）
☎0198-48-2111（花巻市大迫綜合支所）

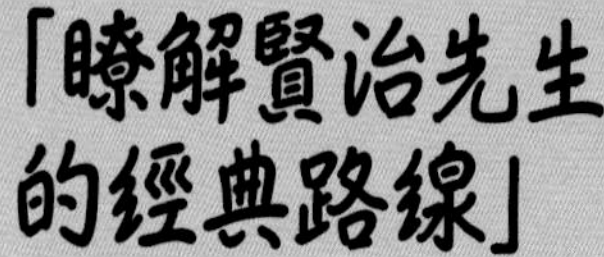

「瞭解賢治先生的經典路線」

探訪可瞭解宮澤賢治生平與童話世界的設施與景點。接觸他充滿魅力的性格與作品後，肯定能在心中生動地描繪出賢治的身影。

↑介紹賢治的設施集中的花巻胡四王山，可將胡四王神社到花巻街道盡收眼底 →以象徵影片表現賢治的心象世界

交通方式

鐵路：東京站 →JR東北新幹線→ 新花巻站
●所需時間／2小時30分～3小時5分 ●費用／13360円（搭乘山彥號）

開車：東北自動車道花巻南IC →縣道12號（4km）→ 花巻市區
●所需時間／7分

花巻IC、東北本線、金婚亭、いわて花巻空港、羅須地人協會、4、北上川、456、花巻JCT、花巻空港IC、釜石自動車道、釜石線、新花巻、東北自動車道、未來都市銀河地球鐵道壁畫 P.53、胡四王山、山猫軒、英國海岸 P.52、白鳥停車場 P.53、宮澤賢治紀念館、花巻市博物館、花巻、林風舍 P.52、波蘭廣場、283、宮澤賢治童話村、やぶ屋総本店 P.53、なめとこ山庵、花巻農学校実習田跡、宮澤賢治IHATOV館、花巻南IC、銀白楊公園 P.52、北上川、東北新幹線、東北本線、賢治自耕之地 P.52、「不要輸給風雨」宮澤賢治詩碑、4

還張著名的照片是賢治為了自己的公關用途請人拍攝的……

1 宮澤賢治紀念館

みやざわけんじきねんかん

深入瞭解宮澤賢治的生平

以幻燈片和資料介紹賢治其人。展示室的大銀幕播放對賢治產生影響的事件，可親自感受他的世界觀。還有原稿、愛用的大提琴等各式各樣的資料。

☎0198-31-2319
營8:30～16:30(17:00閉館)
休無休 費350円，高中、大學生250円，中小學生150円 所花巻市矢沢1-1-36 交JR新花巻站搭岩手縣交通巴士往イトーヨーカドー3分，賢治記念館口下車，步行10分 停47輛

MAP 附錄②P.18 G-2

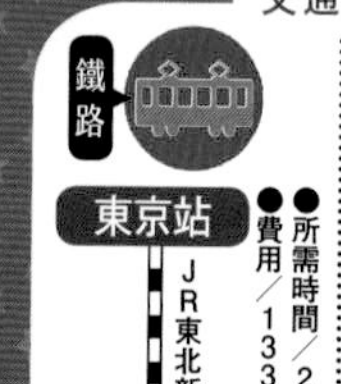

↑展示科學、藝術、宇宙、宗教、農業等5個領域的資料

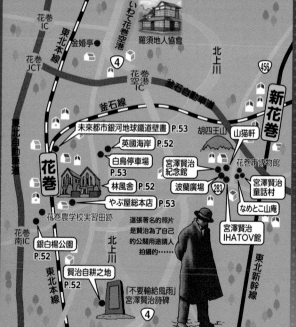

2 山猫軒 やまねこけん

這間餐廳以《要求特別多的餐廳》為藍本，入口處有「特別歡迎胖子與年輕人」這句作品中的句子。同時附設販售賢治相關商品與花巻伴手禮的商店。

☎0198-31-2231 營10:00～16:30，商店、咖啡廳為9:00～17:00
休無休 所花巻市矢沢3-161-33
交JR新花巻站搭岩手縣交通巴士往イトーヨーカドー3分，賢治記念館口下車，步行10分 停50輛

MAP 附錄②P.18 G-2

↑山猫軒原創的木板明信片（540円）

→熱門的山猫麵疙瘩套餐（1200円）

宮澤賢治概述

明治29（1896）年生於岩手縣花巻市（川口町）。在花巻農學校教授農業的同時，也充分發揮農業、佛教、宇宙等知識留下五花八門的作品。
人稱詩人、童話作家、教師、科學家、宗教家等多面向的天才。「IHATOV」是賢治自創的詞彙，從岩手縣在世界語中的發音模擬而來，代表賢治所說的「象徵烏托邦的日本岩手縣」。宮澤賢治過著自給自足的生活，在短短37年生涯中創作出的作品，生動地描繪了以故鄉花巻風土為靈感的獨特世界觀。

←IHATOV館入口處的賢治剪影

巡遊烏托邦 瞭解賢治其人 遊覽花巻的方式

【所需時間5小時】在新花巻站搭巴士，賢治記念館口巴士站下車後以步行遊覽。

Start JR新花巻站
↓ 巴士3分
1 宮澤賢治紀念館
↓ 步行1分
2 山猫軒

下巴士後走約10分鐘的上坡路

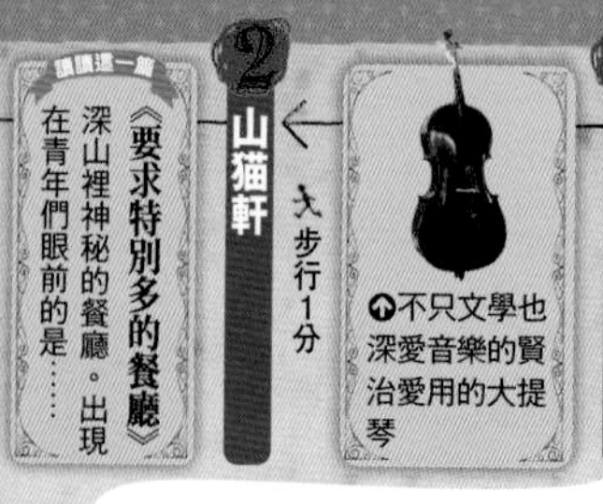

↑不只文學也深愛音樂的賢治愛用的大提琴

讀讀這一篇 《要求特別多的餐廳》 深山裡神秘的餐廳。出現在青年們眼前的是……

➲時蔬天婦羅笊籬蕎麥麵1600円

5 なめとこ山庵

なめとこやまあん

香氣濃郁的自家製粉蕎麥麵擁有穩定的好評。依季節嚴選不同的國產小麥，每天早上只打出需要的分量。使用當地產蔬菜與蕈菇製作的「時蔬天婦羅笊籬蕎麥麵」與「辣味蘿蔔蕎麥麵」也是人氣餐點。

➊這間古民宅風格的餐廳位在通往宮澤賢治紀念館的坡道入口對面

0198-31-2271 11:00～14:00(蕎麥麵售完打烊)、18:00～20:00(晚間僅提供全餐料理，需在1週前預約) 週二、三 花卷市高松26-26-43 JR新花卷站搭岩手縣交通巴士往イトーヨーカドー3分，賢治記念館口下車即到 7輛

MAP 附錄②P.18 H-3

➲「賢治的學校」內的奇幻大廳

6 宮澤賢治童話村

みやざわけんじどうわむら

感受如夢似幻的世界

腹地內「賢治的學校」裡可親身體驗以宇宙、天空、大地等為主題的童話世界，可享受宛如在空中飛翔的「天空的房間」等奇幻空間。還有井幹式房屋風格的「賢治的教室」。

➊以耀眼宇宙空間為主題的「宇宙的房間」
➋被巨大的昆蟲立體模型環繞的「大地的房間」

0198-31-2211 8:30～16:30 無休 350円，高中、大學生250円，中小學生150円 花卷市高松26-19 JR新花卷站搭岩手縣交通巴士往イトーヨーカドー3分，賢治記念館口下車即到 86輛

MAP 附錄②P.18 H-3

找找看童話的主題吧

村內有許多重現童話世界的藝術品，來找找看吧。

月夜下的電線桿

➊彷彿可聽見「月夜下的電線桿的軍歌」！

大提琴手高修

➊《大提琴手高修》裡登場的動物們也會來迎接客人

➲發現《銀河鐵道之夜》中的火車！喬凡尼與坎佩內拉在哪裡呢？

銀河鐵道之夜

➲設計花壇也是賢治重要的創作活動之一

3 波蘭廣場

ポランのひろば

百花競相綻放 賢治設計的日晷花壇

廣場位於從宮澤賢治紀念館延伸的林地中。以賢治留下的設計圖和信件重現他所設計的日晷花壇與南斜花壇。周邊小徑上散布著以童話為主題的藝術品。

0198-31-2319（宮澤賢治紀念館） 自由參觀 花卷市矢沢 JR新花卷站搭岩手縣交通巴士往イトーヨーカドー3分，賢治記念館口下車，步行5分 47輛

MAP 附錄②P.18 G-3

➋在賢治的作品中有許多貓頭鷹登場

➊馬賽克畫畫著《橡果與山貓》裡的山貓

➋商店裡匯集了賢治相關的繪本與雜貨

4 宮澤賢治 IHATOV館

みやざわけんじイーハトーブかん

賢治相關書籍與研究論文一應俱全

收集各種領域中賢治相關的藝術作品、論文和新聞報導等，可閱覽。展示場內隨時會舉辦企畫展。1樓大廳還有商店與喫茶空間。

0198-31-2116 [illegible]

MAP 附錄②P.18 G-3

3 波蘭廣場 → 步行5分

讀讀這一篇：《波拉農廣場》環繞據說任何人都能唱出美妙歌聲的廣場發生的故事

4 宮澤賢治IHATOV館 → 步行3分

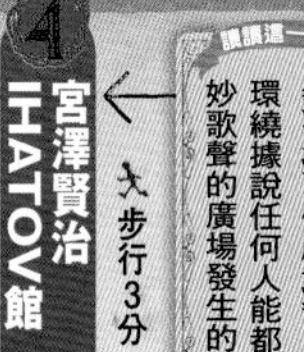

➊在喫茶空間可享用咖啡和甜點。熱銷的蛋糕套餐(650円)

5 なめとこ山庵 → 步行3分

讀讀這一篇：《滑床山的熊》心地善良的小十郎為獵人這份工作而感到苦惱……

6 宮澤賢治童話村 → 步行5分

➊在「賢治的教室」中展示故事裡熟悉的植物、動物、星星、花鳥等

巴士3分 → Goal JR新花卷站

宮澤賢治的世界

感覺完全像是行走在英國一帶的純白海岸邊

『英國海岸』

「追溯文字 更加深入賢治的世界」

賢治以詩人、以作家的身分留下激盪人心的文字。一邊巡遊相關景點，一邊追溯賢治生前的足跡與言語，更加深入地感受賢治的內心世界。

賢治也曾走過的散步路線

A 英國海岸

賢治親自命名的河岸

現在以水壩調節河川的水量，因此已經幾乎無法看見河床表面，但在每年9月21日賢治的忌日當天，會調節水量試著讓岩石出現。

↑僅在北上川枯水期才出現的珍貴景象

→這片美麗的風景也是「花卷八景」之一

在乾旱時哭泣落淚 在冷夏裡嗚咽步行

「不要輸給風雨記事本」

→附近豎立刻著《不要輸給風雨》詩句的詩碑

存留至今的「下之畑」

C 賢治自耕之地

自耕生活的土地

賢治辭去教師工作後過著自耕生活的地方，名句「居住在下之畑」中的畑就是指這裡，現在仍然當作旱田耕種。

↑北上川堤防邊200坪左右的旱田

在剛抵達的角落裡 立著兩株白楊木

《春與修羅》第二集

↑表現賢治在草原上午睡模樣的雕像

→銀白楊是楊柳科的大樹。據說是賢治任職時親手種下的

賢治曾執教鞭的花卷農學校之舊跡

B 銀白楊公園

↑公園中央立著榮獲第1屆本鄉新獎的雕刻「風之又三郎群像」

賢治喜愛的銀白楊

在自費出版的詩集《春與修羅》中，銀白楊曾以「白楊木」之名登場，據說賢治喜歡這種孤傲的樹木。

在與賢治有淵源的咖啡廳小憩片刻

↑以《要求特別多的餐廳》為主題的咖啡廳

→「林風舍」原創的「不要輸給風雨複製記事本」(2500円)，附解讀本

↑要求特別多的蛋糕捲，奧利沙蛋糕套餐(1000円～)。使用米粉製作

林風舍 りんぷうしゃ

賢治的親戚所經營的咖啡廳&商店。1樓販售小芥子人偶和記事本等賢治相關的原創商品。2樓則是帶著古典氛圍的咖啡廳，可享用以童話為主題的甜點等。

☎0198-22-7010 L10:00～18:00(咖啡廳為～17:30)
休週四 所花卷市大通1-3-4
交JR花卷站步行6分 P115輛
MAP 附錄②P.19 C-4

↑由重視賢治精神的老闆所經營

↓大倉陶園的原創咖啡杯盤(10800円)

F 賢治也吃過的蕎麥麵 やぶ屋総本店

「今天要不要一起去BUSH?」《賢治隨聞》關登久也著

⬇天婦羅蕎麥麵附蘇打汽水的賢治套餐(1080円)

賢治喜愛的蘇打汽水和蕎麥麵

「やぶ屋総本店」位於賢治的職場花卷農學校與住處之間，據說賢治最喜歡這裡的天婦羅蕎麥麵和蘇打汽水，常常邀同事一起去「BUSH」（灌木叢的英文，即日文的「やぶ」）。

D 構思銀河鐵道之夜 眼鏡橋

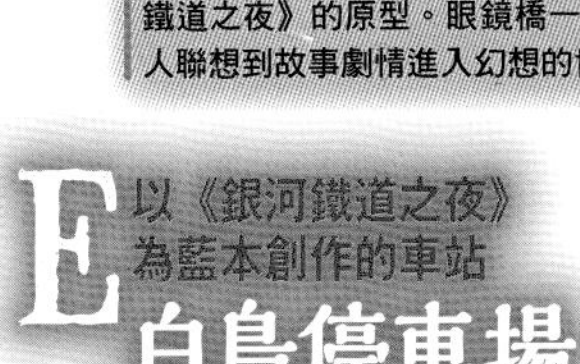

事實上喬凡尼正坐在夜裡，在輕便鐵道有著成排小小黃色電燈的車廂裡，透過車窗望向外頭《銀河鐵道之夜》

⬅一如往昔的古典外觀
⬇仿自《銀河鐵道之夜》的SL銀河號以釜石線為中心行駛

日落後點燈

據說JR釜石線的前身「岩手輕便鐵道」就是宮澤賢治《銀河鐵道之夜》的原型。眼鏡橋一整年都會在夜裡打上燈光，引人聯想到故事劇情進入幻想的世界中。

E 以《銀河鐵道之夜》為藍本創作的車站 白鳥停車場

⬆或許賢治曾看著這棵銀杏樹構思故事的內容

就快到天鵝車站了。我真的很喜歡看天鵝。就算牠到飛到河川的遠方，我也一定看得見《銀河鐵道之夜》

小舟渡八幡宮的銀杏樹

《銀河鐵道之夜》中登場的「白鳥停車場」（天鵝車站）。據說故事裡車站旁的銀杏樹是參考英國海岸附近小舟渡八幡宮的大銀杏樹。

⬆現實中是巴士站

《銀河鐵道之夜》的世界觀

花卷站北側一面的巨大牆壁，一到夜晚就會浮現如《銀河鐵道之夜》的壁畫。以特殊顏料繪製的圖畫會在紫外線燈的照射下現身，非常魔幻。

未來都市銀河地球鐵道壁畫
（みらいとしぎんがちきゅうてつどうへきが）

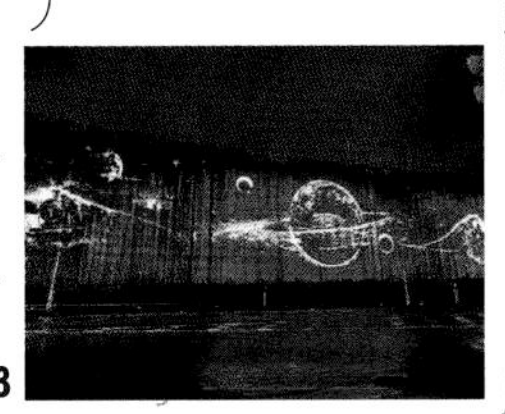

☎0198-24-2111
(花卷市觀光課)
營 自由參觀，日落～22:00點燈
所 花卷市愛宕町
交 JR花卷站步行3分
P 無
MAP 附錄②P.19 C-3

JR花卷站車程4分

F やぶ屋総本店

●やぶやそうほんてん

大正12（1923）年創業的蕎麥麵與和食餐廳。菜單上也有花卷發祥的名產碗子蕎麥麵，挑戰看看吧。

☎0198-24-1011
營 11:00～15:00、17:00～20:00(碗子蕎麥麵為～19:30) 休 週一(逢假日則翌日休) 所 花卷市吹張町7-17 交 JR花卷站步行10分 P 80輛

MAP 附錄②P.19 C-4

⬇和風店內也有完善的包廂

JR花卷站車程7分

E 白鳥停車場

●はくちょうのていしゃば

設於被視為《銀河鐵道之夜》中「天鵝車站」原型地點的英國海岸旁。復古風的外觀也成了熱門的拍照景點。

☎0198-23-3381
(花卷商工會議所) 營 自由參觀 所 花卷市下小舟渡237 交 JR花卷站搭大迫・花卷地域間連絡巴士5分，イギリス海岸下車，步行3分 P 使用鄰近停車場

MAP 附錄②P.19 D-3

⬇銀河鐵道的原型，岩手輕便鐵道也會經過此地

JR花卷站車程35分

D 眼鏡橋

●めがねばし

架在流經遠野市內的宮守川上的JR釜石線橋梁。也是展現大正至昭和初期鐵道土木技術之高水準的珍貴建築物。

☎0198-67-2111
(遠野市宮守綜合支所)
營 自由參觀 所 遠野市宮守町下宮守 交 JR宮守站步行10分 P 使用公路休息站みやもり停車場

MAP 附錄②P.8 E-1

⬇連拱橋梁需要極高的土木技術

JR花卷站車程15分

C 賢治自耕之地

●けんじじこうのち

位於宮澤賢治詩碑停車場約600m處的旱田。賢治設立了名為羅須地人協會的私塾，在這塊地上過著自給自足的生活。

☎0198-29-4522
(花卷觀光協會) 營 自由參觀 所 花卷市桜町 交 JR花卷站搭岩手縣交通巴士往賢治詩碑前12分，終點下車，步行10分 P 使用鄰近停車場

MAP 附錄②P.19 D-6

⬇從立著詩碑的高地可將「下之畑」盡收眼底

JR花卷站車程8分

B 銀白楊公園

●ぎんどろこうえん

賢治教授英語和農作物課程的花卷農學校之舊跡。立有刻著賢治〈早春〉詩句一節的詩碑，以及與賢治相關的紀念碑。

☎0198-29-4522
(花卷觀光協會) 營 自由入園 所 花卷市若葉町3-16 交 JR花卷站搭岩手縣交通巴士往新鉛温泉7分，花巻市文化会館前下車即到 P 400輛

MAP 附錄②P.19 B-4

⬇與IHATOV相襯的綠意盎然公園

JR花卷站車程7分

A 英國海岸

●イギリスかいがん

枯水期露出的白色岩石看似多佛海峽的純白海岸，賢治因而命名。賢治會在河岸邊散步，陷入沉思中。

☎0198-29-4522
(花卷觀光協會) 營 自由參觀 所 花卷市上小舟渡 交 JR花卷站搭岩手縣交通巴士往大迫バスターミナル6分，イギリス海岸下車步行5分 P 60輛

MAP 附錄②P.19 D-3

⬇河川沿岸有完善的遊步道

眾多充滿個性的溫泉旅館！

在花卷溫泉鄉悠哉留宿

⬇半露天溫泉「豐澤之湯」溪谷的綠意近在眼前

位在奧羽山脈溪谷沿岸的縣內最大等級溫泉鄉。有以多樣化浴槽自豪的旅館，也有提供客房露天浴池的飯店，種類豐富，依照目的選擇投宿地點也是一種樂趣。不妨一邊聆聽河水潺潺，一邊讓身心都放鬆浸泡在溫泉裡，舒緩旅途的疲憊。

花卷溫泉鄉是這樣的地方

由豐澤川沿岸的花卷南溫泉峽、台川沿岸的花卷溫泉及台溫泉等12處溫泉構成。由於泉量充沛，有多處溫泉為源泉放流。從頗有年份的溫泉療養所到度假飯店、隱密民宿等，選擇多彩多姿，還有不少可不住宿入浴的旅館。

連宮澤賢治也喜愛的溪流沿岸溫泉旅宿

大澤溫泉

山水閣

さんすいかく

洋溢高級感的和風旅館，豐澤川清澈的河水盡收眼底。腹地內附設完全是秘湯的溫泉療養所、自炊區「湯治屋」等，可享受各式溫泉。有許多面豐澤川景觀絕佳的浴池，包括知名的混浴大露天浴池「大澤之湯」，以及「豐澤之湯」等。

✆0198-25-2021
所花卷市湯口大沢181
🚌JR花卷站搭岩手縣交通巴士往新鉛溫泉，大沢溫泉下車即到
P 120輛

MAP 附錄②P.19 A-1

住宿DATA	IN	15:00 OUT 10:30
	費用	1泊2食 15120円~
不住宿入浴	時間	11:00~14:00（湯治屋為7:00~21:00）
	費用	1000円（湯治屋600円）

⬆高雅又摩登的和風建築

好想溫泉巡遊！

在大澤溫泉的腹地裡有摩登的「山水閣」等，可以溫泉巡遊

絕對要泡！
大澤之湯
可在自然四季與水聲潺潺的包圍下，慢慢泡個湯

「山水閣」的姊妹旅館 茅草屋頂意趣十足

大澤溫泉

※2018年10月停業，2019年6月28日做為昔ギャラリー茅重新開館，不提供住宿

南部藩茅葺菊水舘

なんぶはんかやぶききくすいかん

✆0198-25-2233
所花卷市湯口日陰坂123 🚌JR花卷站搭岩手縣交通巴士往新鉛溫泉，大沢溫泉下車，步行4分 P 30輛

MAP 附錄②P.19 A-1

木造的溫泉旅館，茅草屋頂給人深刻的印象。渡過架在豐澤川上的橋梁，一進入「菊水館」就彷彿穿越了時空，來到建築物落成的江戶末期。可充分享受包圍在木質暖意中的「南部之湯」、「大澤之湯」等多樣化的溫泉。

➲屋齡160年以上的木造建築充滿韻味

絕對要泡！
南部之湯
男女分開的源泉放流木造浴池，可眺望豐澤川

好想賴在旅館裡悠閒放鬆！

在附令人嚮往的露天浴池客房等重視個人隱私的空間裡，盡情休息直到心滿意足

全客房附露天浴池 適合成人的度假空間

志戶平溫泉

游泉志伊達旅館

ゆうせんしだて

這間高級旅館的全部客房皆附能眺望豐澤川的露天浴池，可度過擁有隱私的時光。還有與客房引自不同源泉的露天浴池「喜久之湯」，以及可邊欣賞綠意豐美的中庭邊泡腳的足湯，能盡情享受溫泉直到心滿意足。

0198-25-3939 所花巻市湯口志戸平11-2 JR花巻站搭岩手縣交通巴士往新鉛溫泉22分，志戶平溫泉下車即到 P20輛

MAP附錄②P.19 A-2

賴在旅館裡
全部客房附露天浴池
共28間的和風摩登客房皆附源泉放流的露天浴池

住宿DATA IN 15:00 OUT 11:30 費用 1泊2食 29700円～ 不住宿入浴 無

⬆源泉放流的客房露天浴池
⬅一望豐澤川與森林美景的大廳

台溫泉

山百合日式旅館

やまゆりのやど

和風空間配置古典傢俱，極富風情的清靜旅館。有半露天浴池、附床幔的床鋪、設置天象儀的客房等，可度過跳脫日常生活的悠閒時光。在地爐旁享用的岩手產和牛及紅點鮭等晚餐也很受歡迎。

0198-27-2055
所花巻市台溫泉2-57-9 JR花巻站搭岩手縣交通巴士往台溫泉20分，終點下車即到 P100輛

MAP附錄②P.19 A-1

住宿DATA IN 15:00 OUT 11:00 費用 1泊2食 17430円～ 不住宿入浴 無

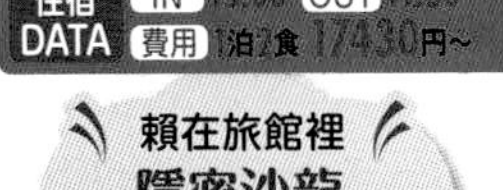

賴在旅館裡
隱密沙龍山醉庵
「姬小百合」及「勿忘草」兩間客房附源泉放流的半露天浴池

➡在地爐旁盡情享用在地的當季食材

山谷間的隱密旅館 洋溢和風摩登的氛圍

附露天浴池的和風大套房非常搶手

松倉溫泉

悠之湯 風之季

はるかのゆかぜのとき

松倉溫泉的獨棟旅館，位在花巻南溫泉峽的入口處。在這間洋溢和風摩登氣氛、設計感十足的旅館中，備有兩間附露天浴池的客房。無論是陽光自葉間灑落的大浴場，或是富含負離子的露天浴池，皆可享受源泉放流的溫泉。

0198-38-1125 所花巻市湯口松原36-3
JR花巻站搭岩手縣交通巴士往新鉛溫泉30分，松倉溫泉下車即到 P100輛

MAP附錄②P.19 A-2

賴在旅館裡
僅限2間的特別客房
在備有木造浴池的「附露天浴池和風大套房」裡獨享名湯

➡從客房的露天浴池可欣賞四季更迭的景色
⬅雅緻的入口領人前往跳脫日常生活的空間

住宿DATA IN 15:00 OUT 10:00 費用 1泊2食 9720円～（附露天浴池的和風大套房為19800円～） 不住宿入浴 時間 10:30～15:00（週六、假日前一日為～14:00、週五為13:00～15:00） 費用 600円

在花巻溫泉鄉悠哉留宿

好想泡泡看 知名浴池

享受獨特的立湯、岩手數一數二的寬廣浴池等別具風格的溫泉

鉛溫泉

藤三旅館

ふじさんりょかん

共有四處浴場，包括站著入浴的「白猿之湯」及清澈溪流近在眼前的「桂之湯」。除了全櫸木打造的本館與樸實的湯治部外，還有全部客房附露天浴池的摩登別館，可度過高品質的時光。

0198-25-2311 所花巻市鉛中平75-1 JR花巻站搭岩手縣交通巴士往新鉛溫泉33分終點下車，步行3分 P80輛

MAP附錄②P.19 A-1

住宿DATA IN 15:00 OUT 10:00 費用 1泊2食 8619円~（心之刻十三月為26784円~）
不住宿入浴 時間 7:00~21:00 費用 700円

招牌是罕見的立湯
時髦的別館也備受好評

知名浴池！
白猿之湯
深度約1.25m。鑿穿天然石，源泉從浴池底部湧出

全部浴室皆為100%源泉放流

山神溫泉

優香苑

ゆうかえん

宮大工建築物與客房的天花板較高而寬敞舒適。晚餐為當地產肉品的涮涮鍋和使用當季海鮮的和風宴席料理。略帶黏稠的溫泉有兩處，6、7月還會開放英式庭園。

0198-38-5526 所花巻市下シ沢中野53-1 JR花巻站搭岩手縣交通巴士往新鉛溫泉30分山の神温泉下車，步行5分(有免費接駁巴士) P150輛

MAP附錄②P.19 A-1

住宿DATA IN 15:00 OUT 10:00 費用 1泊2食 14040円~
不住宿入浴 時間 10:00~20:00 費用 700円

溪流沿岸獨棟旅館的溫泉

知名浴池！
豐澤乃湯
有大量豐富源泉的露天浴池

同時享受星空與豐澤川的水流聲

新鉛溫泉

結之宿 愛鄰館

むすびのやどあいりんかん

豐澤川沿岸的獨棟旅館。有注滿源泉放流泉水的陶器浴池、療癒效果絕佳的絲綢浴、立湯露天浴池等17處浴場。善用當季食材的料理也備受好評。不同方案可選擇在房間用餐或在餐廳享用半自助式的吃到飽。

0198-25-2619 所花巻市鉛西鉛23 JR花巻站搭岩手縣交通巴士往新鉛溫泉，終點下車即到（從JR新花巻站、花巻站有免費接送巴士，僅限住宿客，需預約） P200輛

MAP附錄②P.19 A-1

住宿DATA IN 15:00 OUT 10:00 費用 1泊2食 11450円~
不住宿入浴 時間 10:30~19:00 費用 850円

「川之湯」裡還有被綠意包圍的岩石露天浴池

在3條源泉傾注的17處浴場內盡情享受溫泉

知名浴池！
川之湯的「內湯」
天氣晴朗時會打開窗戶成為半露天浴池

知名浴池！
天河之湯
全長25m的室內浴池後方，是一座面向溪流的露天浴池

志戸平溫泉

湯之杜志戸平飯店

ゆのもりホテルしどたいら

這間度假飯店豐富的設施與吃到飽晚餐備受好評。有3條源泉，大浴場、景觀露天浴池、檜木室內浴池等各式各樣的浴池可一一泡過去。還有包租浴池和溫水泳池，也適合全家大小同樂。

0198-25-2011 所花巻市湯口志戸平27-1 JR花巻站搭岩手縣交通巴士往新鉛溫泉，志戸平溫泉下車即到 P300輛

MAP附錄②P.19 A-2

吃到飽的自助區非常受歡迎

住宿DATA IN 15:00 OUT 10:00 費用 1泊2食 14730円~
不住宿入浴 時間 11:00~20:00（週六、假日前一日、旺季為11:00~14:00、18:00~20:00） 費用 900円

洋溢大正浪漫情懷的鐵道之旅！JR釜石線 SL銀河號

相隔40年重新復甦！

牽引SL銀河號的蒸氣火車頭是昭和15（1940）年製造的「C58 239」，昭和48（1973）年退休後在盛岡市的公園展示了約40年，之後花費1年左右的時間修復，2014年4月終於在眾人的期盼下復甦。

冒著滾滾蒸氣的SL銀河號，爽快地從山區奔向大海。以《銀河鐵道之夜》為藍本的復古車輛和內部裝潢，無論是不是鐵道迷都值得一看。現在就出發前往奔馳在岩手豐饒大地上的夢幻鐵道之旅吧！

從蒸汽火車內眺望深受宮澤賢治喜愛的風景

帶著喬凡尼與坎佩內拉的心情出發♪

奔馳在岩手的大地上!

SL銀河號 ●エスエルぎんが

為了從觀光面支援復興而開始行駛，原則上週六為花卷到釜石、週日為釜石到花卷，花兩天往返JR釜石線。車體以宮澤賢治的《銀河鐵道之夜》為藍本設計，車內則有天象儀、美術藝廊等眾多看點。

MAP 附錄② P.19 C-3

SL銀河號DATA

050-2016-1600
（JR東日本客服中心）
https://www.jr-morioka.com/noccha/train/slginga/
（詳情請至JR東日本盛岡支社乗っちゃ王国官網確認）

行駛區間 花卷站～釜石站

行駛日 以週六、日、假日為主，可能會視情況改變行駛日期與時間。
※列車時刻表需洽詢

所需時間 約4小時30分

指定席費用 820円，兒童410円
※需另行購買到目的地的車票
※指定席票從乘車日1個月前的10:00開始發售
※於JR東日本主要車站的指定席券售票機、綠色窗口等地販售

Check 火車便當&伴手禮

SL銀河號便當

有海產與米一同炊煮的鄉土料理「MENOKO飯」、烤鮭魚、野菜等岩手食材，是令人懷念的美味

1100円

海鷗蛋 SL銀河號 C58 239（6顆裝）

填入漆黑的黑巧克力，並以甜巧克力包覆，外觀模仿石炭，非常特別

900円

SL銀河號 這裡最有趣！

播放以《銀河鐵道之夜》為主題的作品

POINT 2 美術展廊

2～4號車設置介紹宮澤賢治世界的美術展廊。1號車展示沿線及岩手的民藝品，可在此接觸東北豐富的文化。

POINT 3 天象儀

1號車設有光學式小型天象儀，發車後至到站前會連續播放約10分鐘的影像，觀賞影像的整理券在1號車發送。

↑在列車內映出星空

←展示各種與賢治相關的貴重物品

POINT 1 豪華的車廂內部

有瓦斯燈風格的照明及彩繪玻璃等，內部裝潢復古而豪華。座位採分隔式，打造出包廂般的格局。

↑復古車廂內洋溢不同於日常的氛圍

※2018年8月時的資訊

沿線導覽

釜石站　遠野站　宮守站　花卷站

釜石大觀音

高48.5m的觀音像，彷彿守護著釜石灣。胎內安座聖觀音及七福神等神明。

DATA→P.98

遠野物語館

介紹《遠野物語》的世界及民間傳說

DATA→P.64

河童淵・常堅寺

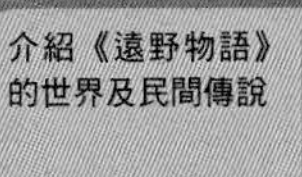

DATA→P.60

這條河川有「出現過河童」的傳說。岸邊有座奉祀河童的小廟。

眼鏡橋

長約107m的拱橋。SL銀河號行經橋上的光景是拍攝焦點。全年點燈（黃昏～22:00）。

DATA→P.53

大澤溫泉

DATA→P.54

據說宮澤賢治也喜愛的溫泉。最知名的是彷彿突出在河川上的露天浴池「大澤之湯」。

「鹿舞」在JR花卷站送行

還想瞭解更多！

瀰漫宮澤賢治相關的文化之香

花卷 はなまき

MAP附錄②P.6・7・18・19

洽詢處 ☎0198-24-2111(花巻市觀光課) ☎0198-29-4522(花卷觀光協會) ☎0198-48-2111(花巻市大迫綜合支所)

花卷 源喜屋 美食

●げんきや

MAP附錄②P.19 C-4

享用白金豬與岩手的山珍海味

岩手品牌豬肉「白金豬」、當天早上進貨的新鮮海鮮、當季蔬果、野菜等的創意料理都可在這間居酒屋享用到。在地酒、燒酎、雞尾酒等酒品的種類也很多樣。

☎0198-20-2227 營11:00～14:00、17:00～23:00(24:00打烊) 休無休 所花巻市花城町12-14 銀河タウン舘坂1F 交JR花卷站搭計程車5分 P36輛

➲白金豬串燒(210円)等菜色豐富

花卷 ミルク工房 ボン・ディア 購物

●ミルクこうぼうボンディア

MAP附錄②P.6 E-5

口感濃厚又圓潤的乳製品

以大迫產瑞士褐牛現擠的生乳製作出「ボンディア霜淇淋」(350円)，因濃厚又圓潤的口感而備受好評。優酪乳和100%純果汁也很適合當成伴手禮。

☎0198-48-3144(早池峰FOODS) 營9:30～17:30 休無休 所花巻市大迫町大迫11-39-4 交JR新花卷站搭計程車30分 P15輛

➲還有優酪乳和100%純果汁的組合

遊趣！ COLUMN 橡果與山貓號

➲根據人數可能變更為大型巴士，預約時務必確認。

搭上充滿大正浪漫情懷的復古廂型計程車，悠悠哉哉地遊逛宮澤賢治生活的花卷街道吧。有行經「宮澤賢治紀念館」(→P.50)及「高村光太郎紀念館」(→P.58)等地的上午路線、行經「WEIN CHATEAU OHASAMA」(→P.59)等地的下午路線，以及兩方皆行經的1日路線。

☎0198-29-4522(花卷觀光協會) 營需在3日前預約(洽詢) ¥上午路線、下午路線各2000円，1日路線3500円

MAP附錄②P.18 H-1

花卷 高村光太郎紀念館 景點

●たかむらこうたろうきねんかん

MAP附錄②P.19 A-2

展示雕刻代表作與愛用的物品

花巻是雕刻家兼詩人高村光太郎度過晚年的地方。紀念館中除了展出十和田湖畔「少女像」的原型外，還有夫人智惠子的剪紙作品及生前愛用的物品等。

☎0198-28-3012 營8:30～16:30 休無休 ¥350円，高中、大學生250円，中小學生150円 所花巻市太田3-85-1 交JR花卷站搭計程車20分 P30輛

➲紀念館西側還有高村山莊及智惠子瞭望台

花卷 花卷溫泉玫瑰園 景點

●はなまきおんせんバラえん

MAP附錄②P.19 B-1

與宮澤賢治相關的玫瑰樂園

位於花巻溫泉，東北首屈一指的玫瑰園。5月至11月間，最盛期會有約450種6000株的玫瑰綻放出整片花海。宮澤賢治設計的日晷花壇和「夜間玫瑰園」也不容錯過。

☎0198-37-2111(花巻溫泉) 營6:00～21:00(有季節性變動) 休無休 ¥800円(6月上旬～7月上旬)、500円(7月中旬～10月中旬)、400円(10月下旬～11月上旬)、免費(11月中旬～翌年5月) 所花巻市湯本1-125 交JR花卷站搭岩手縣交通巴士往花卷溫泉，終點下車即到 P800輛

➲廣大的園區被各式品種的玫瑰點綴得五彩繽紛

花卷 レストランポパイ 美食

MAP附錄②P.19 B-4

將白金豬做成美式料理

白金豬生產農場經營的特產直銷商店。在美式風格居家氛圍的店內，可品嘗漢堡排、培根等充分發揮白金豬美味的餐點。

☎0198-23-4977 營11:00～21:00(21:30打烊) 休週二(逢假日則翌日休) 所花巻市若葉町3-11-17 交JR花卷站搭岩手縣交通巴士往新鉛溫泉7分，花卷文化会館前下車即到 P14輛

➲白金豬的煎豬排(1080円)，套餐(1280円～)

花卷 花卷廣域公園 玩樂

●はなまきこういきこうえん

MAP附錄②P.19 B-1

四季美麗花朵盛開的綜合公園

寬廣的園內有野草與季節花卉盛開，四處散布以宮澤賢治童話為主題的藝術品。除了草坪廣場、噴水池外，網球場等也是整備完善。

☎0198-27-3586 營4～11月、9:00～17:00 休期間中無休 ¥免費 所花巻市金矢第5-252-1 交JR花卷站搭計程車15分 P500輛

➲有各種遊具的兒童廣場大受小孩子歡迎

花卷 花卷新渡戶紀念館 景點

●はなまきにとべきねんかん

MAP附錄②P.18 G-4

介紹新渡戶家的偉大事蹟

新渡戶稻造在明治至昭和年間以思想家身分致力於世界和平，同時以《武士道》的作者廣為人知，這間紀念館即在介紹此人與其家族的偉業。常設展示室中展示文書和遺物等約200件物品。

☎0198-31-2120 營8:30～16:30(17:00閉館) 休無休 ¥300円，國小、國中、高中生150円 所花巻市高松9-21 交JR新花卷站搭岩手縣交通巴士往イトーヨーカドー4分，新渡戶記念館入口下車，步行5分 P38輛

➲位於新渡戶家居住了200年以上的宅邸舊跡

花卷 南部杜氏傳承館 景點

●なんぶとうじでんしょうかん

MAP附錄②P.7 D-5

瞭解釀酒師的傳統與專業的技藝

將過去實際使用過的酒倉移建而來，充滿格調。在館內可觀賞傳統南部杜氏釀酒師的記錄片。直徑約2m的巨大釀酒桶等展品也讓人深感興趣。

☎0198-45-6880 營8:30～16:00(16:30閉館) 休無休 ¥400円，高中、大學生250円，中小學生200円 所花巻市石鳥谷町中寺林7-17-2 交JR石鳥谷站步行15分 P100輛

➲在黑而亮的館內展示的釀酒桶魄力十足

花巻 MARUKAN大樓大食堂 美食

●マルカンビルだいしょくどう

MAP 附錄② P.19 C-4

超熱賣的10圈霜淇淋

一度在眾人惋惜下閉館的舊MARUKAN百貨大食堂，之後又在期待中重新開幕。知名點心是捲上10圈的霜淇淋，飽足感十足。

☎0198-29-5588
營 11:00～18:00
休 週三，逢假日則營業
所 花巻市上町6-2
交 JR花巻站步行15分
P 使用鄰近停車場

➲霜淇淋180円

花巻 WEIN CHATEAU OHASAMA 購物

●ワインシャトーおおはさま

MAP 附錄② P.6 E-5

大迫特產葡萄酒的直售所

昭和37（1962）年開業至今的酒廠「EDEL WEIN」的直售店。充分利用岩手的風土氣候釀造葡萄酒。店內有10種以上的酒可免費或付費試飲，還可參觀工廠。

☎0198-48-3200
營 9:00～16:30(5～10月為～17:00)　休 無休　¥ 免費入館　所 花巻市大迫町大迫10-18-3　交 JR石鳥谷站搭岩手縣交通巴士往大迫バスターミナル27分，終點下車，步行15分　P 20輛

➲除了大迫葡萄酒外還販售當地特產及葡萄酒商品

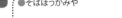

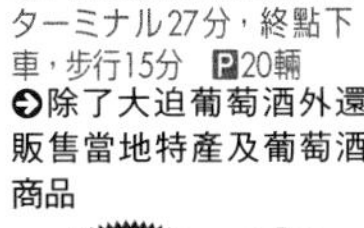

遊趣！COLUMN 花巻在地的健康漢堡

＊花巻漢堡

●はなまきバーガー

➲Michel的花巻漢堡(340円)

地產地消的漢堡，在岩手產小麥製作的麵包中，夾入新鮮蔬菜與花巻產大豆渣和國產蒟蒻粉製作的漢堡排。漢堡排擁有肉般的嚼感，但熱量只有雞肉的1/8。在發祥店「Michel」等市內的6間店舖販售。

石窯パン工房Michel 花巻店

●いしがまパンこうぼうミッシェルはなまきてん

MAP 附錄② P.19 C-5

☎0198-23-0440　營 6:30～19:30　休 週一(逢假日則營業)
所 花巻市藤沢町357-1　交 JR花巻站步行15分　P 50輛

花巻 田舍料理 早池峰 美食

●いなかりょうりはやちね

MAP 附錄② P.19 C-4

有美味在地酒與海鮮料理的大眾酒館

懷舊古民房風格的店內空間寬敞而舒適。每日進貨鮮度絕佳的海鮮及「納豆炸豬排」大受好評。岩手產的在地酒更加突顯了料理的美味。

☎0198-23-6641
營 17:00～24:00(翌日1:00打烊)　休 週一
所 花巻市南川原町238　交 JR花巻站搭計程車5分
P 10輛

➲綜合生魚片（1575円）、納豆炸豬排（840円）等

花巻 そば房かみや 美食

●そばぼうかみや

MAP 附錄② P.19 B-1

加入湧泉手打的細緻蕎麥麵

可嘗到以香氣濃郁的嚴選會津產蕎麥粉加上山裡湧泉手打的正宗蕎麥麵。煮到半透明的蕎麥麵口感細緻而清爽。

☎0198-27-4008
營 11:00～14:00(蕎麥麵售完打烊)
休 週三、四　所 花巻市台2-56-1
交 JR花巻站搭岩手縣交通巴士往台溫泉20分，終點下車，步行5分
P 30輛

➲天婦羅笊籬蕎麥麵(1500円)。手打蕎麥麵配上現炸的天婦羅

花巻 酒匠館 購物

●さかしょうかん

MAP 附錄② P.7 D-5

蒐羅南部杜氏自豪的在地酒

以南部杜氏之鄉石鳥谷的在地酒為首，縣內銘酒一字排開，可邊試飲邊挑選喜歡的日本酒。香氣芳醇的「酒饅頭」與「酒蛋糕」也是推薦伴手禮。

☎0198-45-6868
營 9:00～17:30　休 無休　¥ 酒饅頭(8顆裝)650円、酒蛋糕850円～
所 花巻市石鳥谷町中寺林7-17-3　交 JR石鳥谷站步行15分
P 100輛

➲購買岩手縣銘酒或酒蛋糕做為伴手禮吧

物語之鄉 とおの 遠野

「遠野物語」的故鄉 保有懷念的大自然景觀

前往至今似乎仍有河童出沒的傳說水淵！

河川很淺，但要小心不要滑倒了

MAP 附錄② P.21

洽詢處
0198-62-1333（遠野市觀光協會）
0198-62-2111（遠野市觀光交流課）

一片閑靜山林風光的遠野，至今仍流傳無數民間傳說，此處確實洋溢著即使河童突然現身也不奇怪的氣氛。在這裡有不停尋找河童蹤跡的「河童阿伯」導覽遠野的神秘景點！

交通方式

鐵路：東京站 →（JR東北新幹線）→ 新花巻站 →（JR釜石線）→ 遠野站
●所需時間／3小時45分～4小時25分
●費用／14230円（搭乘山彥號）

開車：釜石自動車道遠野IC →（國道283號等（3km））→ 遠野市區
●所需時間／5分

標準路線

START 旅之藏 遠野 → 車程10分 → 1 河童淵・常堅寺 → 步行5分 → 2 傳承園 → 車程20分 → 3 續石 → 車程15分 → 4 五百羅漢 → 車程5分 → 卯子酉樣 GOAL

遇到河童的機率是未知數!?
無論何時空氣都冷颼颼的，好像河童隨時會出現。順道一提，遠野河童的臉孔似乎是紅色的。

1 河童淵・常堅寺

●カッパぶち・じょうけんじ

常堅寺於延德2（1490）年開山，流經寺院後方的小溪「河童淵」被昏暗的樹叢覆蓋，傳說河童曾在這裡出現。寺院境內還有河童狛犬。

0198-62-1333（遠野市觀光協會） 自由參觀 所遠野市土淵町土淵 JR遠野站搭岩手縣交通巴士往恩德30分，伝承園前下車，步行6分 P使用傳承園停車場
MAP 附錄② P.21 C-2

水淵旁的小廟奉祀著河童神

START 旅之藏 遠野

●たびのくらとおの

位於JR遠野站前，提供觀光指南與資訊，還可申請租借自行車和觀光導覽。也有販售遠野特產的商店和餐廳。

0198-62-1333（遠野市觀光協會） 8:00～18:00(10月～翌年4月中旬為8:30～17:30) 休無休 所遠野市新穀町5-8 JR遠野站即到 P13輛
MAP 附錄② P.21 B-1

1張210円，有效期限為4月～翌年3月31日。於旅之藏遠野、傳承園、遠野故鄉村等地販售

「河童淵守護者」運萬治男先生。一方面從事著農業，一方面持續在河童淵尋找河童。

河童阿伯教教我！

遠野這裡的河童傳說是什麼？

喜歡惡作劇把馬拉進河裡的河童，有一天被人類抓到了，後來被和尚放走，日後河童幫忙撲滅了常堅寺的火災，就是這樣的傳說。

盛岡・雫石・小岩井
花巻・遠野
一關・奧州・北上
八幡平・安比高原
三陸海岸

遊覽遠野

河童阿伯來導遊！

被青苔所覆蓋的石佛群

表情各異的380尊羅漢像

雕刻這些羅漢像的是大慈寺的義山和尚。發自供養之心刻出的羅漢像大多帶著慈悲而柔和的神情，令人印象深刻。

⬇約250年前的風景不經人為修飾地留存至今

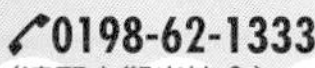

包圍在謎團中的超巨大岩石

⬆在杉林中突如其來地出現

3 續石

●つづきいし

高2m的基石上承載著寬7m、長5m、高2m的巨大岩石，兩塊並排的基石只有其中一塊支撐著巨石。形成鳥居般的形狀，可從底下鑽過。

☎0198-62-1333（遠野市觀光協會）🅛自由參觀 所遠野市綾織町上綾織 🚌JR遠野站搭計程車至入口15分，再步行15分 🅟5輛

MAP附錄②P.21 A-3

神秘度是河童級！謎樣巨石景點

是古人的墳墓、是弁慶用手舉起石頭放上去的，有各式各樣的傳說。旁邊還有奉祀山神的小廟。

4 五百羅漢

●ごひゃくらかん

約250年前，一名和尚為了供養在侵襲遠野的大飢荒中喪生者，花上數年光陰在天然石上雕刻出來。苔痕覆蓋的石頭上浮現淡淡柔和面容的羅漢像有大有小。

MAP附錄②P.21 A-2

☎0198-62-1333（遠野市觀光協會）🅛自由參觀 所遠野市綾織町新綾 🚌JR遠野站搭岩手縣交通巴士往バスセンター6分，遠野營業所下車，步行20分 🅟5輛

成就感情的結緣景點

⬅小廟悄悄佇立在樹木的包圍中

卯子酉様 GOAL

●うねどりさま

據說能保佑戀情順利的小廟，被寫著願望的紅布所妝點。傳聞這裡過去是一處大水淵，水淵的主人偶爾會在信仰虔誠者面前現身，實現男男女女有關愛情的心願。

☎0198-62-1333（遠野市觀光協會）🅛境內自由參觀 所遠野市下組町 🚌JR遠野站搭岩手縣交通巴士往バスセンター6分，遠野營業所下車即到 🅟10輛 MAP附錄②P.21 A-2

保佑感情的神明 阿伯也來祈禱和河童有緣!?

據說如果能只用左手就把寫著願望的紅布綁上去，感情就會有結果。紅布在小廟前自取，1條100円。

講述人與馬同住一個屋簷下的岩手歷史

河童最喜歡馬了 躲在哪裡呢!?

河童最喜歡惡作劇，會把馬匹拖到河裡拔掉肛門球。河童也會銜著馬來這裡嗎？

2 傳承園

●でんしょうえん

介紹遠野傳統文化的設施，有國家指定重要文化財「菊池家曲家」、收藏1000尊遠野地方神祇──養蠶之神的「御蠶神堂」等，重現過去與大自然同生共存的生活。

☎0198-62-8655

🅛9:00～16:30(17:00閉館) 休無休

¥320円，國小、國中、高中生220円 所遠野市土淵町土淵6-5-1 🚌JR遠野站搭早池峰巴士土淵線往恩徳・西内25分，伝承園前下車即到 🅟80輛 餐廳為→P.63

⬆展示因女孩與馬的愛情故事而聞名的養蠶之神

MAP附錄②P.21 C-2

遠野的民間傳說景點 這裡也很推薦！

蓮台野

●デンデラの

流傳棄老傳說之地

傳說中，過去超過60歲的老人會被趕到這裡，過著自給自足的生活並祈禱死亡的來臨。

☎0198-62-1333（遠野市觀光協會）🅛自由參觀 所遠野市土淵町山口 🚌JR遠野站搭岩手縣交通巴士土淵線往恩德・西內34分，山口下車，步行15分 🅟無

MAP附錄②P.21 D-2

山口水車

●やまぐちのすいしゃ

茅草屋頂的水車小屋

水車小屋佇立在田園地帶，呈現田園詩歌般的風景。水車附近還有《遠野物語》說書人佐佐木喜善的老家。可觀賞外觀並從屋外窺看內部。

☎0198-62-1333（遠野市觀光協會）🅛自由參觀 所遠野市土淵町山口 🚌JR遠野站搭岩手縣交通巴士土淵線往恩德・西內34分，山口下車，步行15分 🅟5輛

MAP附錄②P.21 D-2

山崎金精神

樸素的庶民信仰石碑

●やまざきのコンセイサマ

也寫作「金勢神」，奉祀外形仿造男性象徵的神體。為保佑五穀豐收與求子的神明，自古即受到崇信。

☎0198-62-1333（遠野市觀光協會）🅛自由參觀 所遠野市土淵町栃内山崎 🚌JR遠野站搭岩手縣交通巴士土淵線往恩德・西內38分，山崎下車，步行25分 🅟10輛

MAP附錄②P.21 D-1

傳說之鄉的美食

滋味深邃又有益健康

有帶來無限活力的成吉思汗烤肉、溫暖身心的鄉土料理，遠野的美食種類多彩多姿。盡情享用充滿大自然恩惠的佳餚吧。

遠野成吉思汗烤肉的濫觴 受當地人喜愛超過70年

自豪的醬料 添加蒜頭和生薑，做出風味豐富的醬油基底辣醬，是從開店至今不變的味道。

柔嫩羊肉搭配極品醬料

遠野成吉思汗烤肉

為製作手織物而飼養了羊隻，成吉思汗烤肉也成了家常的味道。基本上是先烤好肉後再沾醬料的「後沾醬」式。

成吉思汗定食 1080円～

熟成過的厚肉片是在點餐後才切肉，保證新鮮！

あんべ

開創遠野成吉思汗烤肉的羊肉專賣店。無論是布滿油花的多汁羔羊肉，或是滿滿紅肉鮮美的成羊肉，都是精挑細選的一級品。以專用鍋燒烤可去除多餘油脂，品嘗健康的滋味。

店主．安部吉彌先生

✆0198-62-4077
🄻10:00～19:00 休週四 所遠野市早瀬町2-4-12 JR遠野站步行10分 P30輛
MAP 附錄②P.21 B-1

推薦MENU
- ●羔羊肩里肌肉（單點）1296円
- ●羊腿肉（單點）864円

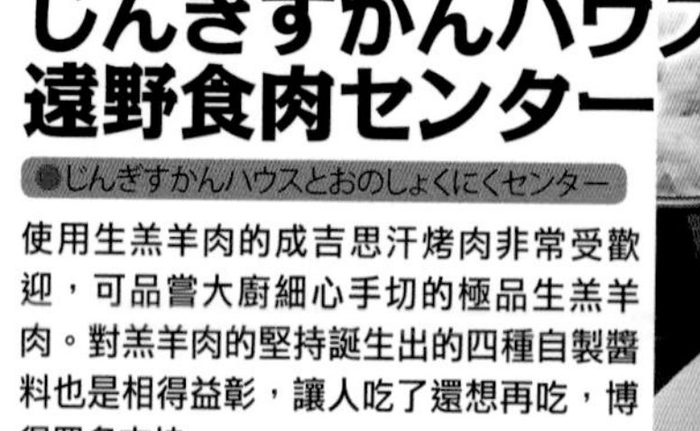
店內散發舊時的氣氛。附設肉舖

聽聽專家怎麼說！美味的烤法♪

1. 中火熱鍋，以脂肪塗抹整個鍋子，塗完後將脂肪放在鍋子的頂端。
2. 在鍋子較低的地方放置蔬菜。
3. 把肉放在沒有蔬菜的地方，當肉的邊緣烤出顏色時翻面，慢慢烤，小心不要烤過頭了。
4. 將剛烤好熱騰騰的肉沾上滿滿的私房醬料享用。

當地美食通的愛店

自豪的醬料 清爽的醬油基底加上遠野產蘋果及青森縣田子產的蒜頭等食材提味

成吉思汗烤肉熱鬧套餐 1520円～

まるまん じんぎす館

●まるまんじんぎすかん

使用澳洲產新鮮生羔羊肉，以人手仔細去除筋與脂肪，提供羶味較淡的柔嫩羊肉。居家氛圍的店家位於市區，從遠野站或觀光地過來都很方便。

✆0198-60-1185
🄻17:00～21:30(22:00打烊)
休週二(逢假日則營業)
所遠野市中央通り1-8
JR遠野站步行5分
P使用鄰近停車場
MAP 附錄②P.21 B-1

推薦MENU
- ●成吉思汗烤肉 簡單套餐 1250円
- ●熱鬧套餐 1520円
- ●特製冷麵 700円

↓肉店直營的成吉思汗烤肉專賣店

じんぎすかんハウス 遠野食肉センター

●じんぎすかんハウスとおのしょくにくセンター

上等羔羊套餐 1382円

使用生羔羊肉的成吉思汗烤肉非常受歡迎，可品嘗大廚細心手切的極品生羔羊肉。對羔羊肉的堅持誕生出的四種自製醬料也是相得益彰，讓人吃了還想再吃，博得眾多支持。

✆0198-62-2242
🄻11:00～14:30、17:00～20:30，肉品販售10:00～20:30 休不定休
所遠野市松崎町白岩20-13-1
JR遠野站搭計程車5分 P50輛
MAP 附錄②P.21 C-3

↓136席的寬敞店內，除了桌椅座外還有露天座以及可伸展雙腳的和式座位

自豪的醬料 配合肉品調製的自製醬料有中辣、辣味、甜味、兒童用4種，可依個人喜好選擇

推薦MENU
- ●羔羊臀肉 1058円
- ●厚片羔羊里肌肉 1382円
- ●羊肋排（1條）626円

第一間使用遠野生羔羊肉製作成吉思汗烤肉的店家

品嘗夢幻蔬菜暮坪蕪菁

暮坪蕎麥麵

將遠野地方栽種的傳統蔬菜暮坪蕪菁磨成泥作為配料，辛辣中隱隱帶著甜味，滋味非常豐富。

「ばんがり」是方言，「大量、非常」的意思

ばんがり

將當地產蕎麥以石臼自行磨粉，製出香氣濃郁的手打蕎麥麵。名品「暮坪笊籬蕎麥麵」是將外觀類似蘿蔔的暮坪蕪菁作為配料，搭配微甜的醬汁享用。

☎0198-62-0115 L11:00～20:00，週一為～14:30(15:00打烊)，週六、日、假日為11:00～15:00、17:00～20:00※湯頭售完打烊，視季節而異 休週二(逢假日則另擇日休) 所遠野市青笹町糠前1-36-1 交JR遠野站搭計程車5分 P30輛

MAP附錄②P.21 C-3

➡居家氣氛的店內非常舒適

店員阿部理繪小姐

傳承園

●でんしょうえん

將遠野地方的曲家移建過來，述說傳統文化的設施。在餐廳可品嘗「麵片湯」、「雞卵麻糬」（390円）等使用當地產食材的鄉土料理。（→P.61）

⬆有曲家等眾多景點，敘述遠野居民過去的生活

☎0198-62-8655
L用餐為11:00～15:30
休無休 所遠野市土淵町土淵6-5-1 交JR遠野站搭岩手縣交通巴士土淵線往恩徳·西内25分，伝承園前下車即到
P80輛

MAP附錄②P.21 C-2

溫暖身體的鄉土美味

麵片湯

這道鄉土料理是將仔細揉過的小麥麵糰用手一邊延展成薄片一邊撕成塊狀，水煮後搭配清爽的雞高湯食用。

懷念的古早鄉土之味

麵片湯
650円～

好想搭配遠野的美食品嘗♪

以遠野產濁酒乾杯！

濁酒試飲組(附小菜) 600円

在遠野市內民宿釀造的濁酒，可從6種酒中挑選喜歡的3種

食堂喫茶CocoKana

●しょくどうきっさココカナ

除了馬匹產地特有的櫻花肉（馬肉）料理外，還有鄉土美食麵片湯及成吉思汗烤肉等。熱門「濁酒」的風味穩定，冬天喝來格外美味。

☎0198-62-4384
L10:30～20:00、週日為～18:00 休週四 所遠野市中央通り2-1 交JR遠野站步行5分
P使用鄰近停車場

MAP附錄②P.21 B-1

櫻花漢堡 350円

夾著櫻花肉，頗有遠野風格。甜辣醬汁搭配櫻花肉的風味讓人不禁上癮

遠野濁酒隱約的甘甜讓人一喝就著迷

由於濁酒製法簡樸，僅僅是將米發酵，因此自古以來日本各地皆有釀造，但自從明治時期酒稅法制定後，除了符合標準的業者之外一律禁止釀造。後來在平成15（2003）年時於限定區域放緩規定（濁酒特區），遠野即是受到認定的第1號，現在有6間單位釀造濁酒，在市內住宿設施及餐廳可以喝得到。

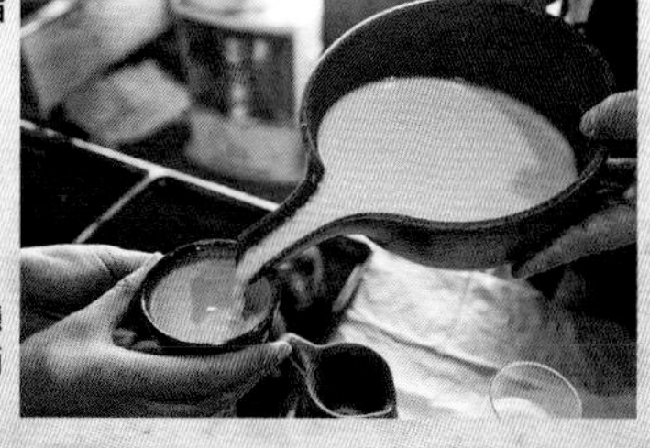

喝得到濁酒及遠野濁酒的店家
(遠野觀光協會官網)
http://www.tonojikan.jp/event/0101-1-1/

遠野故鄉村（P.65）的濁酒只有在館內餐廳及冬季週六、日（不定期）舉辦的「濁酒祭」才喝得到

品嘗大自然的恩惠

遠野的蔬菜

在自然豐美的盆地遠野，由於晝夜溫差大，因此能孕育出糖度高又美味的蔬菜。

使用當季蔬菜的推薦料理
義大利麵午間套餐
(附咖啡) 1100円

滿滿蔬菜的健康午餐

on-cafe

●オンカフェ

改裝自明治時代長屋的店內擺放日西式古董家飾，營造美好空間。除了有善用自家栽種蔬菜和白米的料理外，還有咖啡與蛋糕等下午茶餐點。

☎0198-62-7700
L11:00～16:30(17:00打烊)
休週日、假日
所遠野市中央通り4-26
交JR遠野站步行5分
P使用蔵の道のギャラリー的停車場

MAP附錄②P.21 B-1

⬆蜂蜜卡布奇諾（530円），蜂蜜、牛奶、濃縮咖啡構成美麗的三層

在遠野物語館

穿梭時空來到民間故事的世界！

以暖心的遠野方言講述《遠野物語》時，聆聽者彷彿會被拉入其深奧的世界觀中。在有說書人現場表演的「遠野物語館」聽故事吧。

狐狸關所 遇到美女邀請人泡澡喝酒，但天亮醒來時竟然是在堆肥裡。

座敷童子 傳說中家裡的守護神，雖然喜歡惡作劇，但看到祂們的人會有幸運上門。

河童 遠野有許多河童傳說，還有「我看到紅色的河童」之類的目擊流言。

現場演出的傳說 這點最有趣！

1. 可仔細聆聽以溫潤遠野方言講述的傳說故事！
2. 充滿河童和座敷童子等耳熟能詳的故事！
3. 說書人的表情豐富，用來表現內容的動作和手勢也值得細看！

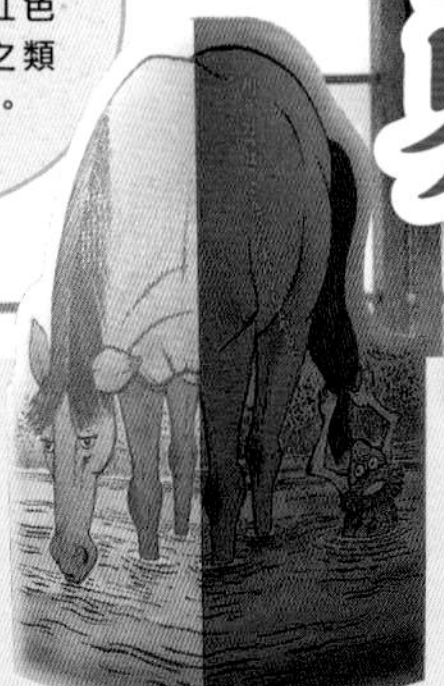

很久很久以前，有這樣一個故事……

以遠野方言述說故事

遠野座

說書人以樸實而溫暖的遠野方言敘述河童、養蠶之神、座敷童子等的傳說故事。並以看板展示地區傳承的神樂等鄉土技藝。

傳說現場表演DATA

11:00、13:00、14:00

10:00、11:00、13:00、14:00、15:00

13:00（僅週六、日、假日）

追尋民俗學之父的足跡

柳田國男展示館

移建《遠野物語》作者柳田國男下榻的高善旅館，以及度過晚年的舊柳田國男隱居所等，和貴重的資料一起介紹其人的生平與功績。

建築物前柳田國男的銅像

遠野物語館是？ とおのものがたりのやかた

除了有說書人現場表演傳說故事外，還有透過聲音和影像享受傳說世界的「昔話藏」、「柳田國男展示館」、「城下町資料館」等，可親身感受整個《遠野物語》的世界。

☎0198-62-7887

營9:00～16:30(17:00閉館) 休無休(2月中旬會閉館維護) ¥500円，高中生以下200円 所遠野市中央通り2-11 交JR遠野站步行5分 P24輛(收費)

MAP附錄②P.21 B-1

觀看、觸摸 以身體感受《遠野物語》

昔話藏

可觀看和觸摸，感受遠野地方自古流傳的傳說世界。還有劇院、影片圖書館、繪本區等，大人小孩都可以一起開心學習。

↑簡單易懂地介紹遠野物語的世界

在遠野物語館尋寶！美食&伴手禮

物產館 赤羽根蔵

●ぶっさんかんあかばねぐら

☎0198-62-5808

營9:00～17:00

休無休

河童收納盒 1080円

藤編的可愛收納盒，讓桌面也變得逗趣起來

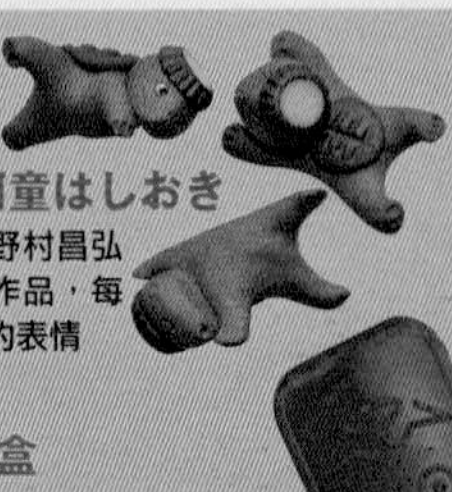

のらや 河童はしおき 各648円

當地創作者野村昌弘先生的陶藝作品，每件都有豐富的表情

河太郎煎餅（10枚入り） 500円

河童主題的煎餅，滋味樸實，散發味噌的風味

伊藤家·ばんがり

●いとうけばんがり

☎0198-60-1110

營11:00～15:00、17:00～19:30(20:00打烊)，有時會因蕎麥麵售完提早打烊 休週二

移建江戶時代的古民宅，別具韻味的氣氛很有魅力。

➡非常A套餐 1000円

還想瞭解更多！
走在懷舊的傳說之鄉
遠野 とおの

MAP附錄②P.8・21

洽詢處 ✆0198-62-1333（遠野市觀光協會）
✆0198-62-2111（遠野市商工觀光課）

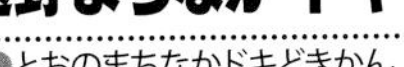

遠野 遠野まちなか・ドキ・土器館 景點
●とおのまちなかドキどきかん
MAP附錄②P.21 B-1

町家風格的館內展示考古資料等

展示遠野市內出土的土器、石器等貴重考古資料，以及遠野市中心過去的照片等。也開放為休息所，可在遠野散步途中隨興過來小憩片刻。

✆0198-62-7820
L 10:00～15:30(16:00閉館)
休 週一（逢假日則翌日休），12～翌年1月為週六、日、假日
¥ 免費 所 遠野市新町5-3
交 JR遠野站步行10分
P 3輛

➲還有可觸摸真正土器的展區

遠野 鍋倉公園展望台 景點
●なべくらこうえんてんぼうだい
MAP附錄②P.21 B-2

眺望遠野的街道

將鍋倉城跡整修而成的鍋倉公園，在三之丸舊跡有座模仿天守閣的「鍋倉展望台」，可將綠意盎然的遠野市區一覽無遺。同時以春天賞櫻、秋天賞紅葉的名勝聞名，吸引眾多人造訪。

✆0198-62-1333(遠野市觀光協會)
L 自由參觀(展望台為8:30～18:00) 所 遠野市遠野町
交 JR遠野站步行15分 P 10輛

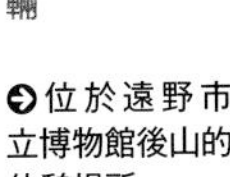
➲位於遠野市立博物館後山的休憩場所

遠野 福泉寺 景點
●ふくせんじ
MAP附錄②P.21 C-1

日本最大的一本雕觀音像

大正元（1912）年興建，境內位於小山丘上，視野良好，櫻花季節更是美不勝收。運來神木雕刻成的17m高觀音像安座在此地。

✆0198-62-3822
L 4月1日～翌年1月3日、8:00～16:30(17:00關門) 休 期間中無休
¥ 300円(乘車進入觀音堂時成人1人500円)，國高中生250円，小學生200円 所 遠野市松崎町駒木7-57 交 JR遠野站搭早池峰巴士附馬牛線往大出，坂の下20分，福泉寺前下車即到
P 300輛

➲春天的櫻花、杜鵑，以及秋天的紅葉非常漂亮

遠野 遠野鄉土人偶民藝村佐々孝工房 玩樂
●とおのきょうどにんぎょうみんげいむらささこうこうぼう
MAP附錄②P.21 D-3

江戶時代傳承至今的土人偶

製作並販售附馬牛區域傳統土人偶的工房，將揉入和紙的黏土塑形、乾燥後著色做成樸素的附馬牛人偶，可參觀製作過程及欣賞江戶時期的珍貴人偶。

✆0198-62-1335
L 9:00～16:00(16:30閉館) 休 週二 ¥ 260円，高中生210円，中小學生160円 所 遠野市青笹町糠前42-8-6 交 JR遠野站搭早池峰巴士青笹線往大草里35分，糠の前下車，步行3分 P 20輛

➲華麗的色彩是附馬牛人偶的魅力之處

遠野 遠野市立博物館 景點
●とおのしりつはくぶつかん
MAP附錄②P.21 B-2

以影片感受遠野的自然及傳說的世界

利用影片淺顯易懂地展示遠野的歷史及生活。透過美麗的影像，親身感受柳田國男的《遠野物語》世界。還可在大銀幕劇院欣賞水木茂的河童動畫。

✆0198-62-2340
L 9:00～16:30(17:00閉館)
休 月底，11～翌年3月為週一，4月無休
¥ 300円，高中生以下150円，學齡前兒童免費
所 遠野市東館町3-9 交 JR遠野站步行9分
P 10輛

➲透過立體透視模型及螢幕，以令人印象深刻的方式介紹遠野的創世神話

遠野 遠野城下町資料館 景點
●とおのじょうかまちしりょうかん
MAP附錄②P.21 B-1

學習城下町及遠野

遠野市在江戶時代為遠野南部氏的城下町，也是連接沿岸及內陸的交易據點。這裡介紹當年武家和商人的生活，以及大量物資與人群南來北往的遠野景觀。

✆0198-62-2502
L 9:00～16:30(17:00閉館) 休 無休
¥ 500円，高中生以下200円(與遠野物語館的共通票券)
所 遠野市中央通り4-6
交 JR遠野站步行7分
P 使用鄰近停車場

➲位於藏町一角，可輕鬆造訪

遠野 遠野故鄉村 玩樂
●とおのふるさとむら
MAP附錄②P.21 C-1

體驗山村早年的生活

重現過去遠野農村風景的設施，廣大的腹地內散布著南部曲家與水車小屋。還可在守護文化與傳統的「守人」協助下體驗植物染（需預約）。

✆0198-64-2300
L 9:00～16:00(17:00閉村)、11～翌年2月為～15:00(16:00閉村) 休 無休 ¥ 540円，國小、國中、高中生320円 所 遠野市附馬牛町上附馬牛5-89-1 交 JR遠野站搭早池峰巴士附馬牛線往坂の下24分，ふるさと村下車即到
P 100輛

➲人與馬共同生活的傳統南部曲家，村長的家

➲體驗製作稱為「馬子」的馬形稻草工藝品(800円)

遠野 TAKAMURO水光園 玩樂
●たかむろすいこうえん
MAP附錄②P.21 D-2

在池畔邊穿梭時空

中心是以約1/600的大小模擬遠野市形狀的遠野池，重現曲家、水車小屋等遠野的風景。不妨親身感受緩慢流動的時光。附設入浴設施、住宿設施及餐廳。

✆0198-62-2839
L 10:00～16:00(入浴為～20:00) 休 第4週一(逢假日則翌日休) ¥ 入園320円、中小學生220円，入浴540円、中小學生320円，1泊2食9820円 所 遠野市土淵町柏崎7-175-2
交 JR遠野站搭計程車15分
P 250輛

➲在庭園散步享受四季不同的美

遠野 遠野麦酒苑

美食

●とおのびーるえん

MAP附錄②P.8 E-1

當地啤酒搭配豐富的料理

從成吉思汗烤肉、麵片湯等鄉土料理，到手工披薩、義大利麵等，菜色豐富多樣，還可搭配遠野在地啤酒「河童啤酒」一起品嘗。

✆0198-66-2011 🅛4月中旬～11月中旬、10:00～15:00(16:00打烊) 休週一～五(逢假日則營業)
所遠野市宮守町下鱒沢21-110-1
🚃JR柏木平站步行5分 🅟30輛

⊙起司披薩（1200円）、河童生啤酒（520円）

遠野 まん十や

購物

●まんじゅうや

MAP附錄②P.21 B-1

欲購從速的知名饅頭

明治41（1908）年創業，以悠久歷史為傲的和菓子老店。以秘傳技術發酵的「醪饅頭」（1個110円）散發微微酒香，擁有難以撼動的人氣。口感膨軟的名品饅頭一定要買來當伴手禮。

✆0198-62-2375 🅛8:00～19:00
休週二(逢假日則翌日休) 所遠野市中央通り5-11
🚃JR遠野站步行3分 🅟使用鄰近停車場

⊙也很推薦將醪饅頭炸得香氣四溢的炸饅頭（120円）

遠野 まつだ松林堂

購物

●まつだしょうりんどう

MAP附錄②P.21 B-1

進貢給造訪遠野的皇室的茶點

以遠野名點「明烏」的元祖聞名的和菓子老店。在米麴中揉入核桃與芝麻製成的甜點，切面就像黎明時在空中飛翔的烏鴉，因而得名。

✆0198-62-2236
🅛8:00～19:00 休週三不定休
所遠野市中央通り1-7 🚃JR遠野站步行5分
🅟使用鄰近停車場

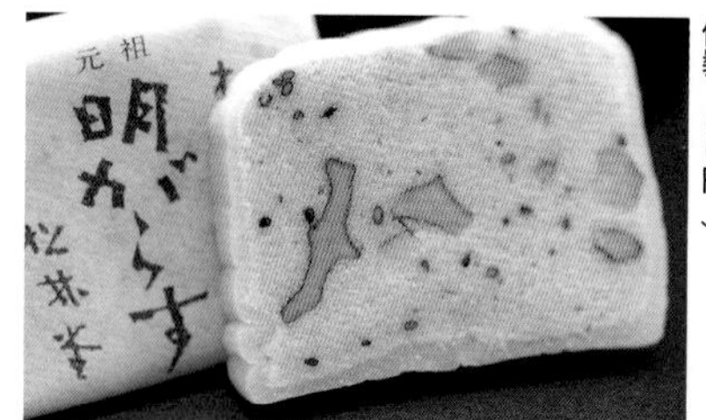

⊙擁有百年以上歷史的明烏（10個裝780円～）

遠野 公路休息站 みやもり

景點

●みちのえきみやもり

MAP附錄②P.8 E-1

湧出清泉的山葵之鄉的公路休息站

位於宮守町中心的公路休息站，販售利用豐沛湧泉培育的特產山葵、山葵加工品、農產品等。讓宮澤賢治得到童話靈感的「眼鏡橋」也離這裡不遠。

✆0198-67-2929
🅛9:00～18:00(12～3月為～17:00)
休無休 所遠野市宮守町下宮守30-37-1
🚃JR宮守站步行10分 🅟30輛

⊙販售新鮮山葵等特產

遠野 遠野ジンギスカン羊丸・道

美食

●とおのジンギスカンひつじまるみち

MAP附錄②P.21 C-3

香氣四溢的成吉思汗烤肉非吃不可

肉舖直營的成吉思汗烤肉店，將柔嫩無羶味的羔羊肉以南部鐵器鍋烤到香氣四溢的成吉思汗烤肉是極品。肉品有濃郁與清爽2種類型可依喜好選擇。

✆0198-66-3521
🅛11:00～14:30、17:00～21:30 休週四(逢假日則營業)
所遠野市松崎町白岩19-62-1
🚃JR遠野站搭計程車5分 🅟15輛

⊙可品嘗比較3種肉的羊丸套餐（2.5～3人份，3280円）

⊙白雪冷麵（930円）的豆漿湯頭擁有圓融的滋味

遠野 狐狸關所

景點

●キツネのせきしょ

MAP附錄②P.21 C-2

狐狸曾現身捉弄人的地點

因柳田國男的《遠野物語》而聲名大噪的遠野，有許多地方流傳狐狸化為年輕女孩騙人的傳說，鎮上到處都立著石碑。圖片為國道340號沿線上的石碑。

✆0198-62-1333(遠野市觀光協會) 🅛自由參觀
所遠野市土淵町土淵 🚃JR遠野站搭計程車8分 🅟無

⊙在遠野有許多狐狸戲弄人的故事

遠野 上閉伊酒造

景點

●かみへいしゅぞう

MAP附錄②P.21 C-3

備受好評的ZUMONA啤酒

縣內屈指可數以老字號為傲的釀酒廠，以六角牛山麓的水結合南部杜氏的技術誕生出的清酒「國華之薰」而聞名。精釀啤酒「遠野麥酒ZUMONA」清爽的風味也大受好評。若事先預約還可參觀工廠。

✆0198-62-2002
🅛參觀為10:00～16:00，需預約
休週六、日、假日、假日翌日 所遠野市青笹町糠前31-19-7 🚃JR遠野站搭計程車10分
🅟10輛

⊙與日本酒使用同樣清水釀造的遠野麥酒ZUMONA（各432円）

遠野 公路休息站 遠野風の丘

景點

●みちのえきとおのかぜのおか

MAP附錄②P.21 B-3

高地上可眺望市區的公路休息站

自駕兜風的休憩景點，風力發電用的風車讓人印象深刻。有販售新鮮蔬菜的產直販售所，還有服務處、餐廳、瞭望露台、休憩大廳等，即使平日也擠滿了人。

✆0198-62-0888
🅛8:00～19:00(冬季為8:30～17:30)、餐廳11:00～17:00
休無休
所遠野市綾織町新里8-2-1
🚃JR遠野站搭計程車10分
🅟178輛

⊙有多田自然農場的乳製品等數不清的遠野名產

溪谷美景、名湯、以及麻糬和品牌牛等飲食文化是迷人之處
一關·奧州·北上
いちのせき
おうしゅう
きたかみ
沾滿起司，熱氣騰騰……
好想吃！人氣美食
麻糬美食 P.70
前澤牛 P.74
嚴美溪 P.69
好想去！人氣景點！
歷史公園江刺藤原之鄉 P.72
彷彿誤入了幽玄的世界……
猊鼻溪乘舟遊 P.68
交通方式
往一關
東京站 JR東北新幹線「山彥號」、「隼號」、「疾風號」 1小時55分~2小時35分 「隼號」「疾風號」僅部分班次停靠 ¥12820円，搭乘「隼號」則為13230円 一之關站
往奧州（水沢江刺）
東京站 JR東北新幹線「山彥號」、「隼號」、「疾風號」 2小時15~50分 「隼號」、「疾風號」僅部分班次停靠 ¥13040円，搭乘「隼號」則為13450円 水澤江刺站
往奧州（前澤）
東京站 JR東北新幹線「山彥號」、「隼號」、「疾風號」 1小時55分~2小時35分 「隼號」、「疾風號」僅部分班次停靠 一之關站 JR東北本線 15分 前澤站
¥12820円，搭乘「隼號」則為13230円
往北上
東京站 JR東北新幹線「山彥號」「隼號」「疾風號」 2小時25分~3小時 「隼號」、「疾風號」僅部分班次停靠 ¥13360円，搭乘「隼號」則為13770円 北上站
詳細交通方式請見 P.106
區域Navi
八幡平·安比高原區域
盛岡·雫石區域
三陸海岸區域
花巻·遠野區域
北上
奧州
平泉
一關
北上
有東北三大賞櫻名勝之一的北上市立公園展勝地，北上川沿岸的櫻花林蔭道美不勝收。獨特的「鬼」博物館也值得一看。
奧州
洋溢平安浪漫風情的城市，是奧州藤原氏的起源，蝦夷酋長阿弖流為也曾在此活躍。品牌牛前澤牛也十分著名。
平泉
充滿歷史浪漫氣圍的古都，已登錄為世界遺產。
一關
位於與宮城縣的交界之處，有猊鼻溪與嚴美溪兩大名勝地。午餐可享用豐富的麻糬料理。
CONTENTS
特集
感動於壯大的溪谷之美！好想欣賞一關的兩大溪谷
猊鼻溪 嚴美溪 P.68
麻糬的聖地 一關麻糬美食 P.70
在歷史公園江刺藤原之鄉體驗當個平安貴族！ P.72
在「產地」享用味覺的藝術品 前澤牛 P.74
區域導覽
一關 P.71 奧州 P.76 北上 P.78

透見縣內首屈一指的壯闊自然之美 一關的兩大溪谷

いちのせき

絕景景點「猊鼻溪」與「嚴美溪」位於岩手的南方大門——一關，擁有大自然在漫長歲月中所雕琢出的壯麗溪谷之美。在風情各異的兩大景觀得到充分的療癒吧。

MAP 附錄② P.8・9・21

洽詢處
✆0191-23-2350（一關市觀光協會）
✆0191-21-8413（一關市商業觀光課）

交通方式

鐵路：東京站 → JR東北新幹線 → 一之關站
●所需時間／1小時55分～2小時35分
●費用／12820円（搭乘山彥號）

開車：一関IC → 國道342・4號（4km）→ 一關市區
●所需時間／8分

在四季散點的溪谷中前進
猊鼻溪乘舟遊
●げいびけいふなくだり

植物發芽的季節裡，新芽鮮嫩的綠色閃閃發亮，很漂亮哦

➲船夫 鈴木中小姐

因砂鐵川侵蝕石灰岩層而形成的溪谷。船夫以一根竹篙巧妙操船，在高100m、綿延2km的斷崖間前進的乘舟遊非常熱門，可欣賞新綠或鮮豔紅葉等四季更迭的景色，也可在平穩的溪底看見魚兒的身影。不妨聆聽迴響在峭立山壁間的「猊鼻追分」，度過悠哉的時光。

✆0191-47-2341（猊鼻觀光預約中心）🅛8:30～16:30（視時期而異）休無休（天候不佳時休）¥1600円、小學生860円、幼兒200円 所一関市東山町長坂町375 交JR猊鼻溪站步行5分 P100輛 MAP附錄② P.8 E-4

所需時間 1小時30分
不需預約

初夏時川霧瀰漫，彷彿白雲繚繞

高90m的奇岩，看似與少婦岩互相依偎，故稱為「夫婦岩」

觀賞紅葉的季節為10月下旬開始的2週左右。轉為或紅或黃的葉子點染川面的景象又更加美麗

岩壁間有溪谷，澗水流洩出來。夏天會吹著涼爽的風

聳立在路線最遠處的大岩壁，也能看見猊鼻溪溪名的由來——獅子鼻岩

從停泊處看過去，岩石的輪廓就像是女性的側臉

好好玩
嘗試投運玉！
在折返地點的停泊處下船，挑戰投運玉。

➲購買稱為運玉（5顆100円）的黏土球來試試手氣吧！

➲瞄準大猊鼻岩表面上的孔洞投擲運玉，據說如果能順利投進去的話願望就會實現

4月中～下旬時被綿延約2km的盛開櫻花所點綴

感動於壯大的溪谷之美！好想欣賞一關

饒富變化的溪谷美不勝收

嚴美溪

●げんびけい

聳立在兩岸的巨大岩石與寶石綠的溪水賞心悅目

位於源自栗駒山的磐井川中游，溪谷綿延約2km。四季皆異的美景被指定為國家名勝天然紀念物。在高10～20m的河階上宛如瀑布般奔流的溪水搖身一變，成為流速平穩、色澤獨特的水流，展露出形形色色的樣貌。

0191-21-8413(一關市商業觀光課) 自由參觀 所一関市厳美町 JR一之關站搭岩手縣交通巴士往渓泉閣前·瑞泉閣前·須川溫泉20分，厳美渓下車即到 P使用鄰近停車場 MAP附錄②P.9 C-5

伴手禮在這裡買

餅乾風味的厚燒煎餅

嚴美溪車程15分

三色煎餅(7片袋裝410円～)

佐々木製菓 大町本店

●ささきせいかおおまちほんてん

名品是將南部煎餅烤成餅乾風格的「三色煎餅」。芳香的花生和杏仁突顯了麵糰的甜味。

0191-23-5653 9:00～18:00 休無休 所一関市大町3-44 JR一之關站步行5分 P使用鄰近停車場 MAP附錄②P.21 B-5

飛天糰子 郭公屋

1 把錢放在籃子裡之後敲擊木牌

0191-29-2031 3～11月、9:00～16:00(售完打烊) ¥郭公糰子(3支)400円 MAP附錄②P.9 C-5

2 從對岸沿著繩子將糰子與茶全速送達

3 醬料有紅豆泥、黑芝麻、醬油三種，在店裡也吃得到

溪流沿岸的休憩所也有哦

げいびレストハウス

乘舟漂在清澈的砂鐵之川上揮舞著竹篙～♪

船夫 佐藤純一先生

位於猊鼻溪入口處的休憩所。在這裡可品嘗當季天婦羅搭配十割蕎麥麵的天盛蕎麥麵（930円）及鹽烤香魚等。

0191-47-2341(猊鼻觀光預約中心) 11:00～15:00(有時會變動) 休無休 所一関市東山町長坂町376 JR猊鼻溪站步行5分 P20輛 MAP附錄②P.8 E-4

岩石表面覆蓋著無數的藤蔓，到了每年5月下旬的觀賞季時，整面岩石會染成鮮豔的紫色

げいび レストハウス
START 乘舟遊發抵處 GOAL
藤岩
鏡明岩
毘沙門窟
碼頭周邊有免費及收費(500円)的停車場

水面反射的光線在岩石表面閃耀，看起來就像立了一面大鏡子

寬5m、深30m的鐘乳石洞，洞窟裡奉祀著毘沙門天

冬季名物 暖爐桌船

在整面銀白世界的12月1日～2月底之間，可搭乘暖爐桌船欣賞莊嚴的雪景。還有需事先預約的當地名物「附木流火鍋路線」（3300円～）。出航時間為9～15時（詳情需洽詢）。

麻糬的聖地 一關 麻糬美食

「和食」受聯合國教科文組織認定為非物質文化遺產，一關地方的麻糬料理也功不可沒。從傳統的「麻糬膳」到創意餐點，邊吃邊比較各種麻糬美食吧！

一口一口品嘗
9種麻糬料理

一口麻糬膳
附雜煮
1620円

就是這點好吃♡
以砂糖或醬等簡單調味的手工沾醬與麻糬非常搭配，有白蘿蔔、胡蘿蔔、牛蒡等大量配料的雜煮也是極品。

三彩館ふじせい

●さんさいかんふじせい

9種傳統麻糬料理皆為一口大小的麻糬膳非常受歡迎。麻糬使用被譽為糯米之王的一關產「黃金糯米」新鮮現搗，口感柔軟且彈性十足，與紅豆泥、紫蘇籽、毛豆泥等當地產食材製作的手工麻糬沾醬是天作之合。

➡1樓有桌椅座和吧檯座

➡店主
伊藤信行先生

僅以糯米和水搗成彈性十足的麻糬，請務必品嘗看看

☎0191-23-4536
🕒11:00～14:00、17:00～20:30
休週一，12月為週日 所一關市上大槻街3-53 交JR一之關站即到 P14輛
MAP附錄②P.21 B-5

請教三彩館ふじせい的店主伊藤先生！

一關的麻糬文化

Q 為什麼麻糬會這麼有名？

A 一關有「麻糬曆」，習慣在婚喪喜慶、盂蘭盆節、彼岸節等日子吃麻糬，一年會吃60天以上。農家無法像武家那樣吃到使用100%純米製作的麻糬，於是絞盡腦汁思考如何讓混了雜糧的麻糬變得美味，結果就誕生了各式各樣的麻糬料理，同時孕育出代表當地的飲食文化。

Q 吃法跟禮儀是？

A 武家社會的傳統禮儀──小笠原流正統的吃法是，首先以蘿蔔泥潤喉，從紅豆泥麻糬開始享用，中間吃生薑、核桃等不一樣的麻糬，最後以雜煮收尾。

Q 麻糬的種類有幾種？

A 現在多達300種以上！全新菜色透過展現麻糬文化魅力的「全國當地麻糬高峰會in一關」等活動接二連三地出現，每年都在增加。

➡改裝自大正時代的酒倉，外觀風情十足

買來當伴手禮吧

果報麻糬
（冷凍）
1500円
100%糯米的禮盒，不使用防腐劑

一關成為「麻糬之關」！

麻糬街道&全國當地麻糬高峰會

為了傳承「麻糬文化」，一關市內外的餐飲店組成「一關、平泉麻糬街道之會」，提供各式各樣的麻糬料理。另外在10～11月也會舉辦將全日本的當地麻糬料理集中在一關的活動。

☎0191-23-2350
（一關市觀光協會）

就是這點好吃♡
9種麻糬沾醬與雜煮的套餐，還可玩討吉利的找較量枝小遊戲。

果報麻糬膳
2200円

西式創意

沾上滿滿濃郁黏稠的起司享用

隨喜好在起司加入當地酒和牛奶，味道會變得更圓融哦

➡店員
佐藤一女士

香腸&麻糬起司鍋
1500円

就是這點好吃♡
熱騰騰的起司和麻糬是絕佳組合，還可搭配豬瓜、屑等當季蔬菜配麻糬一起吃。

蔵元レストランせきのいち

●くらもとレストランせきのいち

除了「麻糬膳」與「麵疙瘩膳」等一關鄉土料理外，還提供「麻糬起司鍋」等創意菜色。酒藏直營店特有剛出倉的日本酒和當地酒也很推薦。

☎0191-21-5566
🕒11:00～14:00、17:00～20:00(21:00打烊)，週六、假日為11:00～20:00(21:00打烊)，週日為11:00～19:00(20:00打烊) 休無休 所一関市田村町5-42
交JR一之關站步行13分 P30輛
MAP附錄②P.21 A-5

一關 いちのせき

名產是溪谷之美與麻糬料理

MAP 附錄② P.8・9・21

洽詢處 ✆0191-23-2350（一關市觀光協會）
✆0191-21-8413（一關市商業觀光課）

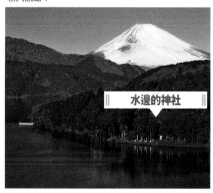

一關 ジャズ喫茶BASIE 美食

●ジャズきっさベイシー

MAP 附錄② P.21 B-5

全日本爵士迷們嚮往的店

昭和45（1970）年創業以來，以可用一流音響設備聆聽爵士樂的咖啡廳而聞名，粉絲從全日本各地慕名而來。

✆0191-23-7331 🕒13:00～21:00 休週二、三 ¥酒精飲料1200円～ 所一関市地主町7-17 交JR一之關站步行12分 P使用市營停車場

➲店內不定期舉辦現場演唱會

一關 ポラーノ 購物

MAP 附錄② P.9 C-4

當地食材製作的冰淇淋非常熱門

以縣產牛奶和當地產水果手工製作冰淇淋的專賣店。除了香草、芝麻等經典口味外，還有藍莓、南部一郎南瓜、宇治金時等也很熱門。可在兜風前往須川高原方向的途中順道來一趟。

✆0191-39-2272
🕒10:00～17:00 休無休
所一関市厳美町入道178-3
交JR一之關站搭岩手縣交通巴士往瑞泉閣·須川温泉30分， 山谷分館下車即到
P30輛

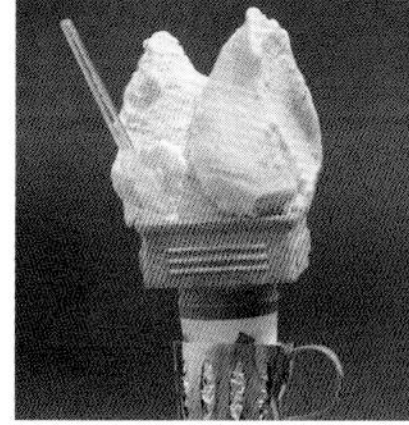
➲冰淇淋單球(280円)、雙球(330円)

遊趣！COLUMN 熱門的特色精釀啤酒

❋岩手酒藏啤酒

●いわてくらビール

從江戶時代開業至今、歷史悠久的釀酒所「世嬉の一酒造」所釀造的精釀啤酒。有添加辛香的花椒和牡蠣的濃郁黑啤酒等8種經典特色酒款。季節限定啤酒與有機啤酒的釀造也正蔚為話題。

❋世嬉の一酒造

●せきのいちしゅぞう

✆0191-21-1144
🕒11:00～14:00、17:00～19:00(參觀工廠、商店為9:00～17:00) 休不定休
所一関市田村町5-42
交JR一之關站步行13分
P30輛
MAP 附錄② P.21 A-5

➲榮獲無數獎項的岩手酒藏啤酒

一關 岩手野生動物園 玩樂

●いわてサファリパーク

MAP 附錄② P.8 E-6

近距離觀察野生動物

在這裡可見到約50種、500隻的野生動物，包括珍貴的白老虎。搭上巴士，在約50分鐘裡一邊聆聽解說一邊遊覽整個園區吧。草食動物區還可體驗從巴士上餵食動物。

✆0191-63-5660
🕒8:30～16:20(17:00閉園，週六、日、假日為8:00～，有季節性變動） 休無休 ¥2700円、3歲～小學生1500円，巴士費用600円、3歲～小學生400円，騎大象1組2000円
所一関市藤沢町黄海山谷121-2
交JR花泉站搭計程車20分
P400輛

➲近到觸手可及的動物們魄力十足

一關 居酒屋 こまつ 美食

●いざかやこまつ

MAP 附錄② P.21 B-5

享受三陸海產與當地酒

在穩重倉庫風格的店內可品嘗三陸的新鮮海產。使用宮城縣氣仙沼唐桑產的牡蠣製作的料理備受好評。並廣泛蒐羅了縣內當地酒和來自九州的燒酎等酒品。

✆0191-23-5744
🕒17:00～21:30(22:00打烊)
休週日、假日
¥味噌蔥燒牡蠣950円
所一関市大町6-20
交JR一之關站步行7分
P3輛

➲改造建築超過100年的倉庫，店面風格獨特

刺藤原之鄉
體驗當個平安貴族！

瀰漫平安時代浪漫情懷的壯闊歷史主題公園「歷史公園江刺藤原之鄉」，大規模重現歷史建築物，也是著名的電影及電視劇外景拍攝地。擁有豐富的正統平安文化體驗，可在高雅的氣氛中享受當個平安貴族。

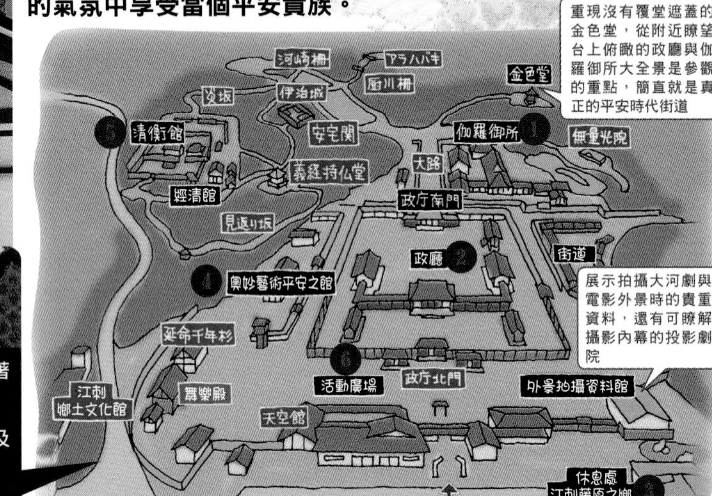

遊覽廣～大 鄉內的訣竅

1. 藉由平安時代的遊戲和穿著歷史服飾體驗平安貴族。
2. 參觀街道和重現藤原經清及清衡住過的宅邸等建築物。
3. 品嘗重現當年膳食的平安時代之味。

樂點 1

名流體驗 平安貴族

體驗穿著始自平安時代的女性貴族正裝——十二單，及男性服飾——束帶。還可挑戰彩繪據說平安時代貴族愛玩的遊戲「貝合」中使用的貝殼。

輕鬆享受高雅的體驗

蛤貝彩繪體驗 ①

依照個人喜好，替平安時代優雅遊戲「貝合」中使用的蛤貝彩繪，很適合做為旅途中的小小紀念品。

所伽羅御所 ¥1枚200円

適合親子或團體一同拍攝紀念照

所有裝束都有工作人員協助著裝

正式十二單、束帶著裝體驗 ①

穿上正式的十二單體驗平安貴族的感覺，還有男性穿的束帶、兒童大盔甲、男孩女孩的服裝可租借。也有披上服裝的免費體驗。

所伽羅御所 ¥十二單20000円、束帶15000円、兒童大盔甲10000円、兒童服裝5000円（需在1週前預約）

還有免費穿著歷史服飾的體驗區

奧州 おうしゅう

漫步洋溢歷史情調的街道
品嘗極品前澤牛

MAP 附錄② P.9

洽詢處
0197-24-2111（奧州市商業觀光課）

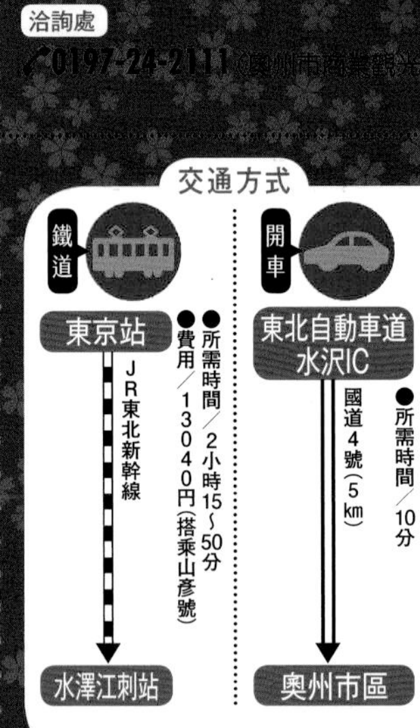

交通方式
鐵道
東京站
JR東北新幹線
●所需時間／2小時15～50分
●費用／13040円（搭乘山彥號）
水澤江刺站
開車
東北自動車道水沢IC
國道4號（5km）
●所需時間／10分
奧州市區

歷史公園江刺藤原之鄉

●れきしこうえんえさしふじわらのさと

以描寫奧州藤原氏的大河劇《炎立》為契機建造的歷史公園。20公頃的寬廣腹地內建了120餘棟重現平安時代建築的建築物，可享受漫步在歷史之中。此外還有外景拍攝資料館，展示過去外景拍攝的重要資料。

0197-35-7791 L9:00～17:00（11～2月為～16:00）休無休 ¥800円、高中生500円、中小學生300円 所奧州市江刺岩谷堂小名丸86-1 交JR水澤江刺站車程15分 P1000輛

MAP 附錄② P.9 D-2

在江歷史公園

這些作品都在這裡拍外景

江刺藤原之鄉也以熱門電影與人氣電視劇的外景地聞名，有「陸奧的好萊塢」之稱，曾響起無數次喊「卡！」的聲音。主要作品如下。

電影

《源氏物語-千年之謎-》（2011年）、《多襄丸》（2009年）、《禪 ZEN》（2009年）、《陰陽師》（2001年）、《陰陽師II》（2003年）等

大河劇

《女城主直虎》（2017年）、《真田丸》（2016年）、《軍師官兵衛》（2014年）、《平清盛》（2012年）、《龍馬傳》（2010年）等

電視劇、其他

《陰陽師》（2015年）、《火怨・北方的英雄 阿弖流為傳》（2013年）、《全員逃走中》（2010～2012年）等。還有其他影片、廣告及綜藝節目也採用此地做為外景地進行拍攝。

穿著平安時代裝束的演員們正在鏡頭前發揮演技

在伽羅御所進行夜間拍攝的情景

肚子餓了的話……

休息處江刺藤原之鄉 3

おやすみどころえさしふじわらのさと

附設原創菜色大受好評的餐廳，以及品項豐富的商店。還有南部煎餅、盛岡三大麵等經典伴手禮。

0197-35-7790 9:00～17:00（餐廳為10:30～16:00，夏季為～15:30，冬季為～15:00）休無休

藤原之鄉御膳 1950円

有醃鮪魚蓋飯及江刺特產雞蛋麵等

黃金清衡拉麵 1200円

撒上金粉的鮮蝦鹽味擔擔麵

樂點2 遊覽平安的街道

正式地重現執行政事及重要儀式的政廳、藤原清衡及秀衡的居館、感受平安時代日常生活的街道等場所。一邊在園裡悠哉地散步，一邊縱情想像往昔的時代吧。

伽羅御所

奧州藤原氏第三代秀衡的居館。日本唯一重現寢殿造樣式的建築物，配置池塘與假山的庭園也值得欣賞。

紅葉也極美，10月中旬到11月上旬是觀賞時期

經清館

11世紀中左右普遍的貴族宅邸，特色是茅草屋頂。名稱來自清衡之父藤原經清。

重現當年典型的豪門宅邸

清衡館

藤原清衡前往平泉之前居住的江刺宅邸。高地板式的寢殿及圓柱等都是初期寢殿造樣式的特徵。

以人偶重現當年的模樣

還有武士體驗 2

能體驗穿著盔甲及射術，可拍攝紀念照。不需預約，可隨興挑戰。

所政廳 ¥免費

街道

設置令人追憶過往平安時代的十幾棟民房與商店，也有休息處和工藝品商店，適合來此散步。

近距離感受平民的生活樣貌

政廳（南側）

重現12世紀政廳的壯麗朱漆建築。以正殿為中心建築物左右對稱的配置是受到唐代的影響。

奧妙藝術平安之館 4

奧妙藝術平安之館可欣賞錯覺藝術，透過以平安時代為主題的立體繪畫，體驗古代的世界。

¥免費入館

館內可攝影

樂點3 平安的飲食 3

根據文獻和資料重現秀衡與義經等人吃過的平安時代飲食。可品嘗烤竹葉包鮭魚、酒蒸鮑魚、唐菓子等13道菜。

0197-35-7790（休息處江刺藤原之鄉）※5人起可預約，需在5日前預約 所お休み処えさし藤原の郷

秀衡之宴 6480円

採用當季食材極盡奢華的飲食

活動也參考看看

免費觀賞 鄉土技藝「江刺鹿舞」 6

上演江刺的鄉土技藝「鹿舞」，配合太鼓聲起舞的景象非常壯觀。

4月下旬～11月中旬的週日，11:00～、14:00～ 所活動廣場（雨天時在戶外舞台舞樂殿）

可拍攝紀念照

園內周遊巴士「ゆめひら號」 6

從活動廣場前出發，繞行金色堂、清衡館、經清館等景點的周遊巴士，1圈25分，1日內可無限搭乘。

9:30～16:30 所活動廣場前集合 ¥200円，小學生以下100円

免費觀賞 江刺的說書人 5

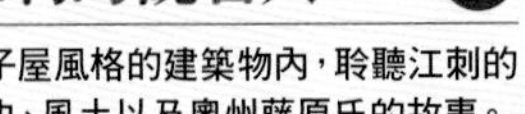

寺子屋風格的建築物內，聆聽江刺的歷史、風土以及奧州藤原氏的故事。

4月下旬～11月中旬的週六、日、假日，10:30～12:00、13:30～15:00（1次約15分）所清衡館休憩所

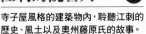

在「產地」享用 味覺的藝術品 前澤牛

まえさわぎゅう

前澤牛甜味高雅的油花細細分布在美味的紅肉上，在高級黑毛和牛中也擁有全日本數一數二的評價，就在產地奧州市前澤享受這肉中的藝術品吧。產地才有的奢侈吃法以及平實的價格也不容錯過！

品嘗變化多端的前澤牛料理

涮涮鍋「松」
（沙朗）**8640円**
可選擇白飯或烏龍麵，附漬物。肉品加點100g 4320円
（照片為3人份）

重點
涮涮鍋的前澤牛肉
將鮮亮的霜降肉在湯裡快速涮過，可直接嘗到前澤牛芳醇的鮮美。

明亮的店內，桌椅座與和式座位加起來有100席

和風れすとらん牛の里

★わふうれすとらんうしのさと

國道4號沿線上的專賣店，以適當的價格提供前澤牛。進貨半隻前澤牛，除了只使用嚴選部位的牛排外，還有能嘗到牛肉單純美味的涮涮鍋、壽喜燒、握壽司等豐富多樣的菜色。不妨在寬敞的店內盡情享用。

前澤牛牛排

沙朗	100g	4320円~
菲力	100g	4860円~

※金額會因公克數而異

0197-56-6115
11:00～20:00 休週二 所奧州市前澤向田1-5 JR前澤站步行5分 P30輛

MAP附錄②P.9 D-4

重點
牧場的直營店
以生產優質和牛聞名的小形牧場所直營的餐廳。

以合理價格品嘗高級和牛

黑毛和牛牛排蓋飯
（平日午餐限定）**2000円**
可品嘗到隱約的甘甜及彷彿入口即化的口感

肉料理おがた

★にくりょうりおがた

以合理價格提供前澤牛及直營餐廳的小形牧場所培育的上等黑毛和牛。同時積極使用自家栽種的米及當地蔬菜。堅持飼育環境及飼育方法所培養出的高級牛肉，除了牛排外還可以壽喜燒、涮涮鍋、握壽司等方式品嘗。

0197-56-7729
11:30～14:30(15:00打烊)、17:00～20:30(21:00打烊) 休週三 所奧州市前澤向田1-22 JR前澤站步行15分 P20輛

MAP附錄②P.9 D-4

除了桌椅座外，還有下嵌式座位的大廳

品嘗前澤牛壽司與涮涮鍋

位在前澤的國道沿線上

吉兆寿し
きっちょうずし

構思前澤風菜色而誕生的牛肉握壽司，會視油花的情況改變進貨部位。牛肉溶出的美味會滲進壽司飯裡，讓人嘗到難以想像是肉的清爽滋味。

0197-56-5906
11:00～22:00(週六、日、假日為～21:00) 休週四 所奧州市前澤塔ケ崎21-7 JR前澤站步行15分 P10輛 MAP附錄②P.9 D-4

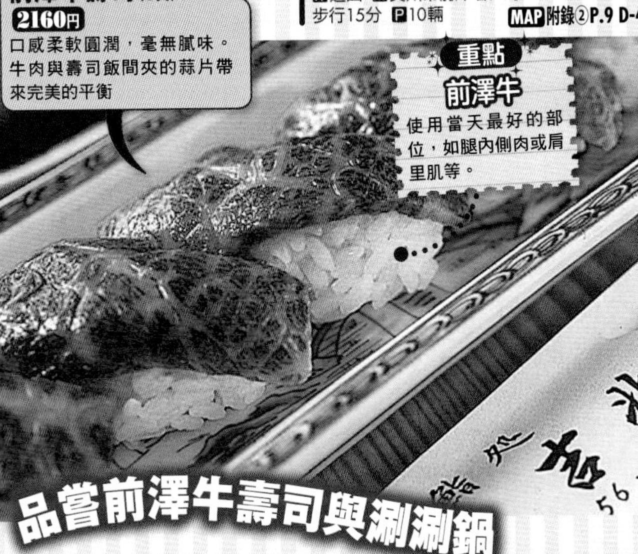

前澤牛壽司(5貫) 2160円
口感柔軟圓潤，毫無膩味。牛肉與壽司飯間夾的蒜片帶來完美的平衡

重點 前澤牛
使用當天最好的部位，如腿內側肉或肩里肌等。

敬請品嘗比較不同的前澤牛壽司

師傅說：「為了配合前澤牛，壽司飯要捏硬一點。」

助八寿司
すけはちずし

有和式座位、吧檯座和桌椅座

上一代老闆經反覆嘗試終於誕生出前澤牛握壽司，至今已超過30年。一頭牛只能取得5kg左右的稀有部位製成的壽司料，肉質柔軟並帶著淡淡甜味，霜降的脂肪會如奶油般在舌尖上融化。「牛套餐」最受歡迎。前澤牛牛排及涮涮鍋最晚需在前一天預約才可點餐。

0197-56-4141
11:30～22:00 休週一(逢假日則翌日休) 所奧州市前澤駅東2-8-9 JR前澤站步行5分 P28輛 MAP附錄②P.9 D-4

重點 前澤牛握壽司
肉的表面微微炙烤過，引出肉的香氣與甘甜。

牛套餐 3348円
包括前澤牛握壽司4貫、前澤牛壽司卷、打上鵪鶉蛋的軍艦卷2貫

使用4級以上的特選牛

ささ忠
ささちゅう

一個人也可輕鬆上門

以前澤牛為首，所有使用的肉品皆為4級以上的特選牛。堅持菜單上只有壽喜燒與涮涮鍋。1樓是精肉專賣店，2樓是專賣特選牛的餐廳。

0197-23-3621
11:30～13:30、17:30～20:30 休週日 所奧州市水沢横町205 JR水澤站步行15分 P15輛 MAP附錄②P.9 D-3

重點 關東式的壽喜燒
在肉還帶著微紅時享用。附上大量蔬菜。

壽喜燒(1人份) 3132円～
私房醬汁與湯頭分開的獨特風格，附小菜及烏龍麵或白飯。

前澤牛之鄉才有這樣的博物館！ CHECK!

うしのはくぶつかん

在牛博物館瞭解前澤牛

全日本唯一可學習牛的綜合性知識的博物館。介紹有「西松阪、東前澤」之稱的前澤牛歷史及知名牛等，展品非常充實，還有工作人員可應遊客的要求解說。一下子驚異於牛的胃袋之大，一下子搖響世界各地的牛鈴，大人小孩都能樂在其中。

0197-56-7666 9:30～16:30(～17:00閉館) 休週一(逢假日則翌日休) ¥400円，高中～大學生300円，中小學生200円 所奧州市前澤南陣場103-1 JR前澤站搭岩手縣交通巴士往前沢12分，白鳥下車，步行8分 P50輛
MAP附錄②P.9 D-4

蘇格蘭高地的剝製標本
牛之鄉前澤區的黑毛和種剝製標本

奧州 磐神社

景點

●いわじんじゃ

MAP附錄②P.9 C-4

奉祀安倍氏的守護神，御神體為巨石

前九年之役中地方豪族安倍賴時、貞任與陸奧守源賴義、義家爭奪霸權，此神社即為奉祀安倍家的守護神。在8月舉辦的奧州衣川祭中，是兒童列隊遊行的石大人隊伍的出發地。

0197-52-3111(奧州市衣川綜合支所產業振興課)
自由參觀　所奧州市衣川石神99
JR平泉站搭計程車20分　P3輛

悄然佇立在遼闊的田園地帶之中

奧州 白鳥館遺跡

景點

●しろとりたていせき

MAP附錄②P.9 D-4

支撐平泉文化的要衝地之遺跡

白鳥館位在中尊寺北邊，是唯一代表支撐平泉文化繁榮的北上川川港的遺跡。從古代到中世一直被視為河川要衝，15世紀時建起了居城。已指定為國家史跡。

0197-35-2111(奧州市世界遺產登錄推進室)
自由參觀　所奧州市前沢白鳥館地內
JR平泉站搭計程車15分　P20輛

照片提供 奧州市教育委員會

支撐平泉文化的北上川川港遺跡

奧州 大梅拈華山 圓通 正法寺

景點

●だいばいねんげざんえんづうしょうぼうじ

MAP附錄②P.9 D-3

規模宏大的茅草屋頂最為精采

曹洞宗的古剎，曾與福井的永平寺、神奈川的總持寺並列為曹洞宗三本山。在亂石砌的石牆上，蓋著橡木板屋頂的總門、本堂、庫裡等。本堂的茅草屋頂廣達720坪，是日本最大等級，也是最精采的看點。

0197-26-4041
9:00～17:00(11～翌年3月為～16:00)　休無休
¥500円，國中生300円，小學生200円　所奧州市水沢黒石町正法寺129
JR水澤站搭岩手縣交通巴士往正法寺30分，終點下車即到　P50輛

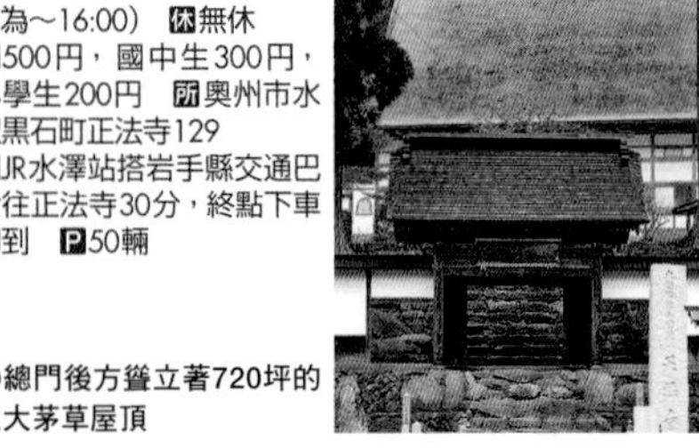

總門後方聳立著720坪的巨大茅草屋頂

奧州 奧州市傳統產業會館奧州南部鐵器館

景點

●おうしゅうしでんとうさんぎょうかいかんおうしゅうなんぶてっきかん

MAP附錄②P.9 D-3

展示熱門的南部鐵器的資料

介紹以南部鐵器為主的鑄造工藝品。除了立有鑄造時熔鐵用的熔爐「甑爐」紀念碑外，還有鑄造品佳作展示、重現作業過程的區域，以及商品販售等。

0197-23-3333
9:00～16:30
休無休
¥200円，高中生以下免費
所奧州市水沢羽田町駅前1-109
JR水澤江刺站即到
P6輛

距離水澤江刺站步行1分，走過去也很輕鬆

熔鐵用「甑爐」的紀念碑

奧州 奧州市武家住宅資料館

景點

●おうしゅうしぶけじゅうたくしりょうかん

MAP附錄②P.9 D-3

也是觀光起點的武家宅邸

公開仙台藩陪臣內田家的舊宅做為武家宅邸的資料館。腹地內附設「武家住宅資料中心」，展示江戶時代水澤城下的街道，以及武具、文物等，還可當作休息所。

0197-22-5642
9:00～16:30
休週一(逢假日則翌日休)
¥免費
所奧州市水沢吉小路43
JR水澤站步行10分
P12輛

武家宅邸特有的沉靜外觀

市內最具格調的武家宅邸之一

奧州 後藤新平紀念館

景點

●ごとうしんぺいきねんかん

MAP附錄②P.9 D-3

表彰復興東京的偉業

表彰對關東大地震後的復興提供莫大貢獻的政治家後藤新平。敘述其人格與功績的資料及日本近代化政治史相關資料十分豐富。從紀念館步行5分的吉小路留有舊宅。

0197-25-7870
9:00～16:30　休週一(逢假日則翌平日休)
¥200円，高中生以下免費　所奧州市水沢大手町4-1
JR水澤站步行15分　P5輛

詳細展示前人的偉業

奧州 菊田一夫紀念館

景點

●きくたかずおきねんかん

MAP附錄②P.9 D-2

與江刺相關劇作家的紀念館

菊田一夫以在疏散地江刺見到的建築物為藍本，替NHK廣播劇《鐘鳴之丘》寫下劇本及主題曲〈尖帽子〉的歌詞。紀念館中展示與他生平與作品相關的資料。

0197-35-9800
10:00～17:00　休週二(逢假日則翌日休)
¥免費　所奧州市江刺大通り3-1
JR水澤站搭岩手縣交通巴士往江刺バスセンター20分，大通り公園前下車即到　P7輛

使用明治後期罕見的紅磚倉庫

奧州 回進堂
購物
●かいしんどう
MAP附錄②P.9 D-3

守護傳統滋味的和菓子店

製造並販售岩手名點──岩谷堂羊羹。據傳岩谷堂羊羹始於延寶年間（1673～1681年），伊達藩岩谷堂城城主基於保護與獎勵而允許使用城名。

☎0197-35-2636
L8:30～18:30 休無休 所奥州市江刺愛宕力石211 交JR水澤江刺站搭計程車5分 P30輛

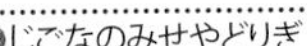
↑小型的一口岩谷堂羊羹（12個裝1296円）

奧州 江刺故鄉市場
購物
●えさしふるさといちば
MAP附錄②P.9 D-3

從新幹線看得到的大型產直所

以合理價格販售四季新鮮蔬菜與加工品的產地直送設施，所有商品皆為江刺地區農家所栽種、加工。生產者清楚透明，當地人也經常上門光顧。

☎0197-31-2080
L9:00～18:00 休無休 ¥蘋果霜淇淋300円 所奥州市江刺愛宕金谷83-2 交JR水澤江刺站搭計程車5分 P72輛

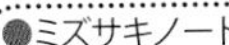
←販賣水果及花材的市場新館

奧州 奧州宇宙遊學館
景點
●おうしゅううちゅうゆうがくかん
MAP附錄②P.9 D-3

宮澤賢治也曾造訪的歷史建築

位於國立天文台的腹地內，開放大正10（1921）年建造的緯度觀測所舊本館供一般民眾使用。有學習宇宙結構的展示室、欣賞立體宇宙影像的4次元數位宇宙劇院，以及介紹宮澤賢治及緯度觀測所的展示室。

☎0197-24-2020
L9:00～16:30(17:00閉館) 休週二(逢假日則翌日休) ¥200円，國小、國中、高中生100円 所奥州市水沢星ガ丘町2-12 交JR水澤站搭計程車5分 P20輛

←也展示過去用在天文研究上的資料

奧州 地粉の店 やどり木
購物
●じごなのみせやどりぎ
MAP附錄②P.9 D-3

以岩手食材製作味道溫和的麵包及甜甜圈

發揮二手木頭建材質感的美妙空間裡，陳列10～15種麵包及烘焙點心，皆是使用麵粉、米粉、雞蛋、牛奶等優質岩手食材並以手工細心製作而成。

☎無 L9:00～17:00(週五、六為～18:30) 休週四、日 所奥州市水沢大鐘町1-3-2 交JR水澤站步行15分 P4輛(免費)

←直徑14cm的米粉甜甜圈480円，以南部鐵的麵包機製作

奧州 Mizusaki Note
美食
●ミズサキノート
MAP附錄②P.9 D-2

蘋果園裡的小小咖啡廳

蘋果農家經營的咖啡廳兼家具工房，可品嘗使用自家栽種蘋果製作的烘焙點心及飲料。「蘋果汁3品種試飲比較」(486円)可選擇喜歡品種，最受歡迎。同時販售果醬等商品。

☎0197-35-8548
L10:00～17:00 休週一～三、週日 所奥州市江刺稲瀬字水先595-2 交JR六原站車程10分 P10輛(免費)

←自製蘋果與綜合莓果酥粒蛋糕（777円）

奧州 歴史ふれあい館
景點
●れきしふれあいかん
MAP附錄②P.9 D-4

展示與前人相關的歷史資料

展示大量與衣川先人相關的歷史資料，在「衣川的黎明」、「安倍氏的興亡」、「二元都市平泉與衣河」等區域依照時代順序解說，還有當地說書人的「歷史講談表演」（預約制）。

☎0197-52-3750
L9:00～16:00(16:30閉館) 休週一(逢假日則翌日休) ¥350円，中小學生200円 所奥州市衣川日向60-18 交JR平泉站搭岩手縣交通巴士往イオン前沢10分，瀬原下車，步行5分 P30輛

←還有說書人表演「歷史講談」

奧州 農家レストランまだ来すた
美食
●のうかレストランまだきすた
MAP附錄②P.9 C-3

農家主婦製作的當地料理

店名是基於「希望客人開心而一再上門」而取。當地農家主婦們使用當季食材製作的料理，既家常又有溫和的滋味。「豆太郎套餐」1080円。

☎0197-46-4241
L11:00～15:30(午餐為11:30～14:30) 休週一、第1&3週日(1、2月為僅週五、六、日營業) 所奥州市胆沢若柳大立目19 交JR水澤站搭岩手縣交通巴士往ひめかゆスキー場25分，一本松下車，步行5分 P30輛

←店名的意思是「還要再來唷」

奧州 江刺鄉土文化館
景點
●えさしきょうどぶんかかん
MAP附錄②P.9 D-2

完整學習江刺地方的相關知識

可學習江刺地方歷史、文化及信仰史的設施。其中江戶中期製作的101尊「中善觀音」等佛教美術品特別精采。手打蕎麥麵及陶藝等體驗學習課程也很豐富。

☎0197-31-1600 L9:00～17:00(11～翌年2月為～16:00)，體驗為10:00～15:00(需在1週前預約) 休無休 ¥300円 所奥州市江刺岩谷堂小名丸102-1 交JR水澤江刺站搭計程車15分 P50輛

←101尊中善觀音

奧州 黒石寺
景點
●こくせきじ
MAP附錄②P.9 D-3

奉祀國家指定重要文化財的佛像

據傳為天平元（729年）年，名僧行基開創的天台宗古剎。胎內有貞觀4（862）年等銘文的木造藥師如來坐像、慈覺大師像、四天王立像安座於此，受指定為國家重要文化財。

☎0197-26-4168
L9:00～16:00(參拜需預約) 休不定休 ¥參拜費300円 所奥州市水沢黒石町山内17 交JR水澤站搭岩手縣交通巴士往正法寺20分，黒石寺前下車即到 P30輛

←也是奧州三十三觀音靈場，信徒眾多

令人咂舌的當地美食！
北上
きたかみ
MAP附錄②P.9・21
洽詢處 ☎0197-64-2111(北上市商業觀光課)
☎0197-65-0300(北上觀光會議協會)
交通方式
鐵道
東京站
JR東北新幹線
北上站
●所需時間／2小時25分～3小時
●費用／13360円(搭乘山彥號)
開車
東北自動車道北上江釣子IC
國道107・4號、縣道112號(3km)
北上市區
●所需時間／7分

北上 トロイカ

美食

MAP附錄②P.21 C-5

輕鬆品嘗俄羅斯菜

昭和48（1973）年創業以來，就以俄羅斯菜專賣店博得不少人氣。濃郁而爽口的羅宋湯以及使用數種菇類的酥皮濃湯最受歡迎。起司蛋糕也頗受好評。

☎0197-64-4263
營11:00～20:00(21:00打烊)
休週三(逢假日則翌日休)
所北上市町分18-120-1
交JR北上站搭計程車5分
P20輛

充滿肉類及蔬菜美味的羅宋湯(1340円)

北上 陸奧民俗村

●みちのくみんぞくむら

景點

MAP附錄②P.21 D-6

在戶外博物館感受北上的歷史

東北稀有的戶外博物館，移建並復原北上川流域及其周邊的茅草頂民宅。位於山間的腹地內散布29棟建築，有南部曲家及化為民俗資料館的舊黑澤尻高等女學校校舍等。

☎0197-72-5067 營9:00～16:30(17:00閉館) 休12～翌年3月為週一(逢假日則翌日休) ¥免費 所北上市立花14-62-3 交JR北上站搭計程車10分 P20輛

古民宅與歷史建築物蓋在一片懷舊的風景中

北上 北上観光物産館アクセス

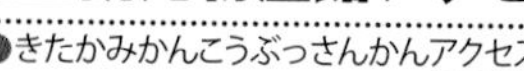

購物

●きたかみかんこうぶっさんかんアクセス

MAP附錄②P.21 D-5

販售北上＆縣內的特產

設施位在JR北上站前的大樓「おでんせプラザぐろーぶ」內。從北上市內的點心、工藝品到岩手縣的當地酒，販售的商品種類廣泛。同樓層還有觀光會議協會。

☎0197-61-3075
營9:00～19:00 休無休 所北上市大通1-3-1 おでんせプラザぐろーぶ1F 交JR北上站步行3分 P400輛(持停車券至窗口可免費停2小時)

各季節的農產品可寄送至日本各地

西和賀 錦秋湖

●きんしゅうこ

景點

MAP附錄②P.9 B-1

紅葉之美令人目眩神迷

為治水而堵塞和賀川建造出的水壩湖。四季有不同的美景，尤其是湖面似錦的紅葉季節，特別值得一看。微涼的秋天讓人想盡情享用溫泉及大自然的恩惠。

☎0197-81-1135(西和賀町觀光協會) 營自由參觀 所西和賀町杉名畑 交JR湯田錦秋湖站步行5分 P50輛

紅葉等四季的嫵媚映在湖面上

北上 北上市立鬼之館

景點

●きたかみしりつおにのやかた

MAP附錄②P.9 C-1

鬼、鬼、鬼的樂園

蒐集各式各樣鬼怪相關展品的主題博物館。展示岩手民俗技藝「鬼劍舞」的起源等日本國內外各地鬼的資料。若事先預約還可申請免費的館內導覽。

☎0197-73-8488 營9:00～16:30(17:00閉館) 休無休，12～翌年3月的週一(逢假日則開館，翌日與再翌日休)，假日的翌日 ¥500円，高中生240円，中小學生170円 所北上市和賀町岩崎16-131 交JR北上站搭計程車20分 P56輛

展示世界各地鬼的資料

遊趣！COLUMN 塞滿北上「美味」的新名產

✻北上可樂餅

●きたかみコロッケ

北上可樂餅以人氣當地美食嶄露頭角。特色是以芋頭為主、黏稠又濃厚的內餡。絞肉使用縣產黑毛和牛與北上白百合豬肉的綜合絞肉，帶出美味與甘甜。口感與味道的重心則是新鮮的蘆筍。敬請品嘗這前所未有的美味。

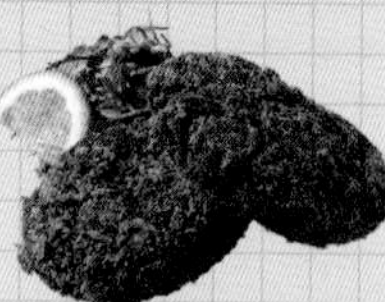

可自由調味。料理方式有三明治、蓋飯等五花八門，依店家而異

北上コロッケまるっとLab
HPmaruttolab.blogspot.jp/
(有販售北上可樂餅的店家地圖)

北上 展勝地レストハウス

●てんしょうちレストハウス

美食

MAP附錄②P.21 D-6

在眺望北上川的和式座位上用餐

餐廳內可將北上川盡收眼底的和式座位令人心情寧靜。以使用當地產蕎麥粉手打的蕎麥麵及傳統杵臼搗的麻糬為主，可嘗到堅持使用縣產及當季食材的餐點。

☎0197-64-2110
營10:00～17:00 休週一
¥季節蕎麥麵定食1630円 所北上市立花14-21-1
交JR北上站搭計程車10分
P200輛

北上川從眼前流過，地理位置絕佳

北上 佐藤八郎紀念館挨罵和尚

景點

●サトウハチローきねんかんしかられぼうず

MAP附錄②P.21 D-6

遇見佐藤八郎的世界

紀念館介紹留下〈蘋果之歌〉等2萬篇以上作品的詩人——佐藤八郎的事蹟。從東京遷移至北上的紀念館內，展示全部的音樂作品及私人物品等貴重的資料。

☎0197-65-5401
營10:00～15:30(16:00閉館)、11・3月為～14:30(15:00閉館)，週五需預約 休週一(逢假日則翌日休)，12～翌年2月 ¥400円，中小學生150円 所北上市立花13-67-3 交JR北上站搭計程車10分 P352輛

館內重現佐藤八郎的工作室

八幡平雄偉大自然懷抱中的高原度假區
八幡平・安比高原
はちまんたい
あっぴこうげん
請品嘗
細心釀造的
岩手酒
好想吃！
人氣
美食
P.88
P.84
好想去！
人氣
景點！
八幡平
盾形
火山線
P.80
路線上的
焦點就是
八幡沼！
P.81・82
交通方式
往八幡平
東京駅
JR東北新幹線
「隼號」、「疾風號」
2小時10~55分
¥14740円
搭乘「疾風號」則為14230円
盛岡站
岩手縣北巴士
1小時15~35分
¥940円
或1060円
松尾鉱山
資料館
往安比高原
東京站
JR東北新幹線
「隼號」、「疾風號」
2小時10~55分
盛岡站
JR花輪線經
IGR岩手銀河鐵道
1小時
安比
高原站
¥15930円，搭乘「疾風號」則為15420円
往二戸
東京站
JR東北新幹線「隼號」
2小時40分
¥15930円
二戸站
詳細交通方式請見 P.106
CONTENTS
特集
直上雲霄！ 八幡平盾形火山線爽快兜風 P.80
漫步在雲端的世界 八幡平輕鬆登山路線 P.82
兜風或登山後去一趟！ 八幡平的秘湯 P.84
區域導覽
八幡平 P.86 安比高原 P.87 二戸 P.88
區域Navi
二戸
安比高原
八幡平
盛岡・雫石
區域
三陸海岸
區域
花巻・遠野
區域
一關・奥州・
北上區域
安比高原
可在綠色的高原上騎自行車、打網球、登山的一大遊樂區域。同時也以雪質上等的冬季滑雪場著稱。
二戸
可感受馬仙峽等雄偉大自然及九戸城跡等歷史的區域。銘酒「南部美人」及雜糧美食也很知名。
八幡平
綠意盎然的八幡平散布大白時冷杉等原始林廣布的沼澤及濕原。春天有「雪之迴廊」、夏天可登山，秋天則能賞紅葉，樂趣滿載。

八幡平

はちまんたい

高原、秘湯、健行！野性的自然在等著我們

MAP 附錄② P.16·17

洽詢處

✆0195-78-3500（八幡平市觀光協會）

交通方式

巴士鐵道	開車
東京站	東北自動車道松尾八幡平IC
JR東北新幹線 ●所需時間／5小時 ●費用／16100円（搭乘隼號＋巴士）	縣道45·23號（26km） ●所需時間／45分
盛岡站	
岩手縣北巴士	
八幡平頂上巴士站	八幡平頂上停車場

橫跨岩手與秋田的山岳兜風路線。雄偉的岩手山、怒放的高山植物、悠然綿延的樹海……充分享受奔馳在大自然中的壯麗兜風之旅！

岩手縣八幡平市～秋田縣鹿角市

壯麗風景連續不斷的兜風路線！

START
東北自動車道松尾八幡平IC
45 八幡平盾形火山線 19km、30分
1 源太岩瞭望所
八幡平盾形火山線 1km、3分
2 夜沼
八幡平盾形火山線 6km、12分
3 八幡平山頂遊步道
八幡平盾形火山線 10km、22分
4 後生掛溫泉自然研究路
八幡平盾形火山線 1.5km、7分
5 八幡平大沼
八幡平盾形火山線 341 282 27km、45分
東北自動車道鹿角八幡平IC
GOAL

直上雲霄！八幡平盾形火山線 爽快兜風

攝影師來推薦 八幡平的拍攝景點

有源太岩、八幡沼、大沼等，八幡平是拍攝的聖地！

板元義和／四處拍攝東北各地的風景、美食、溫泉等20年以上。

與八幡平盾形火山線並行的八幡平樹海線，這條路行經壯觀的闊葉林，推薦新綠或紅葉季節造訪。

八幡平盾形火山線

はちまんたいアスピーテライン　MAP 附錄② P.17 C-2

●最佳季節…5月下旬～10月上旬
●全長…約27km　●所需時間…約1小時30分

全長約27km的山岳兜風路線，連接岩手縣八幡平市與秋田縣鹿角市。可一邊遠眺岩手山與八幡平連綿的群山，一邊享受快意兜風。

周邊有水芭蕉的群落

⬆從盾形火山線可看見夜沼

濕原與樹海環繞的神秘沼澤

2 夜沼

●よぬま　MAP 附錄② P.16 E-3

八幡平濕原群之一，靜悄悄地待在樹海的包圍下。據說由於過去每夜都會出現盜捕紅點鮭的人，故稱為「夜沼」。由於散步步道並不完善，所以無法接近湖邊。

✆0195-78-3500（八幡平市觀光協會）
🅛4月中旬～11月上旬，自由參觀 所八幡平市松尾寄木八幡平 交JR盛岡站搭岩手縣北巴士往八幡平頂上1小時40分，茶臼口下車即到 P無

岩手山近在眼前的經典絕景景點！

1 源太岩瞭望所

●げんたいわてんぼうしょ　MAP 附錄② P.16 E-3

位於八幡平盾形火山線上海拔1255m的觀景點。從瞭望台可遠眺岳樺及日本山毛櫸的樹海，還有標高2038m、山腳坡地遼闊的縣內最高峰岩手山。

✆0195-78-3500（八幡平市觀光協會）
🅛4月中旬～11月上旬自由參觀 所八幡平市八幡平 交東北自動車道松尾八幡平IC經縣道23號往柏台25km P5輛

⬅沿路上滿是巨石的觀景點

邊登山邊欣賞高山植物
與沼澤的風景

從八幡沼瞭望台眺望的八幡沼。周邊的濕原是高山植物的寶庫

朝八幡平的象徵，倒映天空的八幡沼前進

3 八幡平山頂遊步道

はちまんたいさんちょうゆうほどう MAP附錄②P.17 D-3 →P.82

從見返峠出發，朝八幡平山頂前進的遊步道。最短路線繞一圈只需要1小時左右，連新手也能輕鬆享受健行樂趣正是魅力所在。遊步道上有可遠眺八幡平象徵——八幡沼的瞭望台。

感受大地的能量！觀察火山活動用的遊步道

4 後生掛溫泉自然研究路

ごしょうがけおんせんしぜんけんきゅうろ MAP附錄②P.17 B-2 →P.83

從各處噴發的白煙讓人大吃一驚！

位在名湯後生掛溫泉後方的散步道，繞一圈約40分。有冒著白煙的大湯沼、噴出含泥熱泉的泥火山等，看點滿滿。部分禁止通行，冬季會封閉。

1m左右的泥火山宛如迷你火山模型

6月時迎來蓮華杜鵑的賞花季

賞高山植物與紅葉的必遊景點，有繽紛花朵盛開的6～7月也很推薦

走在沼澤邊的木板道上輕鬆觀察高山植物

5 八幡平大沼

はちまんたいおおぬま MAP附錄②P.17 B-2

初夏可見白毛羊鬍子草、水芭蕉等高山植物，秋天則有岳樺和合花楸等的美麗紅葉。繞沼澤邊一圈的自然研究路整備完善。

0186-23-2019(十和田八幡平觀光物產協會) 4月下旬～11月上旬，自由參觀 所秋田県鹿角市八幡平熊沢国有林内 JR鹿角花輪站搭事前預約型觀光路線巴士「八郎太郎號」55分，大沼溫泉下車即到(僅4月下旬～10月下旬的週六、日、假日行駛) P30輛

在這裡小憩片刻

使用縣產牛的咖哩極為好評

八幡平山頂レストハウス

MAP附錄②P.17 D-3

はちまんたいさんちょうレストハウス

位在岩手、秋田縣交界處，與八幡平瞭望停車場相鄰。設有輕食區，可品嘗使用縣產食材的烏龍麵和咖哩等。商店裡岩手和秋田的伴手禮非常齊全。

0195-78-3500(八幡平市觀光協會) 4月中旬～11月上旬、9:00～17:00(夜間禁止通行期間為～16:30)，食堂為10:00～15:00(16:00打烊) 休期間中無休 所八幡平市八幡平山頂 JR盛岡站搭岩手縣北巴士往八幡平頂上，八幡平頂上下車即到 P146輛

八幡平山葡萄煎餅1080円(大)、650円(小)

源太咖哩稻庭烏龍麵(900円)

八幡平在春秋兩季也是看點滿滿！

早春的山上娛樂就是在雪壁間兜風！

八幡平盾形火山線的雪壁也是春季的風情畫。清除冬季裡累積的深雪時形成，高度可達8m。4月中旬到5月中旬可觀賞得到。

來去欣賞又稱「雪之迴廊」的壯觀雪景

紅葉季節推薦在溪流或沼澤等水邊拍攝

八幡平盾形火山線&八幡平樹海線

八幡平的山頂附近在每年的9月下旬開始變色，八幡平盾形火山線的岳樺會染成格外美麗的色彩。從松川溫泉到八幡平山頂的八幡平樹海線的紅葉也很漂亮。

從八幡平盾形火山線的停車區望見熊沼附近的紅葉

八幡平樹海線這裡混合了針葉樹與闊葉樹

八幡平盾形火山線的紅葉與大白時冷杉的對比極為美麗

兜風途中好想吃這個！

在「松尾八幡平物產館あすぴーて」買得到

HAPPY銅鑼燒

MAP附錄②P.16

在八幡平物產館「松尾八幡平物產館あすぴーて」販售的銅鑼燒。由當地點心店使用特產紫葛葡萄製作，烤得膨鬆柔軟的外皮和紫葛葡萄&鮮奶油是絕佳搭配！

0195-78-3480(松尾八幡平物産館あすぴーて) 9:00～17:00(冬季為～16:00) 休無休 所八幡平市柏台1-28 JR盛岡站搭岩手縣北巴士往八幡平頂上1小時15分，さくら公園下車即到 P100輛

熱銷的HAPPY銅鑼燒(1個194円)

八幡平輕鬆登山路線

八幡平有盛放的高山植物、大白時冷杉大樹海、濕原、火山湖等壯麗的自然美景。走在山頂周邊或濕原整備完善的遊步道，輕鬆跳進大自然！

好想跳進海拔1600m的大自然！

大白時冷杉原生林與湖沼群盡收眼底

八幡平山頂遊步道上最大的看點——八幡沼

登山MEMO 穿什麼？

最好戴著帽子遮陽兼擋樹枝

選擇能空出雙手的背包，也別忘了帶水

為了防蟲建議穿著外套

登山鞋是最佳選擇，運動鞋也OK

3 八幡沼瞭望台

●はちまんぬまてんぼうだい

可一望原生林及八幡平池沼中最大、如明鏡般倒映藍天的八幡沼。

2 八幡平頂上瞭望台

●はちまんたいさんちょうてんぼうだい

設置在八幡平山頂海拔1613m處的瞭望台，可暢快地遠眺原生林。

1 鏡沼

●かがみぬま

正如其名，水面化為鏡子映出周圍森林與天空的美麗沼澤。和附近的眼鏡沼同為大家熟悉的景點。

4 見返峠

●みかえりとうげ

從八幡平周邊的原生林及茶臼岳，到聳立遠方的雄偉岩手山都能看見的觀景點。

●はちまんたいさんちょうゆうほどう

八幡平山頂遊步道

巡遊山頂一帶的路線。走上平緩的石板坡道，青綠色水面的沼澤群就會現身。再往前從頂上瞭望台眺望大白時冷杉原生林及火山湖、濕原等。由於是高山植物的寶庫，從初夏到秋季可欣賞水芭蕉及北萱草等惹人憐愛的植物。

0195-78-3500（八幡平市觀光協會）
4月中旬～11月上旬，自由參觀
八幡平市八幡平
JR盛岡站搭岩手縣北巴士往八幡平山頂，八幡平山頂下車即到 P146輛

MAP 附錄② P.17 D-3

所需時間 80分 新手路線 START & GOAL

八幡平瞭望停車場
↓ 10分
① 鏡沼
↓ 15分
② 八幡平頂上瞭望台
↓ 5分
③ 八幡沼瞭望台
↓ 10分
④ 見返峠
↓ 15分
八幡平瞭望停車場

白煙裊裊的壯觀畫面！不妨走走看特色路線

●ごしょうがけおんせんしぜんけんきゅうろ

後生掛溫泉自然研究路

研究路位於名湯後生掛溫泉的停車場後方，可觀察火山現象。完善的步道上可邊散步邊欣賞溫泉的源泉噴泥及泥火山等壯觀的景象（部分禁止通行）。

☎0186-31-2221（後生掛溫泉旅館）
🕒5月下旬～11月中旬，自由參觀
所秋田県鹿角市八幡平熊沢国有林内
交東北自動車道松尾八幡平IC車程1小時
※11月起的交通方式請向旅館洽詢
P40輛
MAP附錄②P.17 B-2

十字架岩　後生掛溫泉旅館　P
3 大湯沼　20分　10分　5分　（禁止通行）
1 紺屋地獄　2 泥火山
※從大湯沼至泥火山的環繞路線禁止通行

所需時間 60分　START & GOAL　新手路線

後生掛溫泉停車場
5分
1 紺屋地獄
10分
2 泥火山
25分
3 大湯沼
20分
後生掛溫泉停車場

1 紺屋地獄
こんやじごく

瀰漫硫黃的氣味、冒著咕嘟咕嘟的泥泉，景象有如地獄一般。

2 泥火山
どろかざん

可近距離觀賞從大正時期開始成長，日本第一的泥火山。

3 大湯沼
おおゆぬま

噴發出壯觀泥泉的噴泥沼，令人感受到原始的氣息。

●さいうんそう

彩雲荘

登完山後就去泡溫泉悠哉一下吧

以豐富的泉量自豪。開放感十足的露天溫泉可一望岩手山及樹海。

⬅八幡平海拔1400m的湧泉

⬅八幡平的秘湯特集請見次頁

所需時間 40分　START & GOAL　新手路線

黑谷地巴士站附近
10分
1 熊之泉
5分
2 瞭望台
15分
黑谷地巴士站附近

1 熊之泉
●くまのいずみ

夏季也會湧出清涼的泉水，可自由飲用。健行途中就來潤潤喉吧。

2 瞭望台
●てんぼうだい

可眺望黑谷地濕原與高山植物的觀景點。

2 瞭望台　◀源太森　5分　茶臼岳▶　15分　1 熊之泉　10分　黑谷地巴士站附近　◀山頂　P　盾形火山線　茶臼口▶

單程15分的輕鬆遊步道　初夏的北萱草美不勝收

設置便於在濕原行走的木板道

●くろやちしつげん

黑谷地濕原

因火山活動噴發的噴出物堵塞河川形成的濕原。就在八幡平盾形火山線旁，可輕鬆前來散步。以賞高山植物的名勝著稱，7到8月有北萱草等花卉亮麗地盛開。

☎0195-78-3500
（八幡平市觀光協會）
🕒自由參觀
所八幡平市八幡平
交JR盛岡站搭岩手縣北巴士往八幡平頂上1小時44分，黑谷地下車即到
P10輛
MAP附錄②P.17 D-3

登山MEMO　在八幡平可看見這些高山植物

白山千鳥
可見群生的這種蘭科植物。6月中旬～8月上旬為觀賞季

北萱草
替濕原點綴鮮亮的黃色。7月上旬～8月中旬為觀賞季

蝦夷御山龍膽
豔紫色蝦夷龍膽的高山種。8月中旬～9月中旬為觀賞季

●ございしょしつげん

御在所濕原

設置環繞赤沼與御在所沼的遊步道，5月中旬及6月分別迎來水芭蕉與白毛羊鬍子草的觀賞季。又稱為五色沼的赤沼，水色會因季節而產生複雜的變化，即使冬天到零下30度也不會凍結。建議在不同季節來訪，邊散步邊欣賞沼澤顏色的變化。

☎0195-78-3500
（八幡平市觀光協會）
🕒自由參觀　所八幡平市緑ガ丘
交JR盛岡站搭岩手縣北巴士往八幡平頂上1小時30分，御在所下車即到
P30輛　MAP附錄②P.16 F-3

眺望夢幻沼澤的遊步道

所需時間 60分　START & GOAL　新手路線

御在所巴士站
15分
1 赤沼
5分
2 涼亭
5分
3 御在所沼
25分
御在所巴士站

1 赤沼
●あかぬま

春到夏為澄亮的綠色、秋到冬為深濃的黃褐色，水面顏色會隨季節及光線角度而變化。

2 涼亭
●あずまや

適合眺望赤沼與御在所沼的休憩景點。

3 御在所沼
●ございしょぬま

水量多的沼澤，可欣賞與周邊山脈共同呈現的美麗風景。

兜風或登山後去一趟!

八幡平的秘湯

自然豐美的八幡平山間窪地裡，
有風光明媚的露天浴池、日本罕見的強酸性溫泉等豐富的特色溫泉。
可住宿或順道前去，在充滿秘湯氣氛的溫泉旅館裡慢慢舒緩身心。

藤七溫泉

彩雲莊

さいうんそう

在海拔1400m的東北第一高地湧出的溫泉。一面眺望眼下的雲海或豔紅的朝霞，一面浸泡在乳白色的濁湯裡，暢快感無與倫比。在混浴露天浴池有售女性用的大浴巾，也有女性專用的露天浴池。

MAP 附錄②P.17 D-3

090-1495-0950（衛星電話）
休 10月下旬～4月下旬
所 八幡平市松尾寄木北ノ又
交 JR盛岡站搭岩手縣北巴士往八幡平蓬萊境1小時50分，藤七溫泉下車即到 P 50輛

住宿
IN 15:00 OUT 10:00
費用 1泊2食 12030円～

不住宿入浴
時間 8:00～18:00 費用 600円

➲還可享受新綠、紅葉等四季自然景觀
➲建在八幡平樹海線上的絕景溫泉旅館

知名浴池在這裡！
絕景
混浴露天浴池
可以遠眺岩手山的雲頂露天浴池，景色絕佳。從池底湧出混濁的硫黃淡泉

俯瞰眼下絕景的雲頂露天浴池

知名浴池在這裡！
享受秘湯的男性專用野天浴池
設在荒涼岩石區的羅漢柏浴池，可在盡情放鬆的同時享受秘湯的風情。

住宿
IN 15:00 OUT 10:00
費用 1泊2食 14040円～

不住宿入浴
時間 8:30～17:00 費用 600円

在山毛櫸原生林的環繞下浸泡洋溢野趣的秘湯

蒸之湯溫泉

源泉·秘湯之宿 蒸之湯

げんせんひとうのやどふけのゆ

八幡平最古老的溫泉，開湯已有300年歷史。腹地內擁有3條源泉，泉量豐富。設有大浴場、5處露天浴池、野天浴池、地熱浴「溫突」等。也很推薦在野天浴池新設風情十足的樽風呂裡慢慢泡湯。

MAP 附錄②P.17 C-2

0186-31-2131 休 11月～4月下旬 所 秋田縣鹿角市八幡平熊沢国有林內
交 東北自動車道松尾八幡平IC車程1小時 P 25輛

➲同個地方可享受枡風呂、樽風呂、岩風呂三種浴槽的混浴場，景觀一流。

後生掛溫泉

後生掛溫泉

ごしょうがけおんせん

殘留溫泉療養場風情的獨棟旅宿，木造的大浴場有滿滿療癒溫泉的氣氛。能治百病的名湯自古即被歌頌為「騎著馬來，走著回家的後生掛」。可享受箱蒸風呂、泥浴、打湯、露天浴池等7種溫泉浴。

MAP 附錄②P.17 B-2

➲還有可長期居住的純住宿溫泉療養村

0186-31-2221
所 秋田県鹿角市八幡平熊沢国有林內
交 東北自動車道松尾八幡平IC車程1小時(冬季請向旅館洽詢)
P 40輛

住宿
IN 15:00 OUT 10:00
費用 1泊2食 11490円～

不住宿入浴
時間 9:00～16:00（受理至15:00）
費用 600円

知名浴池在這裡！
有7種浴池的純木造大浴場
從池底湧出氣泡的火山風呂到箱蒸風呂等7種浴池，一一泡過去肯定能讓身心都放鬆

享受7種溫泉浴
有多種功效的療癒之湯

玉川溫泉

玉川溫泉

たまがわおんせん

約330年前開湯，每分鐘從地底下1700m處湧出9000L的泉水，以單一處湧泉量而言是日本第一。pH1.2的強酸性溫泉不只能讓肌膚變得光滑，還能舒緩各式各樣的症狀，是國內少數被指定為國民保養溫泉地的溫泉療養場。

✆0187-58-3000（預約中心）

休12月1日～4月中旬 所秋田県仙北市田沢湖玉川渋黒沢 交JR田澤湖站搭羽後交通巴士往八幡平頂上1小時20分，玉川溫泉下車即到 P25輛

MAP附錄②P.17 A-2

➲位在燒山山腳的溫泉療養旅館

➲羅漢柏打造的大浴場內，每個浴槽的源泉濃度都不同，可配合身體狀況選擇

住宿
IN 15:00 OUT 10:00
費用 1泊2食 8208円～

不住宿入浴
時間 9:00～15:00
費用 800円

知名浴池在這裡！
利用地熱的天然岩盤浴
可在自然的溫熱浴中大量出汗排除毒素，記得攜帶鋪在岩石上的草蓆和換穿的衣物

以日本第一的湧泉量及功效聞名的溫泉療養場

悅目的豐美森林景觀 可親的昭和旅館

知名浴池在這裡！
流水聲安穩人心的露天浴池
有高溫和低溫2條源泉。露天浴池部分有屋頂遮蓋，即使下雨或下雪也能悠哉泡湯

松川溫泉

松川莊

まつかわそう

昭和35（1960）年開業。位在海拔850m的松川溫泉鄉的最深處。擁有2條源泉，特色是乳白色的溫泉水。可品嘗名產珠雞和野菜等，山間旅館特有的晚餐備受好評。另外還可體驗親手製作溫泉蛋。

MAP附錄②P.16 E-5

✆0195-78-2255

所八幡平市松尾寄木松川温泉 交JR盛岡站搭岩手縣北巴士往松川溫泉1小時50分，松川莊口下車，步行7分 P70輛

➲在充滿秘湯情調的山間旅館度過幽靜的時光

住宿
IN 15:00 OUT 10:00
費用 1泊2食 10950円～

不住宿入浴
時間 8:00～18:00
費用 500円

新玉川溫泉

新玉川溫泉

しんたまがわおんせん

➲2018年全面翻新的岩盤浴

與玉川溫泉引同一處溫泉的旅館。大浴場內有箱蒸湯、寢湯、露天浴池等各式浴池，還有室內岩盤浴。2018年翻新的和室雙床房是用秋田杉打造的和風摩登空間，可享受舒適的溫泉療養之旅。

✆0187-58-3000

（預約中心）

所秋田県仙北市田沢湖玉川渋黒沢2番地先 交JR田澤湖站搭羽後交通巴士往八幡平頂上1小時10分，新玉川溫泉下車即到 P120輛

MAP附錄②P.17 A-2

知名浴池在這裡！
開放感十足的大浴場
源泉濃度和溫度會視浴槽而異，配合身體狀況以自己的步調慢慢泡湯吧

山毛櫸森林環抱中的溫泉療養旅宿

住宿
IN 15:00 OUT 10:00
費用 1泊2食 12420円～

不住宿入浴
時間 9:00～15:30 費用 800円

佇立在溪谷沿岸 傳統的樸素溫泉旅館

知名浴池在這裡！
樸素風情的混浴露天浴池
邊欣賞近在眼前的山壁，邊享受泉量充沛的濁湯。河川潺潺的流水聲十分悅耳

住宿
IN 15:00 OUT 10:00
費用 1泊2食 8790円～

不住宿入浴
時間 8:00～20:00
費用 500円

松川溫泉

松楓荘

しょうふうそう

據說發現這處溫泉可追溯至平安時代的康平5（1062）年，開湯則在寬保3（1743）年。悄悄佇立在松川溪谷沿岸的這間溫泉旅館，村俗風情是其魅力之處。擁有2條源泉，設有在溪流沿岸的露天浴池及男女分開的室內浴池。

MAP附錄②P.16 E-5

➲室內浴池帶點藍綠的乳白色溫泉水神秘感十足

✆0195-78-2245

所八幡平市松尾寄木 交JR盛岡站搭岩手縣北巴士往松川溫泉1小時48分，松楓荘口下車，步行5分 P40輛

松川溫泉

峡雲荘

きょううんそう

包圍在山毛櫸與橡樹的原生林中，懷舊氛圍的古民房風格旅館。在能聽見溪水潺潺的露天浴池裡，是微帶點綠的美麗乳白色泉水。從露天浴池越過樹林遠眺的地熱發電所景色也令人印象深刻。

✆0195-78-2256 所八幡平市松尾寄木

交JR盛岡站搭岩手縣北巴士往松川溫泉1小時50分，終點下車即到 P70輛

MAP附錄②P.16 E-5

➲古民房風格的外觀引發懷舊之情

住宿
IN 15:00 OUT 10:00
費用 1泊2食 11880円～

不住宿入浴
時間 8:00～19:00 費用 600円

在令人放鬆的溫泉旅館內享受帶點綠色的濁湯

知名浴池在這裡！
野趣洋溢的混浴露天浴池
透明無色的源泉在接觸空氣後會變成乳白色。四處安置的大石頭充滿野趣

八幡平 Restaurant Kokage 美食

●レストランこかげ

MAP 附錄②P.16 G-4

五花八門的原創菜色

可品嘗到將豪達起司與切絲燒肉放在熱烏龍麵上的「SUPIRI」，以及滿滿蔬菜的炒烏龍麵等原創料理。咖啡也很美味，是間能輕鬆上門、很快熟悉起來的餐廳。

☎0195-78-2126
L 11:00～20:00 休 週二 所 八幡平市松尾寄木12-1-16
交 JR盛岡站搭岩手縣北巴士往八幡平1小時15分，後藤橋下車即到 P 25輛

↑泰式辣椒醬炒飯（880円）與燒肉蓋飯（920円）

八幡平 小松市場 購物

●まっちゃんいちば

MAP 附錄②P.16 G-4

八幡平名產一字排開

「自然休暇村なかやま荘」對面的產地直售中心。可用平價買到新鮮的蔬菜水果，也有不少當地人前來採購。除了豆腐、味噌、漬物之外，還有豐富的手搾果汁及味道樸素的點心等當地名產。

☎0195-78-3002
L 9:00～17:30（1～4月、11月為～16:30）
休 無休 ¥ 蘋果汁（瓶裝）450円 所 八幡平市松尾寄木2-512 交 JR盛岡站搭岩手縣北巴士往八幡平1小時30分，自然休養村口下車，步行8分 P 100輛

↑停車場廣大，最適合兜風途中順道前去的景點

八幡平 ふうせつ花 購物

●ふうせつか

MAP 附錄②P.5 B-5

朧豆腐與豆皮最熱銷的專賣店

手工豆腐與豆皮的專賣店。店內販售使用100%國產大豆及自家水井的天然鹼性水製作的手工豆腐，以及使用濃稠豆漿製作的點心。充分發揮大豆甜味的霜淇淋也大受好評。

☎0195-72-8008
L 10:00～18:00
休 無休
¥ 笊籬朧霜淇淋300円、笊籬朧豆腐520～630円
所 八幡平市保戶坂236
交 JR小屋の畑站步行3分
P 20輛

↑評價極佳的豆腐商品在時髦的店內一字排開

八幡平 燒走熔岩流 景點

●やけはしりようがんりゅう

MAP 附錄②P.16 H-6

一望無際的熔岩流痕跡

享保17（1732）年岩手山大爆發之際流出的熔岩痕跡。長約4km、寬約1.5km，述說火山爆發的驚人。

☎0195-78-3500（八幡平市觀光協會）
L 自由參觀
所 八幡平市平笠第24地割
交 JR大更站搭計程車20分
P 350輛

→一片令人威受到大自然威力的光景

八幡平 松川地熱發電所 松川地熱館 景點

●まつかわちねつはつでんしょまつかわちねつかん

MAP 附錄②P.16 E-5

日本第一間地熱發電所的公關設施

日本第一間開始運轉的地熱發電所的公關設施。地熱發電指的是利用地下水被岩漿加熱時產生的蒸氣發電的系統，可透過影片和展示品學習其中的原理。

☎022-722-6510（東北自然能源株式會社總務部）
L 4月下旬～11月中旬、9:00～16:00 休 期間中的週二
¥ 免費 所 八幡平市松尾寄木 交 JR盛岡站搭岩手縣北巴士往松川溫泉1小時50分，終點下車，步行5分 P 無

←越過柵欄可看見高46m的冷卻塔冒出冉冉白色蒸氣的模樣

八幡平 レストランなかやま 美食

MAP 附錄②P.16 G-4

輕鬆享受當地產料理

八幡平市自然休養村住宿設施「なかやま荘」內的預約制餐廳。提供使用當地產八幡平鮭魚及蔬菜等的餐點。附設的源泉放流溫泉不住宿也可使用。

☎0195-78-3132（なかやま荘）
L 11:30～13:30（L.O.）
休 週一
所 八幡平市松尾寄木2-512
交 JR盛岡站搭岩手縣北巴士往八幡平1小時30分，自然休養村口下車，步行10分
P 30輛

→豬里肌250g、分量滿點的山賊草鞋炸豬排定食（1700円，需預約）

還想瞭解更多！
環抱在雄偉的大自然山中
八幡平
はちまんたい
MAP 附錄②P.5·16
洽詢處
0195-74-2111（八幡平市商工觀光課）
0195-78-3500（八幡平市觀光協會）

八幡平 八幡平沙拉農場 玩樂

●はちまんたいサラダファーム

MAP 附錄②P.16 H-4

岩手山麓的美食與療癒空間

這座複合娛樂設施匯集了草莓園、直售所，以及能吃到大量岩手新鮮食材的餐廳等。在種植了1200種花卉的花卉樂園中，還可接觸羊駝、兔子等動物。

☎0195-75-2500 L 10:00～17:00（視設施而異） 休 無休（開放期間視設施而異，需洽詢） ¥ 視設施而異 所 八幡平市平笠2-6-333 交 JR大更站搭計程車15分 P 150輛

←5隻親密的羊駝一家好療癒

八幡平 ぶらっと一日体験工房 玩樂

●ぶらっといちにちたいけんこうぼう

MAP 附錄②P.5 B-5

豐富的美食手作體驗

地點是有著古早商店與專賣店的八幡平市荒屋新町商店街。可享受製作傳統味噌、點心等美食到筷子、迷你榻榻米等，學習專業技巧的豐富體驗，需預約。

☎0195-63-1001（八幡平市商工會）
L 視體驗而異（需預約） ¥ 視體驗而異
所 八幡平市荒屋新町內各所 交 JR荒屋新町站下車
P 視體驗場所而異

↑期待完成後試吃的手打蕎麥麵體驗（2000円）

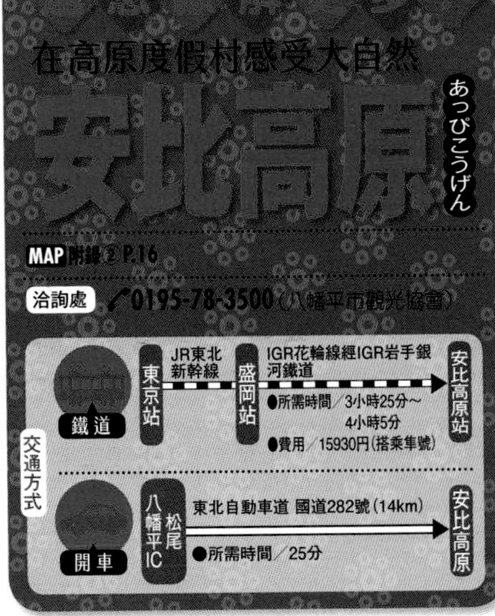

還想瞭解更多！
在高原度假村感受大自然
安比高原
あっぴこうげん

洽詢處 0195-78-3500(八幡平市觀光協會)

交通方式

鐵道：東京站 → JR東北新幹線 → 盛岡站 → IGR花輪線經IGR岩手銀河鐵道 → 安比高原站　●所需時間／3小時25分～4小時5分　●費用／15930円(搭乘車號)

開車：八幡平松尾IC → 東北自動車道 國道282號(14km) → 安比高原　●所需時間／25分

享受安比高原度假村的方式

有完善的滑雪場、高爾夫球場、牧場及住宿設施等，是北東北代表性的度假村。四季皆異的豐美自然也是魅力之處，還有可親近動物與大自然的體驗設施。不只適合喜歡動態娛樂的人，想在綠意環繞下悠哉度假的人也很推薦。在戶外充分玩樂後，再浸泡療癒的溫泉及享用極品美食，充分享受度假村假期吧。

美麗華

●びれいか

MAP附錄② P.16 F-1

在米其林餐廳協助下誕生的正統中菜

可一邊眺望安比高原的壯麗美景、一邊享用發揮當地食材的中國菜。由受到眾多名流喜愛並獲米其林認可的東京麻布中菜館「富麗華」協助經營。

0195-73-5011(安比格蘭酒店)　11:30～14:00、17:30～20:30(晚間需預約)　休準同安比格蘭酒店公休日　¥快樂全餐(僅晚間)5184円　所八幡平市安平高原 安比格蘭酒店塔館2F　交JR安比高原站搭免費接駁車5分(需預約)　P150輛

安比高原全餐(1人)7344円(晚間全餐的一例)

安比之森「安比牧場午餐」

美食

●あっぴのもりテラスカフェ バニラ

MAP附錄② P.16 F-1

牧場自豪的原創甜點

在綠油油的草皮上盡情玩耍後，到牧場內的茶館小憩片刻。除了自製牧場披薩等午餐外，還有自豪的霜淇淋及原創甜點「優格冰」。

0195-73-6995(安比高原牧場)　5月中旬～10月，10:00～16:00(打烊)　休期間中週四　所八幡平市安比高原　交JR安比高原站搭免費接駁車5分(需預約)　P90輛

只在這裡吃得到的人氣甜點優格冰(420円)

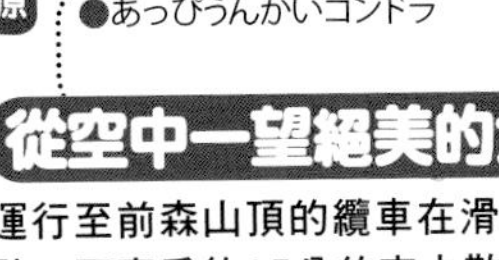

●あっぴうんかいゴンドラ

MAP附錄② P.16 F-1

從空中一望絕美的大全景

運行至前森山頂的纜車在滑雪季節以外也會行駛，可享受約15分的空中散步。若天氣配合，還可俯微如夢似幻的雲海。

0195-73-5111(安比高原)　6月上旬～10月下旬、9:00～15:30(上行)、9:00～16:00(下行)　休期間中週一～五(逢假日則行駛)，7月中旬～8月中旬無休　¥往返1600円，小學生800円，學齡前兒童免費、寵物800円　所八幡平市安比高原　交JR安比高原站搭免費接駁車5分(需預約)　P7000輛

愛貓愛犬可一起搭乘

安比溫泉 白樺之湯

溫泉

●あっぴおんせんしらかばのゆ

MAP附錄② P.16 F-1

舒緩玩樂疲憊的天然溫泉

除了能欣賞白樺樹林的寬敞露天浴池外，還有18個大小浴槽可享受的溫泉設施。無色無味的弱鹼性淡泉可舒緩疲勞與肌肉痠痛。

0195-73-6060

6:00～9:00、13:00～23:00，週六、日、假日為12:00～　休無休　¥1200円，小學生800円，幼兒免費　所八幡平市安比高原　交JR安比高原站搭免費接駁車5分(需預約)　P50輛

開放感十足的寬敞露天浴池

安比之森

玩樂

●あっぴのもり

MAP附錄② P.16 F-1

花與綠的快樂森林

四季有不同可愛花卉迎接客人的「安比之森」，可在景觀絕佳的綠色風景、BBQ、釣魚池等選擇中充分享受度假氣氛。

0195-73-6995　L休¥需洽詢　所八幡平市安比高原　交JR安比高原站搭免費接駁車5分(需預約)　P90輛

從遼闊的綠色丘陵一望高原度假村

IHATOV安比高原自然學校

玩樂

●イーハトーヴォあっぴこうげんしぜんがっこう

MAP附錄② P.16 F-1

以五官感受豐美的大自然

快樂學習自然與人類的關聯以及地球環境的體驗教室。提供在象徵安比高原的山毛櫸再生林中散步以及登山、創作體驗等多樣活動。

0195-73-6228　L休¥需洽詢　所八幡平市安比高原 ホテル安比グランド内　交JR安比高原站搭免費接駁車5分(需預約)　P150輛

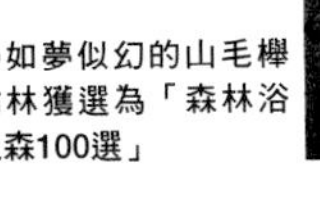
如夢似幻的山毛櫸樹林獲選為「森林浴之森100選」

還想瞭解更多！

壯麗的自然景觀與雜糧美食也很迷人

二戶にのへ

MAP 附錄② P.5

洽詢處 ☎0195-23-3641（二戶市觀光協會）
☎0195-43-3213（二戶市商工觀光流通課）

交通方式

鐵道	東京站	JR東北新幹線 ●所需時間／2小時40分 ●費用／15930円（搭乘隼號）	二戶站
開車	八戶自動車道 一戶IC	國道4號（7km） ●所需時間／12分	二戶市區

二戶 滴生舍 購物

●てきせいしゃ

MAP 附錄② P.5 C-4

想找淨法寺塗的物品就來這兒

淨法寺是日本第一的生漆產地，高品質自然不在話下，市佔率也高達日本國產漆的約7成，也會使用在重要文化財的修復上。這裡展示並販售大手筆使用當地產高級漆的淨法寺塗商品。

☎0195-38-2511
🕒8:30～17:00 休週二 所二戶市浄法寺町御山中前田23-6 交JR二戶站搭JR巴士往東北浄法寺30分，天台寺下車，步行5分 P50輛

➔筷子2160円～，碗6480円～等，店內陳列著高價的漆器

一戶 岩手縣立兒童館 岩手兒童森林 玩樂

●いわてけんりつじどうかんいわてこどものもり

MAP 附錄② P.5 C-5

以遊玩和邂逅為主題的大型兒童館

有充滿機關的冒險之塔「Noppi」及以公共澡堂為主題的遊樂場「玩具湯」，樂趣多到玩不完。還有自己開伙的住宿設施及露營場，可享受在外留宿的樂趣。

⬆魄力十足的冒險之塔「Noppi」適合4歲以上

☎0195-35-3888
🕒9:00～17:00
休週二（逢假日則翌日休），有維護休館日，需洽詢
¥免費入館
所一戶町奥中山西田子1468-2
交IGR岩手銀河鐵道奥中山高原站搭岩手縣北巴士往子どもの森，終點下車即到
P240輛

二戶 稲庭高原 景點

●いなにわこうげん

MAP 附錄② P.5 C-4

在一望無際的高原散步

在海拔1078公尺、稻庭岳東山麓的高原上，開墾出一片可遠眺至樹林深處的牧草地。沉穩而遼闊的綠色牧草地上立著3座可稱為象徵的白色風車，在清風吹拂下靜靜地旋轉。

☎0195-23-3641(二戶市觀光協會)
🕒5月下旬～10月，自由參觀 所二戶市浄法寺町山内
交JR二戶站搭計程車1小時 P20輛

⬆享受海拔1078m的視野

二戶 プラム工芸 購物

●プラムこうげい

MAP 附錄② P.5 D-3

充滿機能美的餐具

將樹齡200年、堅硬且表面光滑的斧折樺加工製成生活用品。柔和的觸感加上發揮木頭性質追求易用性與美感的設計是魅力之處，讓餐桌似乎也亮了起來。

☎0195-23-4883 🕒10:00～18:00，週六、日、假日為～17:00 休無休 所二戶市堀野大川原毛74 交JR二戶站搭JR巴士往東北二戶病院前20分，終點下車即到 P20輛

➔左起為泡泡鍋鏟（3240円）、無孔鍋鏟（2808円）、小湯勺（8640円）

二戶 自助工房 四季の里 美食

●じじょこうぼうしきのさと

MAP 附錄② P.5 D-3

在充滿韻味的日式房屋中品嘗手打蕎麥麵

在懷舊的日式房屋中品嘗南部地方的鄉土料理，將岩手縣產的蕎麥連殼以石臼磨粉，現打現煮、香氣四溢的蕎麥麵與酥脆的天婦羅是店家的驕傲。

☎0195-23-7148 🕒11:00～15:30
休無休
所二戶市石切所荒瀬49-1
交JR二戶站步行15分
P50輛

➔最受歡迎的天婦羅笊籬蕎麥麵（1200円）

二戶 馬仙峡瞭望台 景點

●ばせんきょうてんぼうだい

MAP 附錄② P.5 D-3

遠眺氣勢驚人的溪谷

開車可輕鬆到達的瞭望台。屹立在山林中的男神岩及女神岩被指定為名勝，相當值得一看，馬淵川沿岸的大全景也令人感動。充分享受這宏偉的景色吧。

☎0195-43-3213(二戶市商工觀光流通課)
🕒自由參觀 所二戶市石切所地内
交JR二戶站搭計程車5分 P5輛

⬆從俯瞰群山的瞭望台所見的景色極為壯觀

遊趣！COLUMN 在南部美人參觀酒藏

✻何謂南部美人？

●なんぶびじん

明治35（1902）年創業，岩手代表性的釀酒廠。堅持使用岩手產食材釀造的酒，特色是特別顯著的米的美味、流麗的滋味及芳醇的香氣。 MAP 附錄② P.5 D-3

☎0195-23-3133 🕒8:00～17:00 休週六、日、假日 所二戶市福岡上町13 交JR二戶站搭JR巴士往東北金田一10分，岩谷橋下車即到 P3輛 ※參觀需在3日前以電話、傳真(0195-23-4713)、或官網(https://www.nanbubijin.co.jp/tour)上預約
受理人數 1日限1組
實施日期 11～翌年3月的週一～五(假日除外)
參觀開始時間 13:30～、15:30～
費用 1000円

⬆裝料及攪拌的景象

二戶 米田工房 そばえ庵 美食

●まいたこうぼうそばえあん

MAP 附錄② P.5 D-3

醬油和蕎麥麵都是手作的雜糧美食！

受岩手縣認定為「美食師傅」的老闆，使用雜糧和蔬菜等當地產食材，手工做出充滿溫度的鄉土料理。連蕎麥麵沾醬使用的醬油也堅持自家製作。

☎0195-23-8411
🕒11:00～17:00
休週五
所二戶市下斗米十文字24-2
交JR二戶站搭計程車10分
P610輛

➔田舍套餐1500円（需預約）

充分享受谷灣的壯麗景色及鮮度一流的海產

三陸海岸

さんりくかいがん

敬請以蓋飯享用當季的海鮮美味！

海鮮飯 P.92

好想吃！人氣美食

釜石拉麵 P.99

北山崎 P.91

好想去！人氣景點！

小袖海岸 P.91

平底小船大冒險 P.91

交通方式

往北三陸（宮古）

東京站 —JR東北新幹線「隼號」、「疾風號」（2小時10～55分／¥14740円，搭乘「疾風號」則為14230円）→ 盛岡站 —岩手縣北巴士106急行（2小時15分／¥2030円）→ 宮古駅前

¥16770円，搭乘「疾風號」則為16260円

往南三陸（釜石）

東京站 —JR東北新幹線「山彥號」、「隼號」、「疾風號」（2小時30分～3小時5分，「隼號」、「疾風號」僅部分班次停靠）→ 新花巻站 —JR釜石線（1小時30分～2小時15分）→ 釜石站

¥14770円，搭乘「隼號」則為15180円

詳細交通方式請見 P.106

CONTENTS

區域Navi

久慈

小袖海岸有「吊鐘洞」等奇岩交織成的絕景，也以電視劇《小海女》的舞台聞名。

龍泉洞

日本三大鐘乳石洞之一，位於從三陸海岸進入內陸的岩泉町。可見盈滿神秘藍色湖水的地底湖。

釜石

釜石大觀音守護的港都，也是近代鋼鐵工業的發祥地，又稱「鐵之街」。新鮮海產與釜石拉麵都很出名。

宮古

淨土之濱為三陸海岸的代表性風景名勝之一，其壯麗的景色絕不容錯過。還有許多能吃到新鮮海產的名店。

きたさんりく
北三陸
大自然打造的壯麗海岸之美與新鮮海產美食是魅力之處

MAP附錄②P.4・10・20

洽詢處
✆0193-68-9091(宮古市觀光港灣課)

交通方式

鐵道	開車
東京站 JR東北新幹線 ●所要時間／4小時35分～5小時25分 ●費用／16770円(搭乘隼號+巴士) 盛岡站 岩手縣北巴士 宮古駅前巴士站	八戶自動車道九戶IC 縣道22・42號、國道281號 37km ●所需時間／50分 久慈市區 東北自動車道盛岡南IC 國道106號 94km ●所需時間／1小時50分 宮古市區

奧淨土之濱的海邊

此處林立著尖銳的白色流紋岩，因彷彿能洗滌內心的景色而被喻為西方淨土。

攝影地點　奧淨土之濱的海邊

何謂三陸地質公園?

將青森縣八戶市、階上町、岩手縣沿岸13市町村、宮城縣氣仙沼市等地以「三陸區域」之名義，為達保存與活用之目的而認定為自然遺產地質公園，是日本最大的地質公園，南北約220km、東西約80km，海岸線則長達300km左右。

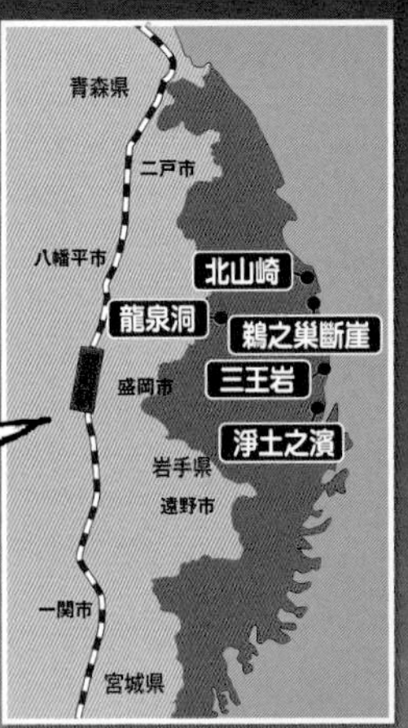

海水透明度高，波浪平穩

好想被三陸海岸的絕景感動一下

驚濤駭浪刻畫出三陸壯麗的絕景，從被喻為西方淨土的淨土之濱到擁有懸崖峭壁的北山崎，魄力十足的景觀連綿不斷。有逼近遊覽船的奇岩、染上夕陽餘輝的巨石等變化萬千的風貌可欣賞。

宮古　令人聯想到西方淨土的絕景海岸

じょうどがはま
淨土之濱

有經年累月受到切削的大小奇岩往海面突出的風景名勝。澄清碧藍的海灣風浪平穩，在夏季是海水浴場。據傳江戶時代的僧人曾感嘆此處「儼然是西方淨土」。設有休憩所，可用餐購物。

✆0193-62-2111(宮古市觀光課)
自由參觀
所 宮古市日立浜町32
交 JR宮古站搭岩手縣北巴士往奥浄土ヶ浜，奥浄土ヶ浜下車即到
P 364輛(淨土之濱第1～第3停車場)
MAP附錄②P.20 D-1

●若太陽光線配合可見到水深8m的海底

這裡也是絕景

搭乘平底小船前往洞窟

在滿溢藍光的洞窟探險。若海水透明度夠高則雨天也會行駛。

平底小船遊覽
✆0193-63-1327(淨土之濱 Marine house)
3～11月，8:30～17:00(出航情況需洽詢)
¥1500円
MAP附錄②P.20 D-2

從大海眺望潮風穴

當大浪打來時海水會從岩石的縫隙間噴出。

宮古淨土之濱遊覽船
✆0193-62-3350
3～11月，8:40～15:30(有季節性變動)　¥1400円
MAP附錄②P.20 D-2

這裡也是絕景

●搭乘遊覽船從海上欣賞風景吧

↑小袖海岸最引人注目的吊鐘洞

久慈 感動於大自然雕琢出的海洋絕景

こそでかいがん
小袖海岸

位在三陸復興國立公園北邊，吊鐘洞、兜岩等奇岩交織成的美景是最精采之處。附近有小袖海女中心，可參觀海女徒手潛水的傳統捕魚法。

✆0194-52-2123(久慈市觀光交流課)
自由參觀　所久慈市長内町～宇部町
JR久慈站搭市民巴士往陸中野田駅35分，浄土ケ浜下車即到　P50輛
MAP附錄②P.4 G-4

吊鐘洞
在粗獷海蝕崖連綿的海岸邊，具代表性的奇岩。
攝影地點　縣道268號

這裡也是絕景

↑神秘的光景深深印在眼裡

空洞中的朝陽
只有在每年6月夏至前後的那3個星期左右才看得見朝陽。

→北限海女的徒手潛水也相當可觀

宮古 大自然打造出雄偉的造型之美

さんのういわ
三王岩

高50m的男岩大到必須仰望，氣勢十足。左右則各自立著女岩及太鼓岩。不妨在此處欣賞太平洋的波浪與海風在1億年的歲月中，打造出充滿魄力的自然造型。

✆0193-62-2111
(宮古市觀光課)
自由參觀　所宮古市田老青砂里　三陸鐵道田老站車程5分　P21輛
MAP附錄②P.10 B-3

↓傳說鑽過男岩的海蝕洞就能得到幸福

男岩
岩石表面的條紋是砂岩與礫岩層層重疊無數層形成的。
攝影地點
遊步道上

這裡也是絕景

浮現在晚霞中的剪影
黃昏時染成橘紅色的海面上，矗立著三座彷彿相互依偎的岩石。

田野畑 呈弓狀凹陷的高200m斷崖

うのすだんがい
鵜之巣斷崖

這處風景勝地高200m的斷崖有如屏風般連綿不盡，能讓人實際體會谷灣錯綜複雜的海岸線。鵜之巣這個名稱是由於斷崖腰處有鸕鶿（日文為海鵜）築巢而來。從瞭望台可遠眺5列並列的斷崖。

✆0194-33-3248(田野畑村綜合觀光服務所)
自由參觀　所田野畑村真木沢
三陸鐵道島越站車程20分　P50輛
MAP附錄②P.10 B-1

鵜之巣斷崖
拍打岸邊的白浪美不勝收。能下到海邊的遊步道也相當完善。
攝影地點　鵜之巣斷崖瞭望台

←突出在太平洋上的斷崖延伸無盡

↓陡峭的岩石聳立著

北山崎
從瞭望台走下約700階的階梯，可到達斷崖正下方的岸邊。
攝影地點　北山崎第2瞭望台

田野畑 壯觀斷崖連綿不斷的「海上阿爾卑斯山」

きたやまざき
北山崎

聳立在太平洋上高200m斷崖連綿約8km。三陸海岸首屈一指的壯大光景以令人屏息的魄力壓倒每個觀客。瞭望台的景觀也是一流。搭船享受的斷崖巡遊非常熱門。

✆0194-33-3248
(田野畑村綜合觀光服務處)
自由參觀
所田野畑村北山
三陸鐵道田野畑站車程20分
P200輛
MAP附錄②P.4 H-6

↓三陸海岸特有的粗獷景色

↓搭乘平底小船可從正下方仰望奇岩

這裡也是絕景

北山崎的奇岩
太平洋波浪塑造出的奇岩怪石是此處的看點。

平底小船大冒險
✆0194-37-1211
(體驗村・田野畑NETWORK)
9:00～17:00　¥1人3500円(2人以上，需預約，當日需洽詢)
MAP附錄②P.4 H-6

在鮭魚卵和裙帶菜根芽上擺上整顆烤海膽！

復興三食蓋飯 2160円

先舖滿整碗充滿海潮香氣的裙帶菜根芽和彈性十足的鮭魚卵，再擺上烤海膽的豪華蓋飯，分量也讓人無可挑剔。

吃遍三陸的海產！海鮮飯

都來到三陸了，怎能不吃新鮮的海鮮！濃縮在緊實肉身裡的美味可是嚴寒的北方海域才養得出來。從蓋飯到壽司一應俱全！

活跳跳海鮮的豪華競演

山田 ●レストランはまどころいっぷく

レストラン 浜処 いっぷく

2011年大地震後，在山田町迅速重新開幕並研發新菜色，有放上大量名產鮭魚卵、裙帶菜根芽及海膽的「復興三食蓋飯」等，能品嘗到海中美味的定食和單點料理應有盡有。

☎0193-84-4005 🅛11:30～14:00、17:00～20:30 休無休 所山田町船越6-148-1 ホテルビジネスインやまだ1F 交JR宮古站搭岩手縣北巴士往船越駅1小時，北長林下車，步行3分 P60輛

MAP附錄②P.10 B-6

這道也很推薦

生海膽蓋飯	時價
海鮮蓋飯(中碗)	1944円

↑位在商務飯店的1樓

↓除了桌椅座外也有墊高的和式座位

可放上裙帶菜根芽及鮭魚卵，自由發揮

久慈 ●じばしょくざいレストランさんかいり

地場食材レストラン 山海里

位於「公路休息站くじ やませ土風館」內的餐廳。以充分發揮久慈新鮮山珍海味的菜色為傲，有「海女蓋飯」、4層的「琥珀蓋飯」、放上炸綜合海鮮餅的「開運蓋飯」等，可享受各式各樣的海鮮蓋飯。

☎0194-66-9111(公路休息站くじやませ土風館) 🅛11:00～17:30(4～9月為～18:30，打烊為各30分後) 休無休 所久慈市中町2-5-6 やませ土風館 交JR久慈站步行7分 P50輛

MAP附錄②P.20 C-5

海女蓋飯 2980円

除了模仿優雅潛水海女雙足的牡丹蝦外，還有堆積如山的新鮮海鮮。附海膽和扇貝的二寶湯。需預約。

大家一起吃也會越來越開心唷♪
店員
谷地優一先生

這道也很推薦

琥珀蓋飯…2300円

在色澤鮮豔堆積如山的海鮮下，還疊著海膽、久慈產菠菜與烤牛肉。附久慈原產的琥珀吊飾。

驚人的4層構造！

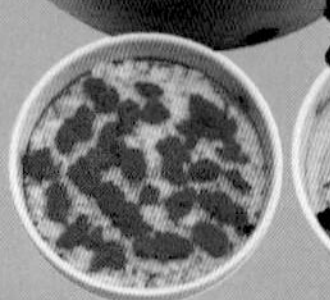

開運蓋飯…1500円

使用新鮮海鮮，模仿祭典山車的炸綜合海鮮餅高約6cm！附巽山稻荷神社的神籤。

三陸壽司雅 2300円

握壽司9貫加上壽司卷與煎蛋，11道一字排開的景象非常壯觀。附湯品及手工甜點。

三陸當季漁產一字排開！賞心悅目的握壽司

三陸特有的當季魚產一應俱全，請一定要來嘗嘗看！
壽司師傅
佐佐木純先生

宮古 ●よしずし

よし寿司

可用實惠價品嘗以宮古灣捕撈的三陸季節魚產為主的當季美味壽司料。「三陸壽司雅」是店家的傾力之作，不但美味還秀色可餐。三陸特有的珍味也很搶手。

☎0193-62-1017 🅛11:00～14:00(15:00打烊)、16:00～21:30(22:00打烊) 休週一不定休 所宮古市保久田4-27 交JR宮古站步行5分 P15輛

MAP附錄②P.20 A-2

這道也很推薦

握壽司(松)	2480円
握壽司(竹)	1940円

↑餐廳提供新鮮的海鮮，也很受當地人歡迎

三陸的美味鮮魚
多到快滿出碗來！

田野畑 ●きたがわしょくどう

北川食堂

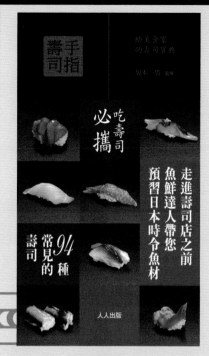

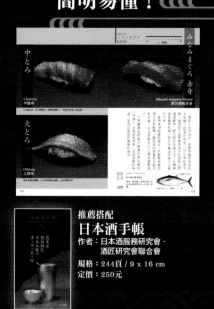

這間餐廳能嘗到三陸產的當季美味漁產。最受歡迎的就是能一次吃到9種當日現捕活跳跳鮮魚的豪邁海鮮蓋飯。海鮮蓋飯再附生海膽的超划算「磯部蓋飯」（2160円）也很推薦。

每日海鮮蓋飯
1090円
放上9種現捕的活跳跳鮮魚。基本上為田野畑產或三陸產，視當日漁獲決定蓋飯內容。

這道也很推薦
生海膽蓋飯(5～8月限定)……時價
5地層蓋飯……2100円

➔除了桌椅座及墊高的和式座位外，還有包廂風格的桌椅座

☎0194-34-2251
🕒11:00～20:50(22:00打烊)，週四為11:00～14:00(15:00打烊)、17:00～20:50(22:00打烊)
休週一，4～10月為逢假日則11:00～14:00營業
所田野畑村和野260-12
交三陸鐵道田野畑站搭計程車10分
P10輛
MAP附錄②P.10 B-1

宮古 ●じゃのめほんてん

蛇の目本店

可用良心價品嘗老闆每天早上進貨的宮古產生猛海鮮。除了蓋飯外還有壽司、定食、拉麵等，菜色種類豐富，分量也讓人大呼滿足。

北三陸飯
2700円
豐富的蓋飯上不只有鮭魚卵、海膽等三陸名產，還放上毛蟹等豪華食材。附魚骨湯。

☎0193-62-1383
🕒10:00～20:30
休週三不定休
所宮古市栄町2-8
交JR宮古站即到
P無
MAP附錄②P.20 A-2

這道也很推薦
磯拉麵……1080円
普通握壽司……1080円

➔從宮古站步行即到，地理位置佳

鮭魚卵！毛蟹！海膽！
滿滿的海鮮美味

大量的生海膽！
三陸特有的奢華蓋飯

三陸產生海膽蓋飯
2500円～(夏季限定)
放上大量當季生海膽的奢華蓋飯。擁有濃郁甘甜的生海膽是在三陸才能享受的夏季滋味。

這道也很推薦
三陸產鮭魚卵蓋飯 2160円
海鮮蓋飯(午餐限定價格)……972円～

➔晚間還可搭配三陸當地酒享用豐富的居酒屋菜色

宮古 ●ぎょさいていすみよし

魚彩亭すみよし

受當地人喜愛的人氣餐廳。每日進貨不同的海鮮和肉類，製作蓋飯、定食、單點料理等多彩多姿的餐點。擺上大量鮮魚的海鮮蓋飯（9種972円～）和擺上17～18種食材的豪華版特別受歡迎。

☎0193-62-3244
🕒11:00～14:00(14:30打烊)、17:00～售完打烊
休不定休 所宮古市栄町2-10 交JR宮古站即到
P使用鄰近停車場
MAP附錄②P.20 A-2

三陸鐵道

縱貫岩手縣久慈市至大船渡市間的三陸海岸，是日本第一條第三部門鐵路。克服了2011年的大地震，2019年3月時成為連接盛～久慈間的新路線「Rias線」。現在就出發前往一面眺望海中的斷崖絕景一面奔馳的鐵道之旅吧。

☎0193-62-8900(三陸鐵道)
久慈站首班5:11、末班20:30(週六、日、假日為19:33) ¥久慈-宮古1850円，盛-釜石1080円，座敷列車為乘車區間的票價＋單程300円
MAP 附錄②P.20 A-2·B-5

沿三陸海岸奔馳的趣味鐵道之旅

搭乘三陸鐵道出發！

行經三陸海岸線的「三鐵」──三陸鐵道是廣受全日本喜愛的鐵路支線。有車窗外的大海絕景、增添遊興的鐵路便當和週邊商品等，享受充滿趣味要素的珍貴鐵道之旅吧。

NEWS
2019年3月三陸鐵道成為日本最長的支線！

JR山田線釜石～宮古間因震災而停駛，2019年3月移交給三陸鐵道經營，盛～久慈間全線貫通，誕生出「Rias線」，也成為日本最長的第三部門鐵路線，全長約163公里。

要來三陸玩唷♪

三陸鐵道的吉祥物──三鐵君

搭電車前往魄力十足的絕美海景！

可眺望北Rias線絕景的大澤橋梁

想中途下車就在這裡！

在奔向目的地之前，先中途下車欣賞美景或品嘗美食如何？利用「三陸鐵道單趟中途下車車票」，只要支付一般車費就能中途下車，讓旅行的樂趣多更多。

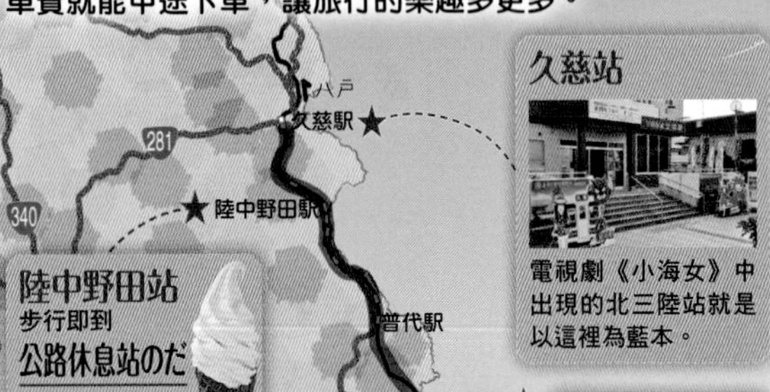

久慈站
電視劇《小海女》中出現的北三陸站就是以這裡為藍本。

陸中野田站
步行即到
公路休息站のだ
公路休息站的「野田鹽味霜淇淋」270円非常熱門。
附錄②P.22

田野畑站
搭計程車20分
北山崎 P.91
又稱「海上阿爾卑斯山」的懸崖峭壁。

岩泉小本站
搭計程車20分
龍泉洞 P.95
稱為「龍藍色」的透明地底湖。

宮古～釜石間 2019年3月重新開始運行

宮古站
搭巴士20分
淨土之濱 P.90
粗獷的奇岩與淨土般的海邊絕景。

釜石站
步行10分
新華園本店
販售釜石的當地麵──釜石拉麵的老店。
P.99

JR大船渡線 盛～氣仙沼間 停駛中 ※BRT（快捷巴士系統）運行中

JR氣仙沼線 氣仙沼～柳津間 停駛中 ※BRT運行中

戀濱站
候車室裡有成排為了實現愛情而來訪的人們留下的扇貝繪馬。

享受三陸鐵道的方式

POINT 1 從車窗欣賞絕景

在奔馳於三陸海岸的三陸鐵道上，一定要欣賞遠眺太平洋的絕景，堀內站附近兩座橋梁上的景觀又格外漂亮。

大澤橋梁 ●おおさわきょうりょう
位於堀內站與白井海岸站之間，可一望海景。為了讓乘客能慢慢欣賞絕景，白天時段的列車會在橋中央暫停幾分鐘。

三陸鐵道首屈一指的絕景景點，能眺望蔚藍的大海和漁港

從約33m的高度眺望太平洋的大視野全景

安家川橋梁 ●あっかがわきょうりょう
位於野田玉川站與堀內站之間，白天時段的列車會在橋上暫時停車。秋天時還能見到成群鮭魚從河川逆流而上的光景。

POINT 2 超人氣的鐵道便當&三鐵週邊商品！

鐵道便當然要吃久慈站的名品「海膽便當」！獨特的三陸鐵道原創商品也正適合當旅遊的紀念品或伴手禮。

三鐵汽水 1瓶205円
三陸鐵道與當地老店聯名推出的在地汽水，擁有唰～地冒泡的爽快口感

三鐵赤字煎餅 1袋215円
融入「把赤字吃光光！」願望的獨特長銷商品

LED燈鑰匙圈 505円
三陸鐵道普通車形狀的鑰匙圈，按下開關就會發光，在防犯上也大大發揮作用

海膽便當 1470円
放上滿滿海膽的便當，一天限量20份。在久慈站內的商店「リアス亭」(☎0194-52-7310)販售

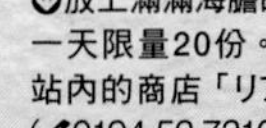
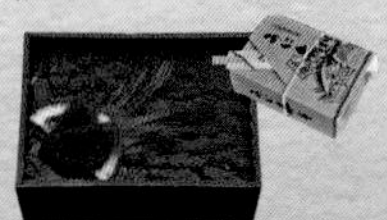

前往龍藍色的世界
龍泉洞探險

りゅうせんどう

彷彿要將人吸入其中的透明藍色地底湖、充滿藝術感的鐘乳石、洞內棲息的蝙蝠……大自然經年累月打造出的龍泉洞正是一個神秘的世界，懷著探險的心情出發吧！

第二地底湖

彷彿要被吸入那深邃的藍色之中…

盈滿稱為「龍藍色」的透明湖水，水深38m。JR東日本「成人的假日俱樂部」也曾來此地拍攝。

↑第一地底湖展望台的景觀

↑夏天也很涼爽，別忘了帶件外套

✆0194-22-2566(龍泉洞事務所)
營8:30～18:00、10～翌年4月為～17:00
休無休 ¥1000円、中小學生500円(可進入龍泉新洞科學館) 所岩泉町岩泉神成1-1 交JR盛岡站搭JR巴士往東北龍泉洞2小時15分，終點下車即到 P440輛
MAP附錄②P.10 A-2

第三地底湖後方是約270階的陡峭階梯，對爬樓梯沒自信的話也可以折返！

摩天樓

鐘乳石似乎正在逼近的

↑彷彿近逼而來的鐘乳石壁間鋪著木板道

玉響瀑布

豪邁的水流

↑透明的流水挾帶巨響奔流而下

鑽過龍宮之門前往洞窟的更深處…

→前往地底湖所在的神秘世界

第三地底湖

水深竟達98m！

以98m這放眼全世界也是數一數二的深度以及透明度為傲。第三地底湖後方還有水深120m的第四地底湖（未開放）。

START & GOAL

參觀時間約40分，欣賞完龍泉洞後，建議參觀可用共通票入館的龍泉新洞科學館

月宮殿

點燈後如夢似幻的

→顏色的變化會讓鐘乳石呈現各式各樣的風貌

第一地底湖

從高35m的高度俯瞰水面！

登上瞭望台從正上方俯瞰水面，與鐘乳石間的對比神秘感十足。通往瞭望台的階梯相當陡，需留意。

湧口瀑布

●わきくちのたき

→龍泉洞前的湧泉。龍泉洞以水量豐沛著稱，若是水量增加，洞內的水會從這裡大量湧出而出現瀑布。

探險之後是…休息&購物時間

龍泉洞休憩小屋

●りゅうせんどうレストハウス

位於龍泉洞入口附近的休憩小屋，2樓為免費休息區。

✆0194-22-2270 營9:00～15:30(17:00打烊)
休無休
MAP附錄②P.10 A-2

右／龍泉洞啤酒（410円）
左／龍泉洞在地汽水（170円）

還想瞭解更多！

享受壯麗的海景與新鮮的海鮮

北三陸 きたさんりく

MAP附錄②P.4・10・20

洽詢處 ☎0193-68-9091（宮古市觀光港灣課） ☎0193-22-2111（釜石市產業觀光課） ☎0194-52-2123（久慈市觀光交流課）

久慈 Moguranpia水族館（久慈地下水族科學館） 景點

●もぐらんぴあすいぞくかんくじちかすいぞくかがくかん

MAP附錄②P.4 G-4

想瞭解久慈的海洋就來這裡

在東日本大地震中全毀之後，於2016年重新開幕。可與在震災中倖存的龜吉與久慈大海的魚兒們近距離面對面，還可欣賞南部潛水與海女徒手潛水的現場表演。

☎0194-75-3551

營9:00～17:30(18:00閉館)、11～3月為10:00～15:30(16:00閉館) 休週一(逢假日則翌日休) 所久慈市侍浜町麦生1-43-7 交JR久慈站搭計程車15分 P50輛

➲週六、日、假日還有南部潛水夫與海女徒手潛水的現場表演

久慈 久慈琥珀博物館 景點

●くじこはくはくぶつかん

MAP附錄②P.4 F-4

洋溢上古時代浪漫氛圍的博物館

琥珀的形成、珍貴的蟲珀、日本國內外的琥珀原石、恐龍化石等洋溢上古時代浪漫氛圍的展示是魅力之處。除了可體驗挖掘琥珀外，還有能參觀琥珀加工過程的工房。

☎0194-59-3831

營9:00～16:30(17:00閉館) 休2月最後一日 所久慈市小久慈町19-156-133 交JR久慈站搭JR巴士往東北山根15分，博物館入口下車，步行20分/※可接送至巴士站(需預約) P100輛

➲被約200kg琥珀所包圍的療癒空間「太陽之石」

遊趣！COLUMN 持續述說那天發生的事。

✻海嘯說書

●おおつなみかたりべ

由當地居民親自敘述在大地震中受災的沿岸地區情況，可直接瞭解現場的受災情形和復原狀況，所需時間約1小時。

➲親身感受真正的體驗與教訓

☎0194-37-1211(體驗村・田野畑NETWORK)

營預約制(需在前一日17:00前預約，當日預約需洽詢) ¥2人時1人2500円，3～5人時1人2000円(小學生以下免費，但1名大人限帶1名小孩) 所三陸鐵道田野畑站或島越站周邊集合 交三陸鐵道田野畑站即到 P20輛

MAP附錄②P.4 H-6

宮古 魹崎燈塔 景點

●とどがさきとうだい

MAP附錄②P.10 C-5

位於本州最東端的純白燈塔

蓋在本州最東邊東經142度4分21秒之處。建於明治時期，後來遭逢戰禍，如今的燈塔是昭和25（1950）年重建。從姉吉露營場走登山路線1小時。

☎0193-22-3830(釜石海上保安部交通課) 營自由參觀(參觀燈塔內僅限一般公開日) 所宮古市重茂第9地割 交JR宮古站搭岩手縣北巴士往重茂1小時20分，姉吉下車，步行1小時15分 P50輛

➲立在宮古市東方突出的重茂半島上

山田 鯨と海の科学館 景點

●くじらとうみのかがくかん

MAP附錄②P.10 B-6

世界最大級的抹香鯨標本

在東日本大地震中受災而休館，2017年重新開放。雖然因海嘯造成地板淹水，但世界最大級的抹香鯨骨骼標本逃過一劫，維持與震災前同樣的展示內容重新開放。

☎0193-84-3985

營9:00～16:30(17:00閉館) 休週二(逢假日則翌平日休) ¥300円，高中、大學生200円，中小學生150円 所山田町船越7-50-1 交東北自動車道北上江釣子IC車程2小時30分 P150輛

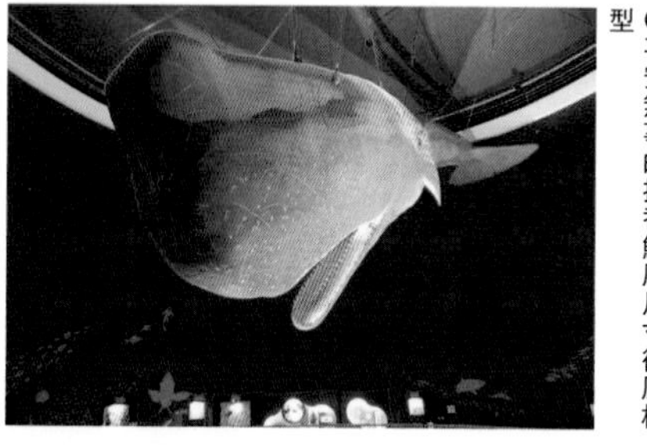

➲平安無事的抹香鯨原尺寸復原模型

宮古 公路休息站 みやこ 景點

●みちのえきみやこ

MAP附錄②P.20 C-3

享受三陸的當季美食與蔬菜

大家所熟悉的「seatopia naado」，販售新鮮的魚貝類與蔬菜等當地特產。在レストラン汐菜可品嘗使用當季食材製作的餐點。

☎0193-71-3100

營9:00～17:00，餐廳為10:30～15:00，週六、日、假日為～16:00 休無休 所宮古市臨港通1-20 交東北自動車道盛岡南IC 96km，車程2小時 P180輛

➲汐菜御膳（2450円）

久慈 久慈溪流 景點

●くじけいりゅう

MAP附錄②P.4 F-4

千變萬化的溪流之美

峭立的斷崖從溪流兩岸迫近，富於變化的景觀美不勝收。被指定為岩手縣立自然公園。以觀賞新綠與紅葉的勝地聞名，旺季時有許多人前來觀光。

☎0194-52-2123(久慈市觀光交流課)

營自由參觀 所久慈站搭JR巴士往東北盛岡・二戸16分，戸呂町口下車即到 P無

➲映出群山自然景觀的清澈流水

田野畑 機濱番屋群 景點

●つくえはまばんやぐん

MAP附錄②P.4 H-6

為今人講述昭和的漁業文化

施設內有23棟名為番屋的漁夫工作小屋，可體驗昭和時代存續至今的漁業文化。復原並重建了震災前的番屋，可參觀漁具、製作海濱料理、體驗將海水煮乾製鹽等。

☎0194-37-1211(體驗村・田野畑NETWORK)

營自由參觀 所田野畑村机142-3 交三陸鐵道田野畑站車程10分 P20輛

➲震災後重建的23棟番屋

久慈 お菓子の沢菊 本店

購物

●おかしのさわぎくほんてん

MAP附錄②P.20 C-5

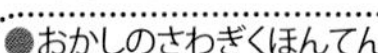

有許多久慈的知名點心

昭和5（1930年）創業的點心店。秉持「點心是交流方式」的理念，讓每一個點心都表現出岩手特有的故事。已有100種以上，也常有新作誕生。

☎0194-52-3555 L9:00～19:00 休無休 所久慈市十八日町2-1 交JR久慈站步行5分 P8輛

➲ぷすのこぷ(5個裝)756円，酥脆膨軟的外皮與填得滿滿的內餡口感十足

宮古 宮古市魚菜市場

購物

●みやこしぎょさいいちば

MAP附錄②P.20 A-2

充滿新鮮的山珍海味與熟食

有新鮮漁獲、當地現採的蔬菜、以及各季野菜和蕈菇等山珍。還有點心、雜貨、手作熟食等，洋溢滿滿的活力，是宮古市民多年來熟悉親切的廚房。

☎0193-62-1521 L6:30～17:30 休週三 所宮古市五月町1-1 交JR宮古站步行10分 P105輛

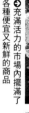

➲充滿活力的市場內擺滿了各種便宜又新鮮的商品

遊趣！COLUMN 輕鬆品嘗蔚為話題的核桃丸子湯

※久慈核桃丸子湯

●くじまめぶじる

這道鄉土料理是將包著核桃和黑砂糖的麵粉糰子，加入有蕈菇、牛蒡、烤豆腐等的高湯裡品嘗，醬油味高湯與甜味糰子絕妙的調和滋味還可以用調理包方式輕鬆享用。除了「公路休息站 くじ やませ土風館」、花巻機場、JR盛岡站之外，縣內伴手禮店也有販售。

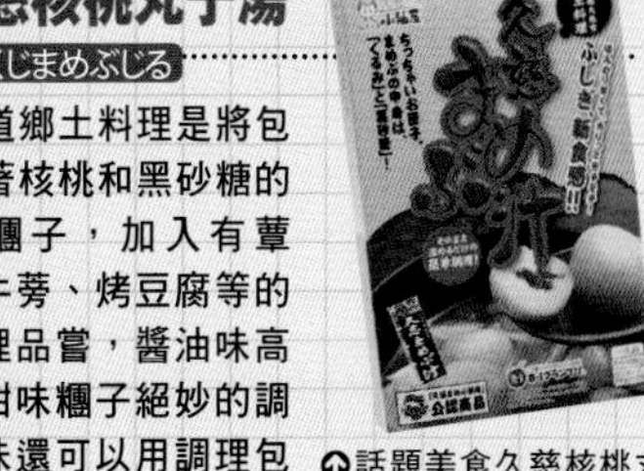

➲話題美食久慈核桃丸子湯(1人份648円)

☎0194-53-0025(小袖屋)

宮古 大寿司

美食

●だいずし

MAP附錄②P.20 A-2

難以忘懷的講究壽司

鮮度一流的三陸海鮮與彷彿在口中融化的壽司飯妙不可言。醬油、山葵及鹽都是店主親自配合壽司料調配。這間昭和56（1981）年創業的店有無數回頭客從日本各地前來。

☎0193-62-7417 L11:30～14:00、17:00～21:00 休不定休 所宮古市西町2-1-8 交JR宮古站步行10分 P3輛

➲主廚壽司（3700円），可一貫一貫品嘗精選壽司

宮古 浄土ヶ浜レストハウス 浜処 うみねこ亭

美食

●じょうどがはまレストハウスはまどころうみねこてい

MAP附錄②P.20 D-1

分量十足的海中美味

景觀一流的餐廳，淨土之濱的絕景近在眼前。使用大量主廚嚴選進貨海鮮的海鮮蓋飯，以及以魚貝製作的麵類都非常受歡迎。可同時享受美食與美景。

☎0193-62-1179 L10:30～14:30，商店為8:30～17:00 休無休 所宮古市日立浜町32 交JR宮古站搭岩手縣北巴士往奥浄土ヶ浜20分，終點下車即到 P200輛(使用淨土之濱停車場)

➲將鮮度一流的鱈魚放在特製醬料裡醃漬後豪邁地蓋上去，完成淨土之濱特製蓋飯（1250円）

久慈 SIESTA

美食

●シエスタ

MAP附錄②P.20 D-5

下午茶使用當地陶藝家與店家合作的器皿

由身兼器皿收藏家、精通陶藝的老闆所開設的咖啡廳。在店內可用店家與小久慈燒或大野CAMPUS陶藝等當地作家合作的器皿，享受現磨咖啡與輕食。

☎0194-52-2890 L11:30～16:00(雜貨販售為～16:30) 休週二、第1&3週一 所久慈市川崎町17-1 アンバーホール2F 交JR久慈站步行10分 P280輛

➲時髦的店內。本日咖啡(430円)

久慈 田村牧場直営店 焼肉たむら屋

美食

●たむらぼくじょうちょくえいてんやきにくたむらや

MAP附錄②P.20 D-5

享用短角牛吧

以自然放牧飼養短角牛的「田村牧場」所直營的燒肉店，從生產、取肉到販售全程一貫，所以能用合理價格品嘗新鮮又高級的品牌牛肉，因而大受歡迎。

☎0194-61-4129 L11:30～14:30(15:00打烊)、17:00～21:00(22:00打烊) 休週三、第1&3週二 所久慈市長内町32-15-2 交JR久慈站搭計程車5分 P30輛

➲短角牛套餐（2～3人份，3980円）

久慈 喫茶モカ

美食

●きっさモカ

MAP附錄②P.20 C-5

推薦菜是傳說中的雞蛋三明治

位在久慈站前的復古風咖啡廳。晚間則是小吃店風格，可享用酒類和輕食。推薦菜是用厚厚麵包夾起軟綿綿煎蛋的「雞蛋三明治」，古早味的日式拿坡里義大利麵也很受歡迎。

☎0194-52-0677 L11:00～23:00 休週三 所久慈市本町1-20 交JR久慈站即到 P3輛

➲以厚厚的麵包夾起軟綿綿煎蛋的雞蛋三明治(400円)

山田 三陸山田かき小屋

美食

●さんりくやまだかきごや

MAP附錄②P.10 B-6

大口享用彈潤的牡蠣！

山田灣帶殼牡蠣的產量為日本第一，可用蒸烤方式品嘗新鮮又充滿美味的牡蠣。堆積如山的牡蠣在巨大鐵板上豪邁地蒸烤。服務生會快速為客人剝殼，因此能大口大口享用。

☎0193-65-7901(山田町觀光協會) L11:00～、12:00～、13:00～、14:00～(約40分)※完全預約制(2人以上) 休週三、四(逢假日則營業) 所山田町船越9-270-1 交JR宮古站搭岩手縣北巴士往船越駅前1小時，道の駅やまだ下車，步行13分 P15輛

➲產季為11月上旬～翌年6月下旬

釜石

かまいし

壯闊的谷灣景觀與近代鋼鐵工業的發祥地

MAP 附錄②P.11·20

洽詢處

✆0193-22-5835（釜石觀光物產協會）

純白的觀音像受朝陽與落日所映照

遊覽鋼鐵與橄欖球之都

舉辦世界盃橄欖球賽的釜石熱力四射！

釜石市被谷灣及綠意盎然的山間圍繞。因是日本近代鋼鐵發祥地而登錄為世界文化遺產的橋野鐵礦山，以及新日鐵釜石橄欖球隊都讓釜石聲名大噪，是知名的「鋼鐵與橄欖球之都」。造訪風光明媚的名勝及當地拉麵店，充分體會釜石的魅力吧。

交通方式

鐵道

東京站
↓ JR東北新幹線
新花卷站
↓ JR釜石線
釜石站

●所需時間／4小時45分～5小時25分
●費用／14770円（搭乘山彥號）

開車

釜石自動車道遠野IC
↓ 國道283號（40㎞）
釜石市區

●所需時間／1小時5分

1 釜石大觀音

かまいしだいかんのん

一定要看看瞭望台上的大全景！

昭和45（1970）年曹洞宗石應禪寺建立高48.5m的大觀音像。立在鎌崎半島的前端，帶著沉靜的神情守護著釜石灣。登上觀音胎內，盡頭是海拔120m高的瞭望台，可將壯闊的釜石灣盡收眼底。

✆0193-24-2125 MAP 附錄②P.20 B-6
L 9:00～16:30(17:00關門，有季節性變動)
休 無休 ¥ 500円，國高中生300円，小學生100円
所 釜石市大平町3-9-1 交 JR釜石站搭岩手縣交通巴士往上平田，觀音入口下車，步行10分 P 150輛

⬅手持魚兒的模樣很罕見

車程4分

2 釜石市立 鐵之歷史館

かまいししりつてつのれきしかん

開心學習鐵的歷史

介紹以橋野鐵礦山為首的釜石製鐵歷史，敘述近代製鐵之父大島高任偉業的資料也很豐富。可透過使用橋野鐵礦山三號高爐原尺寸復原模型魄力十足的影像，開心學習釜石製鐵的歷史。

✆0193-24-2211
L 9:00～16:00(17:00閉館)
休 週二
¥ 500円，高中生300円，中小學生150円
所 釜石市大平町3-12-7
交 JR釜石站搭岩手縣交通巴士往上平田11分，觀音入口下車，步行5分
P 50輛
MAP 附錄②P.20 B-6

車程13分

⬅在劇院中可參觀高爐的復原模型

世界盃橄欖球賽開打！ check!

釜石鵜住居復興體育場

●かまいしうのすまいふっこうスタジアム

✆0193-27-8420（釜石市2019年世界盃橄欖球賽推進本部事務局） 營 除在舉辦比賽及活動期間外，除部分區域外可自由參觀 所 釜石市鵜住居町18地割5-1 交 JR釜石站搭計程車15分，或三陸鐵道鵜住居站（2019年3月重新開放）步行5分 P 250輛（舉辦比賽時不可使用，搭乘接駁巴士）

MAP

午餐就吃釜石拉麵！

「釜石拉麵」的特色是極細卷麵配上琥珀色的清爽醬油湯頭。品嘗看看從超過60年前受喜愛至今的當地拉麵吧！

發揮小麥風味的自製麵

あゆとく

多年來受到喜愛的餐廳。以小魚乾和豬骨提取的圓潤醬油湯頭配合極細的自製麵。除了拉麵外，菜單上還有定食與咖哩。

☎0193-23-5099
L 11:00～15:00、17:00～21:00 休 週一 所 釜石市上中島町1-1-35 交 JR釜石站步行15分 P 7輛

MAP 附錄②P.20 A-4

拉麵 500円
使用比較沒那麼卷的極細麵。湯頭充滿小魚乾的風味。

拉麵（釜石拉麵）550円
以豬骨和雞骨為基底，混合海鮮與蔬菜的清湯湯頭風味清爽

釜石拉麵的發祥老店！

新華園本店

●しんかえんほんてん

昭和26（1951）年創業的釜石拉麵發祥店。搭配清爽湯頭的漂亮白色極細卷麵，粗細只有約1mm卻嚼勁十足，與細心燉煮的叉燒肉也是絕佳組合。

☎0193-22-1888
L 11:00～15:00、17:00～20:00 休 週二
所 釜石市大町2-1-20
交 JR釜石站步行10分
P 5輛 MAP 附錄②P.20 B-5

極其美味的湯頭與極細麵緊緊結合

三重食堂

●みえしょくどう

每天早上5點開始準備的湯頭既清爽又美味，關鍵是雞骨和三陸產小魚乾。自製的超細卷麵柔軟但有嚼勁，與湯頭絕配。

☎0193-23-8041 L 11:00～17:00 休 週四 所 釜石市上小川町1-4-5 交 JR小佐野站步行5分 P 1輛

MAP 附錄②P.20 A-4

拉麵 410円
由於是極細的卷麵所以很快煮透

3 SEA PLAZA 釜石

●シープラザかまいし

釜石伴手禮大集合

鄰接釜石站的複合設施。是三陸區域的資訊發送中心，設有販售伴手禮與特產的商店、舉辦迷你音樂會等的活動廣場、觀光服務處等。週末總是湧入大量觀光客。

☎0193-31-1180
（釜石特產店）
L 9:00～19:00
休 第1、3、5週二
所 釜石市鈴子町22-1
交 JR釜石站即到
P 使用鄰近停車場

MAP 附錄②P.20 B-5

伴手禮有這些

三陸銘菓釜石ラガーボール
10個裝 1404円

⬇橄欖球形的西式饅頭，以杏仁巧克力包起濕潤的內餡

釜石かまだんご
8個裝 691円

⬆將鄉土點心「かまだんご」做成一口大小的商品，黑砂糖蜜會在口中湧出

柿醋汽水
250円

⬅使用釜石特產「甲子柿」的柿醋，特色是俐落的甜味

全都在SEA PLAZA 釜石內的釜石特產店販售！

⬆除了伴手禮店外還有活動空間、觀光服務處

車程50分

4 橋野鐵礦山

●はしのてっこうざん

登錄為世界遺產！日本最古老的西式高爐遺跡

位於釜石市橋野町，現存日本最古老的西式高爐遺跡。由鐵礦的採礦場遺跡、搬運路線遺跡及高爐場遺跡組成。

➔P.100

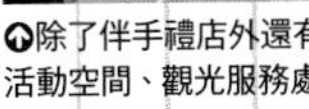

⬅在資訊中心可藉由影片和資料看板學習橋野鐵礦山的相關知識

⬆運轉最久的三號高爐

和導遊同行！

世界遺產

橋野鐵礦山

前往約160年前日本最先進的工廠地帶遺跡！

橋野鐵礦山以「明治日本的產業革命遺產 製鐵、製鋼、造船、石炭產業」之一登錄為世界遺產。一邊聆聽導遊介紹支撐日本現代化的橋野鐵礦山歷史，一邊縱情想像產業革命時的浪漫吧。

➡釜石觀光導遊會 藤原信孝先生

釜石觀光導遊會 ☎0193-22-5835（釜石觀光綜合服務處）
營9:00～17:00（需在8日前預約）
¥3小時3000円（最多帶領40人）

2 三號高爐

●さんばんこうろ

在大島高任指導下建設的臨時高爐，於元治元（1864）年左右翻修，是橋野鐵礦山中運轉時間最長的高爐。如今留存花崗岩的基座與石堆。

爐底的地方有可能是製鐵過程留下的鐵質，磁鐵會吸在上面

橋野鐵礦山MAP

市之助の墓、採石場、山神社、觀世音、牛馬碑、山神碑、炭窯、高炉場、道状遺構、採石場、御日払所、三號高爐、碎種水車場、水取出口、長屋、大門、鍛冶長屋、大工長屋、長屋、水路、二號高爐、種燒窯、種積場、採石場、一號高爐、水取入口、鐵礦石採礦場、橋野鐵礦山資訊中心

➡從採礦場運來稱為「種」的鐵礦石會在這裡憑藉水車的力量粉碎

橋野鐵礦山

●はしのてっこうざん

在有「近代製鐵之父」之稱的盛岡藩士大島高任的指導下建設，是日本最古老的西式高爐遺跡。由鐵礦的採礦場遺跡、搬運路線遺跡及高爐場遺跡組成。高爐場遺跡開放一般民眾參觀，可見到安政5（1858）年至萬延元（1860）年建設的3座西式高爐遺跡。

MAP附錄②P.11 B-1

☎0193-22-8846（釜石市世界遺產課） 自由參觀（冬季不易參觀） 所釜石市橋野町 交JR釜石站車程50分 P80輛

橋野鐵礦山登錄為世界遺產的理由

日本從幕末到明治時期以飛速完成現代化，大約50年就成為工業國家這點具有世界史上的意義。顯示日本產業革命過程的8個區域23個產業構成了「明治日本的產業革命遺產 製鐵、製鋼、造船、石炭產業」，橋野鐵礦山即以其中之一的名義登錄為世界遺產。

1 橋野鐵礦山資訊中心

●はしのてっこうざんインフォメーションセンター

以影片和資料看板解說橋野鐵礦山。釜石站前發車的接駁巴士及現場導遊帶領的1小時路線也可在此申請。實施日有限，請事先確認。

MAP附錄②P.11 B-1

☎0193-54-5250 4月～12月8日、9:30～16:30 休期間中無休 ¥免費，導覽1次500円（6人以上每多1人加收100円） 所釜石市橋野町2-6 交JR釜石站車程50分 P80輛

4 二號高爐

●にばんこうろ

推測當年高爐的高度有7.9m，如今只剩下長寬4.8m、高2.4m的花崗岩石堆。與三號高爐相同，在高爐中央有貴重的爐底塊。

3 採石場

●いしきりば

採出用在高爐石堆與水路石牆的花崗岩的場所。還可見到壯觀的花崗岩露頭。

切割出的岩石就發揮日本建造石牆的技術組出高爐

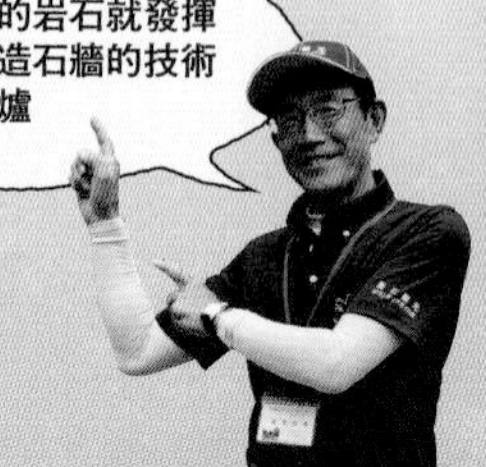

5 一號高爐

●いちばんこうろ

與二號高爐同樣在萬延（1860）元年峻工的高爐。推測當年有石堆上堆著爐甘石並塗上灰泥的牆壁。如今可見長寬5.8m、高2.4m的花崗岩石堆。

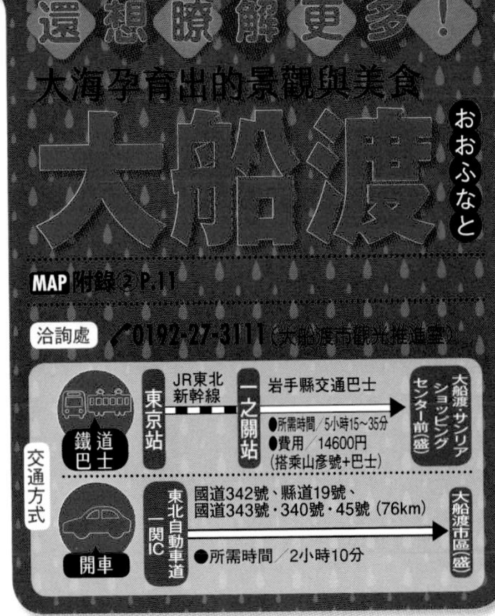

還想瞭解更多！
大海孕育出的景觀與美食
大船渡
おおふなと
MAP 附錄② P.11
洽詢處 0192-27-3111（大船渡市觀光推進室）
交通方式
鐵道巴士
東京站
JR東北新幹線
一之關站
岩手縣交通巴士
●所需時間／5小時15～35分
●費用／14600円（搭乘山彥號+巴士）
大船渡サンリアショッピングセンター前（盛）
開車
東北自動車道 一関IC
國道342號、縣道19號、國道343號・340號・45號（76km）
●所需時間／2小時10分
大船渡市區（盛）

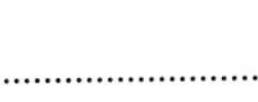

大船渡 碁石海岸

景點

●ごいしかいがん

MAP 附錄② P.11 B-4

風光明媚的圓礫石海岸

大船渡灣上突出的末崎半島東南邊約6km的海岸線。海岸線上被波浪打磨出如棋子般的黑色圓礫石非常漂亮，走在海岸邊，可享受穴通磯和雷岩等千變萬化的奇岩與洞穴交織成的壯麗景觀。

0192-29-2359（碁石海岸資訊中心）
自由參觀
所 大船渡市末崎町大浜
JR氣仙沼站搭BRT巴士往盛30分，陸前高田下車，搭計程車20分
P 92輛

↓因侵蝕而貫穿三個大洞的穴通磯

大船渡 THE BURGER HEARTS

美食

●ザバーガーハーツ

MAP 附錄② P.11 B-3

夾入超大塊扇貝的漢堡

從漢堡麵包到醬料全為手工製作的漢堡店。名品「戀濱扇貝漢堡」中，放入特大塊當地產扇貝的可樂餅與塔塔醬是絕佳搭配。

090-2953-0997 11:30～20:30(21:00打烊) 休 週一 所 大船渡市盛町町9-5 JR一之關站搭岩手縣交通巴士往大船渡2小時25分，サンリアショッピングセンター前下車即到 P 3輛

→戀濱扇貝漢堡（756円，數量有限）高度超過15cm，飽足感十足

大船渡 世界之椿館・碁石

景點

●せかいのつばきかん・ごいし

MAP 附錄② P.11 B-4

山茶花競相綻放的花卉之館

可欣賞到自世界13個國家蒐集來超過600種的珍貴山茶花。開花時期為9月上旬～4月下旬，最盛期為2～3月。同時展示當地生產的四季花卉，並販售種苗。

0192-29-4187
9:00～17:00 休 週一（逢假日則翌日休） ¥500円，中小學生300円 所 大船渡市末崎町大浜280-1 JR氣仙沼站搭BRT巴士往盛30分陸前高田下車，搭計程車20分 P 75輛

→觀賞季為2～3月，有各式各樣的山茶花盛放

陸前高田 奇蹟一棵松

景點

●きせきのいっぽんまつ

MAP 附錄② P.11 A-4

持續守護復興的一棵松樹

高田松原在東日本大地震中失去了約7萬棵松樹，其中唯有一棵奇蹟似地留存下來，受指定為震災遺跡。如今已進行防腐處理，成為象徵謹記災害與復興的紀念碑，繼續屹立不搖。

0192-54-5011（陸前高田市觀光物產協會）
自由參觀 所 陸前高田市気仙町砂盛
JR氣仙沼站搭BRT巴士往盛26分，奇跡の一本松下車，步行20分 P 80輛

↑松樹被視為復興的象徵，受到慎重地復原保存

遊趣！COLUMN 頂級秋刀魚的多彩創意菜色大船渡秋刀魚拉麵

✻大船渡さんまら～めん

●おおふなとさんまら～めん

只有在秋刀魚漁獲量為全日本數一數二的大船渡，才吃得到的當地菜色「大船渡秋刀魚拉麵」。提供各種使用新鮮秋刀魚費盡心思做出的餐點。

美食 萬来食堂

●ばんらいしょくどう

創業50年，大船渡當地熟悉的大眾食堂。以港都特有的活跳跳秋刀魚與梅子一同燉煮，再放到拉麵上做出的「梅味麵」是熱銷餐點。定食和麵類的菜色也很豐富。

0192-26-3763
10:00～18:30
休 每月10日、20日、30日 所 大船渡市大船渡町宮ノ前9-2
JR一之關站搭岩手縣交通巴士往大船渡2小時14分，お魚センター三陸前下車 P 5輛
MAP 附錄② P.11 B-4

梅干與秋刀魚連袂登場
秋刀魚point！
放上梅子與三塊燉煮到柔軟的甜煮秋刀魚

→秋刀魚梅味麵（700円）

美食 碁石海岸レストハウス

●ごいしかいがんレストハウス

用甜甜鹹鹹的味醂醃秋刀魚乾搭配拉麵，充滿特色的「大船渡秋刀魚拉麵」備受好評。其他能品嘗到大船渡產鮑魚與扇貝等海味的餐點也很豐富。

0192-29-2121
11:00～14:00
休 不定休
所 大船渡市末崎町大浜221-68
JR氣仙沼站搭BRT巴士往盛30分，陸前高田下車，搭計程車20分 P 80輛
MAP 附錄② P.11 B-4

豪華地放上味醂魚乾
秋刀魚point！
將突出碗緣的味醂醃秋刀魚乾在湯裡浸一下再享用

→大船渡秋刀魚拉麵（700円）

嚴選 岩手的溫泉&住宿

岩手有許多以溫泉或料理自豪的旅宿，在此一次介紹知名旅館與人氣民宿！

湯川溫泉

ゆがわおんせん

溫泉街上殘留著昔日溫泉療養場的風情。溪流沿岸的露天浴池在夏季還可一邊泡澡一邊欣賞螢火蟲。

從客房內感受山林恩賜的奢華空間

↖在客房的露天浴池享受無上的奢華

↑木造平房高雅的外觀

山人-yamado-

●やまど

當地稱呼從事山裡工作的專家為「山人」，以此為旅館命名，表示他們的工作是將山林的美、恩惠及溫暖傳達給來訪的客人。全客房附半露天浴池，可享受貨真價實的放鬆自在。

✆0197-82-2222
所 西和賀町湯川52-71-10 交 JRほっとゆだ站搭計程車10分
P 20輛
MAP 附錄②P.9 B-1

住宿DATA
IN 15:00 OUT 11:00
費用 1泊2食 31320円～

不住宿入浴
無

↓有悅耳水流聲的露天浴池

可享受五花八門浴池的旅館

↑氣氛沉穩的客房

高繁旅館

●たかしげりょかん

旅館位於奧羽山脈的溪谷，可充分享受大自然。以每分鐘800公升的豐富泉量與良好功效為號召的溫泉，具有促進健康的效果，可在旅館部、湯治部盡情享受。

✆0197-82-2333
所 西和賀町湯川52-140-15
交 JRほっとゆだ站搭計程車8分
P 30輛
MAP 附錄②P.9 B-1

住宿DATA
IN 15:00 OUT 10:00
費用 1泊2食 8790円～

不住宿入浴
時間 8:00～19:00
費用 300円

福薩圖日式旅館

提供遙望清流的露天浴池與創意料理的旅館

●しきさいのやどふるさと

這間獨棟旅館佇立在未經人為修飾的自然所環繞的清流沿岸。在遙望溪流的露天浴池中，可享受四季更迭的風景與100%源泉放流的溫泉，晚餐還能品嘗使用當季食材的創意料理。

✆0197-82-2226
所 西和賀町湯川52-17
交 JRほっとゆだ站搭計程車10分
P 50輛
MAP 附錄②P.9 B-1

↑在潺潺的河水聲中療癒身心的露天浴池

↖四季有不同享受的宴席料理

住宿DATA
IN 15:00 OUT 11:00
費用 1泊2食 13000円～

不住宿入浴
時間 14:00～20:30
(週二為15:00～、不定休)
費用 500円～

一關溫泉

いちのせきおんせん

溫泉旅館位在可俯瞰一關街道的高地上，擁有石風呂、岩風呂、陶壺風呂等各式各樣的浴槽。

山櫻 桃之湯

●やまざくらもものゆ

位在旅館看板貓「小藏」散步路線上的溫泉，同時也是不住宿溫泉設施。有適合公務出差或家族旅行等各種目的的客房，還可使用岩盤浴、劇場等設施。

✆0191-33-1118
所一関市赤荻笹谷393-6
JR東北新幹線一之關站搭計程車15分
P180輛
MAP附錄②P.9 D-5

住宿DATA	IN 15:00 OUT 10:00 費用 純住宿7020円～
不住宿入浴	時間 5:00～23:00 費用 平日2小時730円（視使用時間而異）

↑除了和室之外也有西式房間，坪數皆不同

↑視野良好的露天浴池「桃之天空」

瀨美溫泉

せみおんせん

獨棟旅宿的溫泉位在有夏油川美麗淺灘與水淵的瀨美溪谷。鹼性泉水具有卓越的美肌功效。

↓蓋在洋溢秘湯情調的環境中

↓盈滿豐沛源泉的露天浴池

瀨美溫泉

●せみおんせん

蓋在夏油川瀨美溪谷的獨棟旅館。擁有3條水質與功效各異的源泉，可享受直接由源泉放流的泉水。只在夏季營業的混浴露天浴池也很受歡迎。

✆0197-73-7294 所北上市和賀町岩崎新田1-128-2
JR北上站搭計程車30分 P100輛

住宿DATA
IN 15:00 OUT 10:00 費用 1泊2食10000円～
不住宿入浴
時間 7:00～19:00 費用 600円

MAP附錄②P.9 C-2

嚴美溪溫泉

げんびけいおんせん

嚴美溪溪畔湧出的溫泉。從房間看出去就是嚴美溪的絕景，可欣賞四季更迭的景觀。

嚴美溪溫泉 Itsukushi園

●げんびけいおんせんいつくしえん

旅館以一望嚴美溪的景觀自豪，建築物是黑瓦白牆的民藝風。大浴場裡還有御影石浴槽和檜木露天浴池。以高超手藝料理的餐點十分美味。當作平泉觀光的基地也非常方便。

✆0191-29-2101
所一関市厳美町南滝の上15 JR一之關站搭岩手縣交通巴士往渓泉閣前20分，終點下車即到
P80輛
MAP附錄②P.9 C-5

住宿DATA	IN 15:00 OUT 10:00 費用 1泊2食8250円～
不住宿入浴	時間 11:00～16:00 費用 600円～

←瀰漫木頭香氣的檜木露天浴池

↓大浴場明亮的日照十分舒服

夏油溫泉

げとうおんせん

山谷間僻靜的溫泉地。溪流沿岸5處露天浴池的源泉皆不同，功效也各異。

←充滿野趣的露天浴池共有5處

↓每處溫泉都泡一下讓全身煥然一新

擁有5處露天浴池的8棟建築物並列

元湯夏油

●もとゆげとう

夏油溫泉最大的宿舍，有旅館部、自炊部等8棟建築並列。殘留濃厚的溫泉療養場風情，廣受溫泉迷的歡迎。夏油中有5處露天浴池。11月中旬～4月下旬不營業。

✆090-5834-5151 所北上市和賀町岩崎新田1-22
JR北上站搭計程車50分 P50輛

住宿DATA
IN 15:00 OUT 10:00 費用 1泊2食10950円～
不住宿入浴
時間 10:00～15:00 費用 600円

MAP附錄②P.9 B-2

八幡平溫泉鄉

はちまんたいおんせんきょう

夏天登山、冬天滑雪，可享受動態娛樂的廣大度假溫泉區。

岩手活動度假村八幡平

●アクティブリゾーツいわてはちまんたい

溫泉有大浴場和露天浴池，還有隨時提供豐富商品的購物廣場。可搭乘從JR盛岡站西口發車的接駁巴士，需在3日前預約。冬季休館。

✆0195-78-3311（預約為0195-78-3312）
所八幡平市松尾寄木1-590-5 交JR盛岡站搭岩手縣北巴士往八幡平マウンテンホテル・松川溫泉1小時30分，八幡平溫泉鄉下車，步行7分 P210輛
MAP附錄②P.16 F-5

⬆客房以西式房間為主

⬅在露天浴池中邊感受八幡平森林的氣息邊放鬆身心

最適合當作八幡平觀光基地的飯店

住宿DATA
IN 15:00 OUT 11:00
費用 1泊2食 11000円～
不住宿入浴
時間 14:30～21:00
費用 1000円

八幡平山酒店

●はちまんたいマウンテンホテル

包圍在八幡平與岩手山大自然中的居留型度假飯店。可享受源泉放流的溫泉和動態活動是魅力之處。飯店內有擁有日本山岳導遊協會認證資格的工作人員，還有豐富的自然行程，也很適合推薦給登山新手。

✆0195-78-4111
所八幡平市松尾寄木1-509-1 交JR大更站搭岩手縣北巴士往八幡平マウンテンホテル30分，八幡平マウンテンホテル下車即到 P200輛
MAP附錄②P.16 F-5

⬇石造浴槽中注滿天然的新鮮泉水

浸泡在源泉放流的泉水裡還能八幡平的鮮山

住宿DATA
IN 15:00 OUT 10:00
費用 1泊2食 10800円～
不住宿入浴
時間 11:00～14:30（截止受理）
費用 1000円

➡熱門的山景房為14040円～

八幡平高地溫泉飯店

●はちまんたいハイツ

設有庭園風露天浴池，能一面眺望八幡平四季更迭的景觀，一面悠哉地泡湯。可在附溫泉的特別房裡慢慢品嘗主廚自豪的豪華創意料理的方案也很吸引人。

⬆在附溫泉的房間裡悠哉用餐

以天然療癒溫泉和料理自豪的飯店

⬆布置岩手山燒石的露天浴池充滿風情

✆0195-78-2121
所八幡平市松尾寄木1-590-4
交JR盛岡站搭岩手縣北巴士往八幡平マウンテンホテル・松川溫泉1小時30分，八幡平ハイツ下車即到 P100輛
MAP附錄②P.16 F-4

住宿DATA
IN 15:00 OUT 10:00
費用 1泊2食 10000円～
不住宿入浴
時間 8:00～20:00（假日前一日為～16:00）
費用 630円

國見溫泉

くにみおんせん

海拔850m的靜謐山谷間，湧出神秘綠色濁湯的溫泉。

國見溫泉 石塚旅館

●くにみおんせんいしづかりょかん

蓋在海拔850m高台上的旅館視野良好。從源泉藥師之湯湧出能治百病的綠色泉水。附近是野菜的寶庫，因此餐點也是風味十足的山珍。11月上旬～5月上旬不營業。

✆090-3362-9139
所雫石町橋場竜川山1-5
交JR雫石站搭計程車30分 P30輛
MAP附錄②P.7 B-3

⬆被深山寧靜所包圍的旅館

住宿DATA	IN 15:00 OUT 10:00 費用 1泊2食 10950円
不住宿入浴	時間 10:00～15:00（截止入場） 費用 600円

湧出綠色泉水的神秘溫泉

⬅女性藥師之湯，鮮亮的綠色泉水是名物

岩手的美妙飯店&歐風民宿

宮古 淨土濱公園飯店

●じょうどがはまパークホテル

MAP 附錄②P.20 D-1

飯店位在可一望三陸海岸名勝──淨土之濱的高地上，從大門一進去眼前就是宮古灣的絕美大全景。大量使用四季山珍海味的料理採自助式，可放心開懷享用。

☎0193-62-2321 所宮古市日立浜町32-4 交JR宮古站搭岩手縣北巴士往奥浄土ヶ浜14分，浄土ヶ浜パークホテル入口下車即到 P100輛

從宮古灣到太平洋盡收眼底
的地理位置

↑以開放感十足的大廳迎接客人

住宿DATA IN 15:00 OUT 10:00 費用 1泊2食 15552円~

遠野 遠野阿耶瑞亞酒店

●かたりべのきけるやどあえりあとおの

MAP 附錄②P.21 B-1

民間故事之鄉遠野特有的飯店，可聆聽說書人講述遠野的民間故事。說書人的故事在每日18時舉辦。此外還有以具遠紅外線效果的角閃石打造的大浴場，及使用在地當季食材製作每月不同的和食膳，評價都頗佳。

☎0198-60-1700
(預約為0198-60-1703)
所遠野市新町1-10 交JR遠野站步行8分 P23輛

↑聆聽遠野以「很久以前有這麼一個故事」開頭的獨特故事

住宿DATA IN 15:00 OUT 10:00 費用 單人房 7000円~、雙床房 14000円~

平泉 國民宿舍 陽光飯店衣川莊

●こくみんしゅくしゃサンホテルころもがわそう

MAP 附錄②P.9 D-4

距離世界遺產平泉車程5分，車程30分的範圍內也有眾多景點。備有多種住宿方案，可用合理的住宿價格享用當季美味以及前澤牛、三陸海鮮等岩手美食。

☎0197-52-3311
所奥州市衣川日向60-2
交JR平泉站搭岩手縣交通巴士往イオン前沢10分，瀬原下車，步行3分
P200輛

↑不妨在礦泉大浴池內舒緩疲勞

住宿DATA IN 15:30 OUT 10:00 費用 1泊2食 8100円~

田野畑 羅賀莊飯店

●ホテルらがそう

純白的飯店佇立在海上阿爾卑斯山北山崎大門口的寂靜海灣。從大廳可將蔚藍耀眼的三陸海岸大全景盡收眼底。冉冉上升將海面染成一片橙色的朝陽也令人難忘。

☎0194-33-2611
所田野畑村羅賀60-1
交三陸鐵道田野畑站步行10分(有接送服務，預約制) P50輛
MAP 附錄②P.4 H-6

→從大浴場遠眺太平洋

住宿DATA IN 15:00 OUT 10:00 費用 1泊2食 11340円~

陸前高田 Hakoneyama Terrace

●はこねやまテラス

木造兩層樓住宿及居留設施，以「充分發揮樹與人」為主題。設有交流空間、咖啡吧、體驗型講座室等，可與其他住客交流互動。冬季不定休，需洽詢。

☎0192-22-7088
所陸前高田市小友町茗荷1-232
交三陸自動車道通岡IC車程5km
P10輛
MAP 附錄②P.11 B-4

↑遠眺大海的絕佳地理位置

住宿DATA IN 15:00 OUT 10:00 費用 單人房附早餐 8000円~，雙床房附早餐 7000円~

安比高原 MOCKING BIRD

●もっきんばーど

蓋在安比高原的歐風民宿村中，居家氛圍的歐風民宿。客房基本為雙床房，雅緻的房間裡全部擺放手工藤床。

☎0195-73-5107
所八幡平市安比高原605-19
交JR安比高原站搭岩手縣北巴士往安比高原5分，安比ペンション下車，步行5分 P7輛
MAP 附錄②P.16 F-1

→小而美的民宿特有的細心服務備受好評

住宿DATA IN 15:00 OUT 10:00 費用 1泊2食 8100円~

岩手的交通方式大研究

從東京到岩手搭 鐵路・巴士前往！

想早點到就搭JR東北新幹線

往盛岡

搭新幹線直線抵達 搭高速巴士省荷包

JR東北新幹線「隼號」和「疾風號」既快速又方便。高速巴士有東京駅八重洲南口出發及品川バスターミナル出發，品川バスターミナル出發的高速巴士為横浜駅東口バスターミナル發車。

所需時間・費用	目的地	路線	出發地
2小時10~55分 14,740円 搭乘「疾風號」則為14,230円	盛岡站	JR東北新幹線「隼號」、「疾風號」 每小時1～2班	東京站
7小時25分 6,500~10,000円	盛岡駅東口	國際興業巴士等「夢想盛岡號」 夜行1日2班（也可在池袋駅東口上車，其中1班自渋谷マークシティ發車）	東京駅八重洲南口
7小時50分 5,800~9,500円	盛岡駅西口	京濱急行巴士「BEAM 1號」 夜行1日1班（往宮古駅前·道の駅やまだ，也可在浜松町バスターミナル上車）	品川バスターミナル

往花巻

新幹線及東北本線轉乘

搭乘JR東北新幹線時新花巻站為大門。高速巴士往紫波中央駅及往釜石・道の駅やまだ在花巻駅前（東口）停車。另外，從羽田機場並沒有直飛花巻機場的班機。

所需時間・費用	目的地	路線	出發地
2小時30分~3小時5分 13,360円 搭乘「隼號」則為13,770円	新花巻站	JR東北新幹線「山彥號」、「隼號」、「疾風號」 每小時1～2班（「隼號」僅部分班次停靠新花巻站）	東京站
8小時15分 7,300~9,000円	花巻駅前	岩手縣交通巴士「IHATOV號」 夜行1日1班（往紫波中央駅，可在國際興業預約）	池袋駅西口
7小時30分 7,860~9,360円	花巻駅東口	國際興業巴士等「遠野・釜石號」 夜行、週四~日各1日1班（往釜石·道の駅やまだ，也可在秋葉原駅中央口、上野駅等站上車）	池袋駅西口

往遠野

在新花巻站的接續是重點

JR東北新幹線及釜石線間在新花巻站轉乘，但釜石線的班次較少，選擇能順利銜接的列車是重點。高速巴士搭往釜石・道の駅やまだ的班車。

所需時間・費用	目的地	路線	轉乘站	路線	出發地
3小時45分~4小時25分 14,230円 搭乘「隼號」則為14,640円	遠野站	JR釜石線 1日10班	新花巻站	JR東北新幹線「山彥號」、「隼號」、「疾風號」 每小時1~2班（「隼號」僅部分班次停靠新花巻站）	東京站
9小時 8,700~10,200円	遠野駅前			國際興業巴士等「遠野.釜石號」 夜行、週四~日各1日1班（往釜石·道の駅やまだ，也可在秋葉原駅中央口、上野駅等站上車）	池袋駅西口

往平泉

在一之關站轉乘，高速巴士則為直達

JR東北新幹線及東北本線間在一之關站轉乘。高速巴士往紫波中央駅在平泉駅前停車。往中尊寺的路線巴士在一ノ関駅發車，途中經由平泉駅前。

所需時間・費用	目的地	路線	轉乘站	路線	出發地
2小時25分~3小時20分 12,820円 搭乘「隼號」則為13,230円	平泉站	JR東北本線 1日19班	一之關站	JR東北新幹線「山彥號」、「隼號」、「疾風號」 每小時1班（「隼號」僅部分班次停靠一之關站）	東京站
6小時30分 7,000~8,700円	平泉駅前			岩手縣交通巴士「IHATOV號」 夜行1日1班（往紫波中央駅，可在國際興業預約）	池袋駅西口

往宮古

新幹線與巴士轉乘

連結盛岡駅～宮古駅前的巴士班次多，十分方便，與JR東北新幹線的銜接也相對順暢。高速巴士由横浜駅東口バスターミナル發車。

所需時間・費用	目的地	路線	轉乘站	路線	出發地
4小時35分~5小時25分 16,770円 搭乘「疾風號」則為16,260円	宮古駅前	岩手縣北巴士「106急行」 每小時1～2班	盛岡站	JR東北新幹線「隼號」、「疾風號」 每小時1～2班	東京站
9小時55分 8,900~9,900円	宮古駅前			羽田京急巴士等「BEAM 1號」 夜行1日1班（往道の駅やまだ，可在浜松町バスターミナル上車）	品川バスターミナル

到岩手搭 飛機前往！

從遠地出發還是搭飛機最快

搭乘火車

前提是到達JR東北新幹線的停靠站。從西日本、北陸、信越出發可經由東京或大宮轉乘JR東北新幹線。從北海道出發則搭乘JR北海道新幹線前往新青森。

搭乘高速巴士

除了東京區域出發的班車之外，能到達岩手縣內的長距離高速巴士只有上述從横濱往盛岡・宮古的夜行班車。此外從仙台或青森等東北其他縣出發的路線全為日間班車。

岩手花巻機場 Airport Liner

從岩手縣空路大門花巻機場出發的話，除了巴士還有共乘計程車，雖然得事先預約，但可不用轉車直達目標區域，很值得搭乘。有繋・鶯宿温泉、花巻南温泉峡、遠野・東和、平泉・一關・江刺・北上、北上・金崎、後藤野・堅川目工業團地等共6條路線。車費視路線而異。

●Airport Liner預約中心
✆0198-24-2333
http://www.porano.jp/taxi/index.cfm

所需時間・費用	目的地	航空公司・班次	出發地
1小時 28,570円	花巻機場	JAL／1日3班	新千歲機場
1小時10分 33,800円	花巻機場	FDA／1日3~4班	名古屋（小牧）機場
1小時20分 39,760円	花巻機場	JAL／1日4班	伊丹機場
1小時50分 50,600円	花巻機場	JAL／1日1班	福岡機場

搭飛機

花巻機場是前往岩手縣內的大門，從新千歲、名古屋（小牧）、伊丹、福岡出發都有直飛的班機，但1日皆只有1~4班左右，建議提早買好機票。另外，沒有從羽田直飛的班機。從花巻機場到盛岡除了有巴士行駛外，也可搭乘預約制的共乘計程車「岩手花巻機場Airport Liner」。

※鐵路的金額為全程普通票價加上一般時期普通車指定席費用的合計金額。飛機的金額為一般時期普通費用，包括機場設施使用費等。所需時間採用去程的標準時間。刊載內容皆為2018年10月時的資訊，可能會隨時刻表或費用的修改而變動，出發前敬請事先確認。

怎麼去？

搭新幹線

JR東北新幹線是主要路線，有時停靠站會因列車而異，請事前確認。

搭高速巴士

從東京到盛岡、花巻、遠野、平泉、宮古等地有不需轉乘的高速巴士。

搭飛機

花巻機場是大門，有從新千歲、小牧、伊丹、福岡等地直飛的班機。

開車

主要走東北自動車道，前往部分區域則經由八戸自動車道、秋田自動車道或釜石自動車道。

從東北各地到岩手搭高速巴士前往

仙台出發的高速巴士路線廣泛

從秋田、青森縣內前往盛岡

從青森縣內出發有青森、弘前、八戶開往盛岡的班車，但秋田縣內出發只有大館發車往盛岡的班車。另外，沒有從山形、福島兩縣內開往岩手縣內的高速巴士。

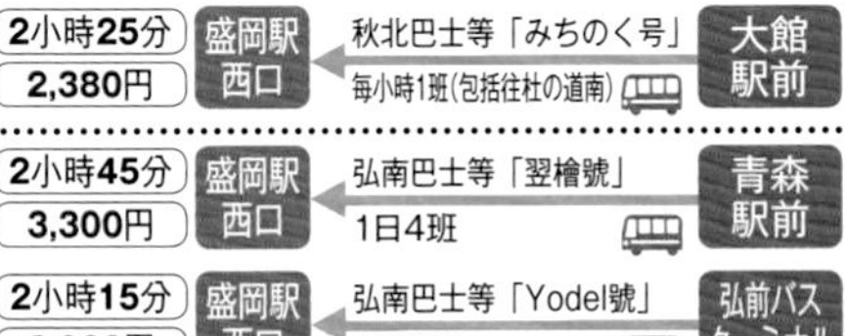

秋田（大館）出發

所需時間／車資	抵達	巴士	出發
2小時25分／2,380円	盛岡駅西口	秋北巴士等「みちのく号」 每小時1班（包括往社の道南）	大館駅前

青森出發

所需時間／車資	抵達	巴士	出發
2小時45分／3,300円	盛岡駅西口	弘南巴士等「翌檜號」 1日4班	青森駅前
2小時15分／3,000円	盛岡駅西口	弘南巴士等「Yodel號」 1日6班	弘前バスターミナル
2小時20~30分／2,000円	盛岡駅西口	南部巴士等「八盛號」 1日2班	八戸ラピアバスターミナル

有從仙台站周邊出發的直達車

除了右述之外，還有從宮交仙台高速バスセンター往陸前高田・大船渡（盛）方向，以及仙台駅東口往水沢・江刺方向的高速巴士行駛。

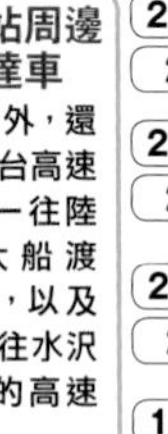

宮城（仙台）出發

所需時間／車資	抵達	巴士	出發
2小時25分／2,980円	盛岡駅西口	宮城交通巴士、JR巴士東北等「アーバン號」 每小時1～2班	宮交仙台高速バスセンター
2小時25分／2,600円	花巻駅前	岩手縣交通巴士「けんじライナー」 1日3班（往花巻溫泉）	仙台駅東口
2小時55分／2,780円	遠野駅前	岩手縣交通巴士 1日1班（往釜石駅前，可在宮城交通預約）	宮交仙台高速バスセンター
1小時45分／1,700円	平泉駅前	東日本急行巴士 1日3班（往中尊寺，冬季停駛）	仙台駅前（旧さくら野前）

岩手縣內搭鐵道遊覽！

僅記載主要車站，並省略部分鐵道線。巴士僅記載東京地區出發的高速巴士及主要路線巴士。

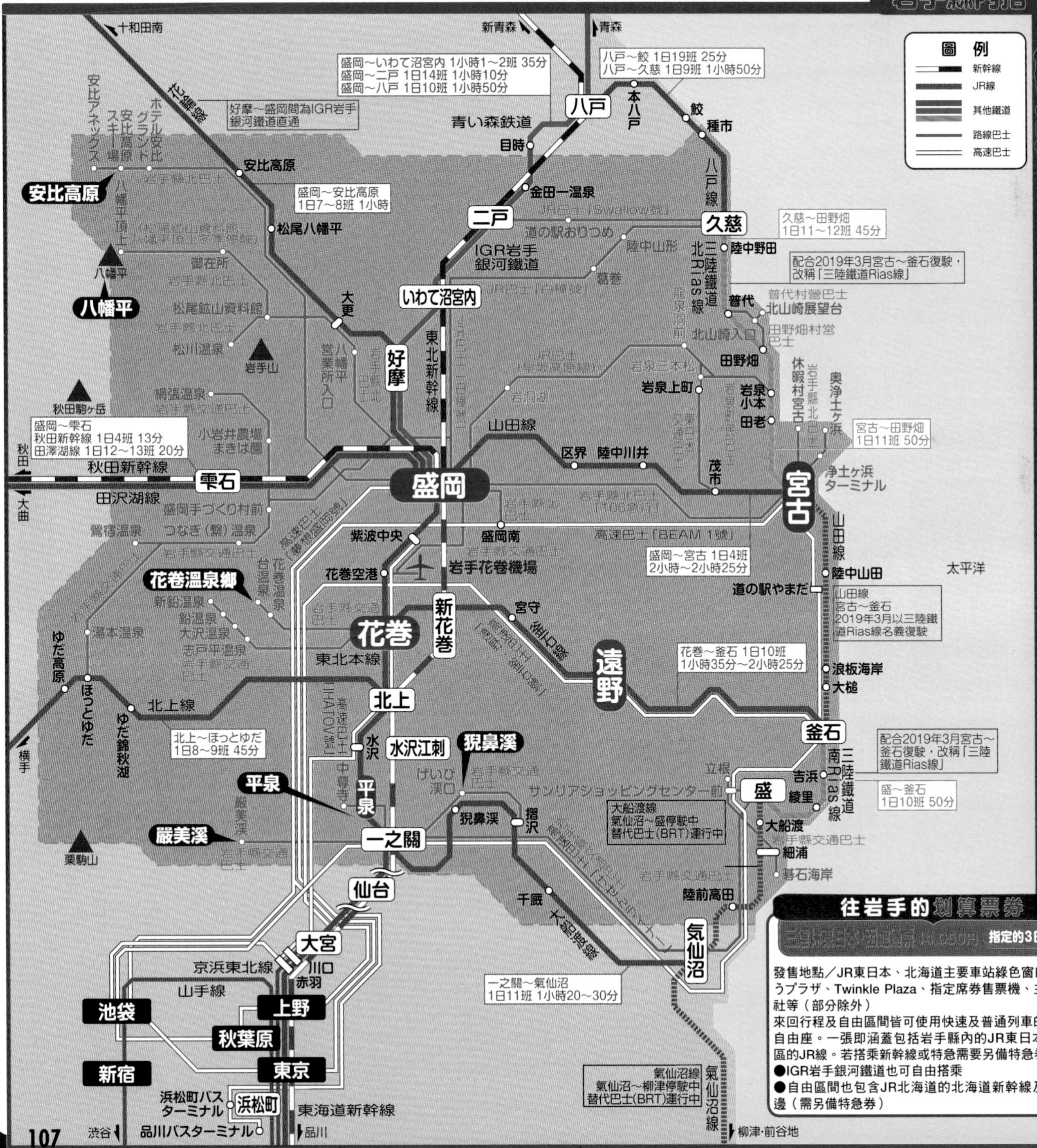

圖例：新幹線／JR線／其他鐵道／路線巴士／高速巴士

- 盛岡～いわて沼宮内 1小時1～2班 35分；盛岡～二戸 1日14班 1小時10分；盛岡～八戸 1日10班 1小時50分
- 八戸～鮫 1日19班 25分；八戸～久慈 1日9班 1小時50分
- 好摩～盛岡間為IGR岩手銀河鐵道直通
- 盛岡～安比高原 1日7～8班 1小時
- 久慈～田野畑 1日11～12班 45分
- 配合2019年3月宮古～釜石復駛，改稱「三陸鐵道Rias線」
- 盛岡～雫石 秋田新幹線 1日4班 13分；田沢湖線 1日12～13班 20分
- 宮古～田野畑 1日11班 50分
- 盛岡～宮古 1日4班 2小時～2小時25分
- 山田線 宮古～釜石 2019年3月以三陸鐵道Rias線名義復駛
- 花巻～釜石 1日10班 1小時35分～2小時25分
- 北上～ほっとゆだ 1日8～9班 45分
- 配合2019年3月宮古～釜石復駛，改稱「三陸鐵道Rias線」
- 盛～釜石 1日10班 50分
- 大船渡線 氣仙沼～盛停駛中 替代巴士（BRT）運行中
- 一之關～氣仙沼 1日11班 1小時20～30分
- 氣仙沼線 氣仙沼～柳津停駛中 替代巴士（BRT）運行中

往岩手的划算票券

三連休東日本・函館パス 14,050円 指定的3日內有效

發售地點／JR東日本、北海道主要車站綠色窗口、びゅうプラザ、Twinkle Plaza、指定席券售票機、主要旅行社等（部分除外）

來回行程及自由區間皆可使用快速及普通列車的普通車自由座。一張即涵蓋包括岩手縣內的JR東日本地區全區的JR線。若搭乘新幹線或特急需要另備特急券等。

- ●IGR岩手銀河鐵道也可自由搭乘
- ●自由區間也包含JR北海道的北海道新幹線及函館周邊（需另備特急券）

從盛岡站、一之關站、花卷站前往各地

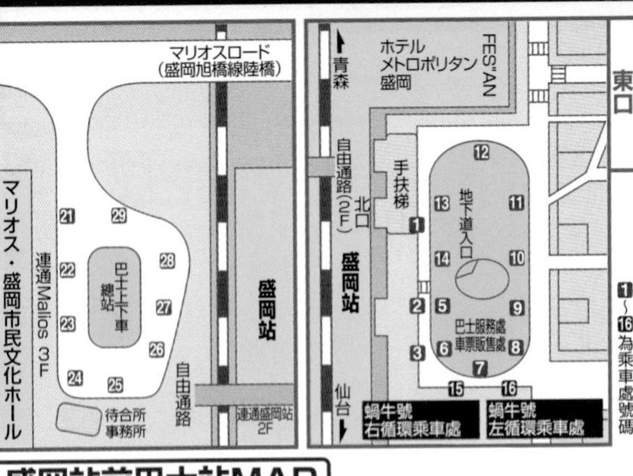

盛岡站前巴士站MAP

在盛岡市內搭「蝸牛號」最方便

盛岡都心循環巴士「蝸牛號」是盛岡市內觀光最方便的代步工具。以盛岡站（東口）為起點，分右循環及左循環，白天裡每小時有3～6班。車資無論乘車區間皆為1次100円。右循環及左循環皆可使用的1日自由乘車票300円，可在盛岡站東口的巴士服務處及盛岡巴士中心等地購買。

詳情請見 P.17

盛岡站、一之關站及花卷站是路線巴士的主要發抵處。從盛岡站出發可前往宮古、龍泉洞、久慈、小岩井農場、網張溫泉、繫溫泉、八幡平等方向，也有前往花卷機場的巴士發抵。一之關站有前往嚴美溪、猊鼻溪、大船渡（盛）方向的巴士，花卷站有前往花卷溫泉鄉的巴士。除了部分路線巴士外行駛班次都不能算多，所以先確認時刻再搭乘是順暢移動的關鍵。另外，盛岡～宮古間也可搭乘火車移動，但巴士的班次比火車多，使用上較為方便。

一之關站發抵

目的地	所需時間	車資	路線	班次	乘車處
中尊寺	22分	360円	岩手縣交通巴士 國道南線（也經平泉駅前）	每小時1～2班	一関（一ノ関）駅前⑩
厳美渓	21分	490円	岩手縣交通巴士 嚴美溪線等	每小時1～2班	一関（一ノ関）駅前⑨
げいび渓口	42分	620円	岩手縣交通巴士 猊鼻溪線	1日6～7班	一関（一ノ関）駅前⑦
大船渡・サンリアショッピングセンター前（盛）	2小時18分	1,780円	岩手縣交通巴士 一關大船渡線	1日3班	一関（一ノ関）駅前⑤

花卷站發抵

目的地	所需時間	車資	路線	班次	乘車處
花巻温泉	20分	460円	岩手縣交通巴士 花卷溫泉線	1日13～16班	花巻駅前④
台温泉	25分	530円	岩手縣交通巴士 花卷溫泉線	1日10～11班	花巻駅前④
志戸平温泉	23分	550円	岩手縣交通巴士 湯口線	1日9～13班	花巻駅前③
大沢温泉	25分	620円	岩手縣交通巴士 湯口線	1日9～13班	花巻駅前③
鉛温泉	32分	730円	岩手縣交通巴士 湯口線	1日9～13班	花巻駅前③
新鉛温泉	33分	750円	岩手縣交通巴士 湯口線	1日9～13班	花巻駅前③

盛岡站發抵

目的地	所需時間	車資	路線	班次	乘車處
花巻空港	45分	1,400円	岩手縣交通巴士	接續飛機	盛岡駅東口⑧
小岩井農場まきば園	30～40分	700円	岩手縣交通巴士 網張溫泉線等	1日8班（冬季減班）	盛岡駅東口⑩
網張温泉	1小時4分	1,140円	岩手縣交通巴士 網張溫泉線	1日4班	盛岡駅東口⑩
つなぎ（繋）温泉	32分	620円	岩手縣交通巴士 繫・鶯宿線等	每小時1～2班（週六、日、假日減班）	盛岡駅東口⑩
盛岡手づくり村前	26分	570円	岩手縣交通巴士 繫・鶯宿線等	每小時1～2班（週六、日、假日減班）	盛岡駅東口⑩
鴬宿温泉	51分	930円	岩手縣交通巴士 繫・鶯宿線	1日7班	盛岡駅東口⑩
八幡平頂上	1小時50分	1,360円	岩手縣北巴士 八幡平頂上線	1日1班（冬季停駛）	盛岡駅東口③
松尾鉱山資料館	1小時10～33分	940～1,060円	岩手縣北巴士 經大更駅・田頭町的東八幡平線等	1日15班	盛岡駅東口③
松川温泉	1小時48～57分	1,140円	岩手縣北巴士 松川溫泉線	1日3班	盛岡駅東口③
安比高原温泉ホテル	1小時	1,130～1,340円	岩手縣北巴士 安比高原線	1日1～7班（季節運行，運行日需確認）	盛岡駅西口㉖
龍泉洞前	2小時14分	2,660円	JR巴士東北 早坂高原線	1日4班	盛岡駅東口①
久慈駅	2小時45分	2,870円	JR巴士東北 平庭高原線「白樺號」	1日5班	盛岡駅東口①
宮古駅前	2小時15分	2,030円	岩手縣北巴士「106急行」	每小時1～2班	盛岡駅東口⑦

旅遊info

方便旅遊的網站

【トレたび】
交通新聞社經營，可獲得活動及臨時列車的資訊。

【駅探】
「早」（快速）、「楽」（輕鬆）、「安」（便宜）等標示一目瞭然。

【日本巴士e路通】
工房經營，預約高速巴士需註冊會員（免費）。

【バスぷらざ】
日本旅行經營，不需註冊會員即可搜尋、預約高速巴士。

洽詢處

鐵路

JR東日本洽詢中心…☎050-2016-1600 HP
三陸鐵道…☎0193-62-8900 HP
IGR岩手銀河鐵道…☎019-626-9151 HP

高速巴士

國際興業高速巴士預約中心…☎0570-048985 HP
京急高速巴士座席中心…☎03-3743-0022 HP
宮交（宮城交通）仙台高速巴士中心…☎022-261-5333 HP
JR巴士東北仙台站東口巴士服務處…☎022-256-6646 HP
東日本急行…☎022-218-3131 HP
秋北巴士大館營業所…☎0186-43-3010 HP
弘南巴士弘前巴士總站…☎0172-36-5061 HP
南部巴士八戶營業所…☎0178-44-7111 HP

路線巴士

岩手縣交通巴士資訊中心…☎019-654-7755 HP
岩手縣北巴士本社資訊…☎019-641-1212 HP
JR巴士東北 盛岡站JR巴士售票處…☎019-624-4474 HP

飛機

JAL（日本航空）…☎0570-025-071 HP
FDA（富士夢幻航空）…☎0570-55-0489 HP

旅遊info

洽詢處

【日本道路交通資訊中心】
(東北地方高速情報)✆050-3369-6761
(岩手資訊)…✆050-3369-6603
【NEXCO東日本客服中心】‥
✆0570-024-024
【高速公路東北地區電話資訊(盛岡分局)】
✆019-639-1620
【東北道·東京外環道資訊(岩槻分局)】…
✆048-758-1620

方便旅遊的網站

【日本道路交通情報センター】 以電視、收音機等提供大眾熟悉的交通&塞車情況、塞車預測、冬季封閉訊息等。
【DoRaPuRa】NEXCO東日本經營的網站，涵蓋全日本高速道路塞車訊息，還有高速費用搜尋、SA&PA資訊及觀光資訊等。
【国土交通省道路局】塞車資訊。不只有高速道路也包含一般道路。

從日本各地前往岩手

從西日本出發時，比起經由東京都心，經由北陸自動車道、磐越自動車道從郡山JCT進入東北自動車道更為順暢，可避開東京都心的車潮。

幾乎南北貫穿整個岩手縣內陸部的東北自動車道是主要路線。盛岡、花卷等主要都市離最近IC的距離近，交通便利。但另一方面，若是前往宮古或釜石等三陸沿岸的都市，最近IC仍有一段距離，會耗費時間，訂立計畫時在時間上必須寬鬆一點。從東京開車前往時，東北自動車道東京這一側的起點川口JCT沒有出入口，需經由相連的東京外環自動車道或首都高速道路進入東北自動車道。

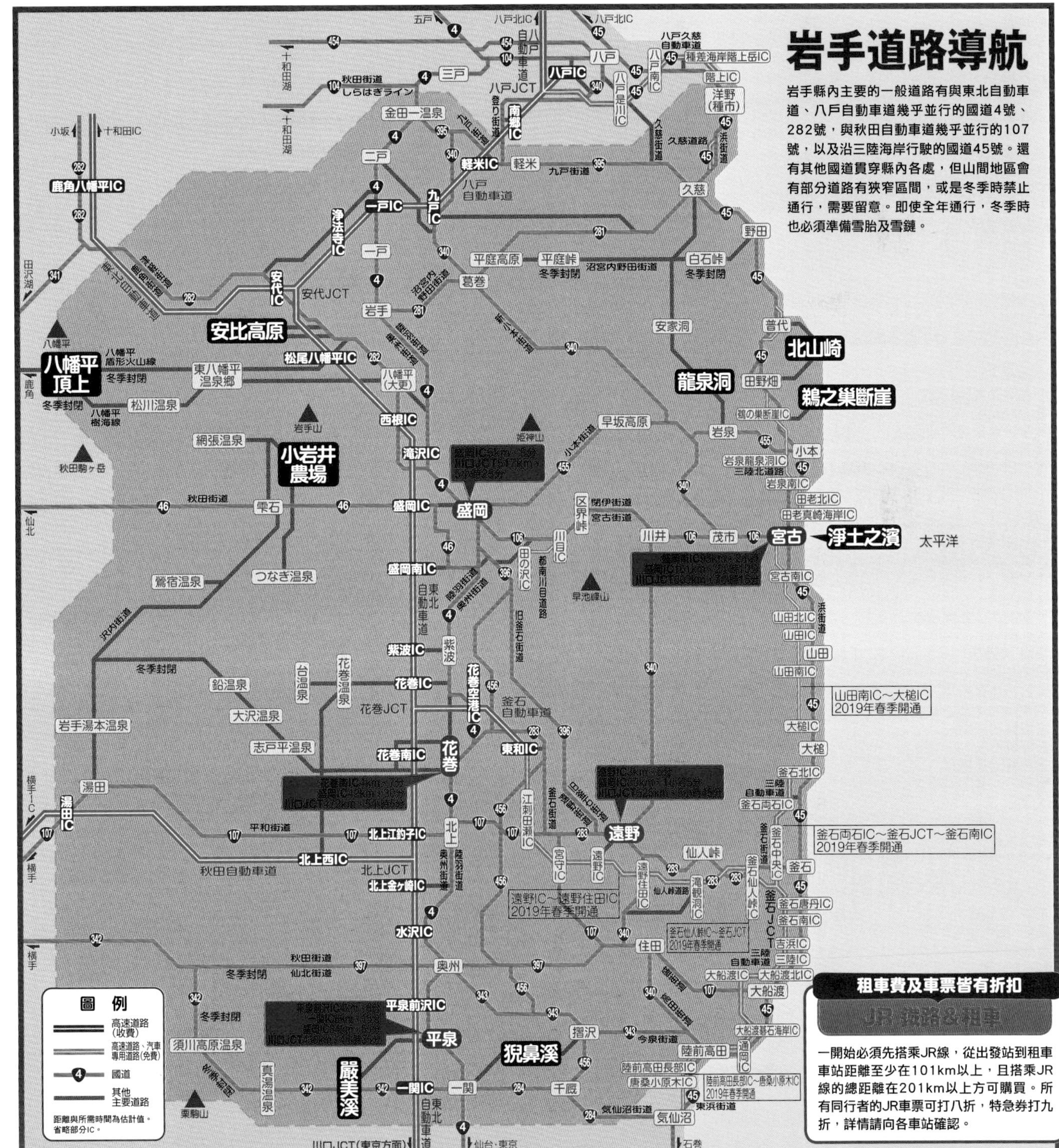

岩手道路導航

岩手縣內主要的一般道路有與東北自動車道、八戶自動車道幾乎並行的國道4號、282號，與秋田自動車道幾乎並行的107號，以及沿三陸海岸行駛的國道45號。還有其他國道貫穿縣內各處，但山間地區會有部分道路有狹窄區間，或是冬季時禁止通行，需要留意。即使全年通行，冬季時也必須準備雪胎及雪鏈。

租車費及車票皆有折扣

JR鐵路&租車

一開始必須先搭乘JR線，從出發站到租車車站距離至少在101km以上，且搭乘JR線的總距離在201km以上方可購買。所有同行者的JR車票可打八折，特急券打九折，詳情請向各車站確認。

十一~十五畫

十六畫以上

英文字母

日文假名

一～五畫

六～十畫

【 MM 哈日情報誌系列 34 】

岩手 盛岡・花卷・平泉

作者／MAPPLE昭文社編輯部
翻譯／彭智敏
校對／鄭雅文
編輯／林庭安
發行人／周元白
排版製作／長城製版印刷股份有限公司
出版者／人人出版股份有限公司
地址／23145 新北市新店區寶橋路235巷6弄6號7樓
電話／（02）2918-3366（代表號）
傳真／（02）2914-0000
網址／www.jjp.com.tw
郵政劃撥帳號／16402311 人人出版股份有限公司
製版印刷／長城製版印刷股份有限公司
電話／（02）2918-3366（代表號）
經銷商／聯合發行股份有限公司
電話／（02）2917-8022
第一版第一刷／2019年12月
定價／新台幣380元
港幣127元

國家圖書館出版品預行編目(CIP)資料

岩手 盛岡・花卷・平泉 MAPPLE昭文社編輯部作 ；
彭智敏翻譯. --
第一版.-- 新北市：人人, 2019.12
面； 公分. --（MM哈日情報誌系列；34）
ISBN 978-986-461-199-7（平裝）

1.旅遊 2.日本岩手縣

731.7129 108017919

Mapple magazine IWATE MORIOKA・
HANAMAKI・HIRAIZUMI

MM日本34
201912